永续农业

WÜSTE ODER PARADIES

［奥］赛普·霍尔泽 著
（Sepp Holzer）

曹莉莉 译

人民东方出版传媒
People's Oriental Publishing & Media
东方出版社
The Oriental Press

"世界新农"丛书专家委员会

（按姓氏汉语拼音排序）

才　胜	中国农业大学工学院，硕士生导师
陈　林	首辅智库学术委员会副主任委员
陈　猛	厦门大学环境与生态学院教授
陈能场	广东省科学院生态环境与土壤研究所研究员，中国土壤学会科普工作委员会主任
陈统奎	《南风窗》杂志前高级记者、全国返乡论坛发起人、6次产业家社群营造者、火山村荔枝创始人
冯开文	中国农业大学经济管理学院教授
谷登斌	河南丰德康种业股份有限公司总经理、研究员，第四届国家农作物品种审定委员会委员
侯宏伟	河南师范大学商学院 MBA 教育中心办公室主任，硕士生导师
胡　霞	中国人民大学经济学院教授，博士生导师
宋金文	北京外国语大学北京日本学研究中心教授
仝志辉	中国人民大学农业与农村发展学院教授，中国人民大学乡村治理研究中心主任
徐祥临	中共中央党校高端智库深化农村改革项目首席专家，经济学教授、博士生导师，首辅智库三位一体合作经济研究院院长
杨尚东	广西大学农学院教授
张耀文	德国国际合作机构（GIZ）职业教育与劳动力市场高级顾问
周维宏	北京外国语大学北京日本学研究中心教授，博士生导师

出版者的话

在中国共产党第二十次全国代表大会开幕会上，习近平总书记指出要全面推进乡村振兴，坚持农业农村优先发展，巩固拓展脱贫攻坚成果，加快建设农业强国，扎实推动乡村产业、人才、文化、生态、组织振兴，全方位夯实粮食安全根基，牢牢守住十八亿亩耕地红线，确保中国人的饭碗牢牢端在自己手中。

乡村振兴战略的提出，让农业成为有奔头的产业，让农民成为有吸引力的职业，让农村成为安居乐业的美丽家园。近几年，大学生、打工农民、退役军人、工商业企业主等人群回乡创业，成为一种潮流；社会各方面的视角也在向广袤的农村聚焦；脱贫攻坚、乡村振兴，农民的生活和农村的发展成为当下最热门的话题之一。

作为出版人，我们有责任以出版相关图书的方式，为国家战略的实施添砖加瓦，为农村创业者、从业者予以知识支持。从2021年开始，我们与"三农"领域诸多研究者、管理者、创业者、实践者、媒体人等反复沟通，并进行了深入调研，最终决定出版"世界新农"丛书。本套丛书定位于"促进农业产业升级、推广新农人的成功案例和促进新农村建设"等方面，着重在一个"新"字，从新农业、新农村、新农人、新农经、新理念、新生活、新农旅等多个角度，从全球范围内精心挑选各语种优秀"三农"读物。

他山之石，可以攻玉。我们重点关注日本的优秀选题。日本与我国同属东亚，是小农经济占优势的国家，两国在农业、农村发展的自然禀赋、基础条件、文化背景等方面有许多相同之处。同时，日本也是农业现代化高度发达的国家之一，无论在生产技术还是管理水平上，有多项指标位居世界前列；日本农村发展也进行了长时期探索，解决过多方面问题。因此，学习日本农业现代化的经验对于我国现代农业建设和乡村振兴具有重要意义。

同时，我们也关注欧洲、美国等国家和地区的优质选题，德国、法国、荷兰、以色列、美国等国家的农业经验和技术，都很值得介绍给亟须开阔国际视野的国内"三农"读者。

我们也将在广袤的中国农村大地上寻找实践乡村振兴战略的典型案例、人物和经验，将其纳入"世界新农"丛书中，并在世界范围内公开出版发行，让为中国乡村振兴事业作出贡献的人和事"走出去"，让世界更广泛地了解新时代中国的新农人和新农村。我们还将着眼于新农村中的小城镇建设与发展的经验与教训，在"世界新农"丛书的框架下特别划分出一个小分支——小城镇发展系列，出版相关作品。

本套丛书既从宏观层面介绍21世纪世界农业新思潮、新理念、新发展，又从微观层面聚焦农业技术的创新、粮食种植的新经验、农业创业的新方法，以及新农人个体的创造性劳动等，包括与农业密切相关的食品科技进步；既从产业层面为读者解读全球粮食与农业的大趋势，勾画出未来农业发展的总体方向和可行路径，又从企业、产品层面介绍国际知名农业企业经营管理制度和机制、农业项目运营经验等，以期增进读者对"三农"的全方位了解。

我们希望这套"世界新农"丛书，不仅对"三农"问题研究者、农业政策制定者和管理者、乡镇基层干部、农村技术支持单位、政府农业管理者等有参考价值，更希望这套丛书能对诸多相关大学的学科建设和人才培养有所启发。

我们由衷地希望这套丛书成为回乡创业者、新型农业经营主体、新农人,以及有志在农村立业的大学生的参考用书。

我们会用心做好这一套书,希望读者们喜欢。也欢迎读者加入,共同参与,一起为实现乡村振兴的美好蓝图努力。

引　言

　　从众多对我的书、报告和讲座的反馈中，我一再意识到当代社会存在一个严重的问题：思考问题过于短视。今天，在面对问题时，很多人最想要的是方案和能够尽快提供方案的指南，他们思考问题也仅仅是从今天到明天。他们不会花更多时间去观察、思前想后、设身处地为自然界着想。至于那些必要的知识，最好事先煮熟，如果可能，甚至最好事先嚼烂，然后再放在他们面前。

　　在我看来这样并不是有意义的人生。生而为人，意味着独立，意味着能够自主思考和感知世界。当然，犯错误也属于这个范畴。人生最大的错误就是害怕犯错，因为那样你就学不到东西。

　　尽管本书也包含实践指导部分，但它并不是一本处方大全。在书中我会讲到很多细节，但不会对一切细致入微。《永续农业》旨在引导广大读者，其中当然也包括专家学者，走近一种以自然为本的思考方式。它将向我们每一个人展示，无论你是园丁、家庭主妇、农民、记者、政治家、公务员，还是工程师，我们到底有多少种可能去为地球疗伤，我们到底要怎样与自然合作，过上另外一种生活。

　　本书将与读者执手共行一程，并指导他们怎样独自继续前行。

读者通过阅读本书，可以学习如何回归独立思考，从而能够去探究发生某种情况的原因，并能够预见自己行为的结果。

当你思考的是自然界中的所有关系时，那么一切就变得自然而然了：你的人生将是一次不间断的探索之旅，自然将成为你的老师。另外，你还必须将自己置于自我的对立面，换位思考，与自我对话。你只有先生活，才能经历生活、传授生活。然后，你的劳作会越来越少，因为你已经成为自然的组成部分，你的活动是属于自然这一整体范畴内的、是和谐与共的，而不再仅仅是直线的、以目标和结果为导向的。

我为全世界不同民族的个人、群体、公司或社会组织提供意见，不为特定的哲学、宗教以及它们的政治观点代言。对我而言，至关重要的是，我所提供的意见符合那些和我们共同生活在自然界中的其他生物的利益，有利于促成尊重自然的行为方式，符合人类的使命。

致 谢

我们原本计划写一本合乎自然规律的水资源管理方面的书,最后却呈现出一部非常全面的作品。这也不足为奇,因为水联万物,水务也会关系到与水有关的一切:土壤和土壤生命、森林建设和生物多样性、不同社会和气候条件下的粮食主权、合理的畜牧业和独立的经济,等等,所有这些都与如何利用水资源密切相关。

对我而言,向赛普·霍尔泽学习进而惠及其他人,并将他的智慧记言成书,一直是一项令人着迷的工作。他丰富的经验,他的知识具有直观性和高度的实践性,以及他反叛的勇气,所有这些要素集结了一套真正的革命性的思想理论。试问,在应对全球性生态环境恶化方面,还有什么比阐明一套替代方案更有效的呢?还有什么比一系列保持水分平衡的知识更具有革命性呢?维克多·肖伯格(Viktor Schauberger)曾说过,"资本主义得以奠基就是因为保守了水的秘密"。他那时就认识到,如果到处都有丰富的活水,粮食生产就会变得很便宜,粮食投机也就无利可图了。肖伯格的这一愿景,我在赛普·霍尔泽这里得以再次发现,并且已经多次转化成现实。

通过保持水分平衡,我们可以在世界上的任何地方唤醒沉睡的天堂:水果和蔬菜可以依着房屋的墙壁、攀着废弃的电线杆、沿着边边角角生长，它们可以在任何角落果实累累、枝繁叶茂。景观中可以产出食物，动物和人也能够和谐共生。这本书中的知识，就是让地球重获生态新生的智慧。

祝愿它成功！

莱拉·德雷格尔

赛普·霍尔泽是谁？

赛普·霍尔泽是谁？

1942年赛普·霍尔泽出生于奥地利的一户山农家庭。从小开始，他就带着孩子特有的强烈好奇心，体验着大自然的运转。在动植物中间、在水边、在自己建成的生态群落中，他不断为自己的疑惑找到答案，他觉得这些答案比学校里教的更符合情理。在他创建的小小的天堂里，物种丰富，生物之间相互作用、多样共生。后来这也成为他与自然合作的准则。

赛普·霍尔泽成为真正意义上的科学家：他不盲目相信别人的话，他研究探索，直到发现一个真正能让自己满意的解释。但他的这些发现，却一再与父母、老师的话产生矛盾。于是，他做出了一个勇敢的决定，并且一直恪守到今天：他带着重建地球生态天堂的人生使命，让自己成为大自然完全意义上的合作伙伴。

冲突不可避免。在政治、农业、社会生活、科学等所有领域，人为的世界与大自然渐行渐远。但他始终忠于自我和自己的认知，成了"农业反叛者"。

认识赛普·霍尔泽的人，都能体会到他对所有生命的真切关怀。社会不公、虐待动物和破坏自然的愚蠢行为，是他无法忍受的。他在全世界很多国家目睹了人类破坏自然的行径、人性的沦丧和全球性的饥荒、贫困问题，面对这些苦难，他做不到简单地转身离开。他从不畏惧为生命选边站队、对缺点指名道姓。他不回避任何冲突，但也不仅仅止步于谴责。他拥有巨大的能量、意志力和清醒的头脑，他一直在寻找另一种可能，一个能惠泽众生的可替代方案，包括人类和自然。

当心灵在熟睡中重回最初的和谐，并从那里汲取高于理性思考的智慧，这些解决方案便经常出现在他的梦中。

他发现的很多原则都是根本性的，不但适用于种植健康的粮食，也适用于其他很多生活领域。

赛普·霍尔泽19岁时就接管了父母的克拉米特霍夫农场（Krameterhof），这座海拔1100米至1500米的农场现今占地45公顷。就是在这里，他开始将自己学到的有关大自然的知识付诸实践。

冲突接踵而至，有和邻居的、官方的、法规条例的。但他获得了来自妻子、父母，后来还有孩子们的不遗余力的支持，并借此不断向前迈进。在其他农户单一种植冷杉的地方，他种植了果树、混交林和古老的粮食作物。在官方指示毒杀害虫的时候，他努力弄清楚，什么才能使生态系统恢复平衡。在其他人急于将水从地里排出去的时候，他却建了数十个池塘蓄水。那可是在陡峭的斜坡上蓄水啊！当他在自家整块地的周边建起赛普·霍尔泽是谁？

赛普·霍尔泽（右）与儿子，公司继任者约瑟夫·安德烈亚斯·霍尔泽（左）

梯田的时候，邻居们都觉得他疯了。

但赛普·霍尔泽成功了。他那些非同寻常的方法也广为流传。越来越多的参观者慕名而来，大学教授、专业记者和专家们都疑惑不解：这怎么可能？怎么会是这样？这里直到高山牧场上都有樱桃、土豆，甚至是猕猴桃，并长势喜人；但在克拉米特霍夫农场四周的土地上，农民们却正在放弃耕种，森林树木也陆续死亡。

随后就有了相关的电视报道和出版物。如今，克拉米特霍夫农场作为人类、动植物及大自然之间和谐共生的一个直观案例，每年都吸引着成千上万的游客。赛普·霍尔泽声名远扬，影响范围也随之扩大。在将农场交给儿子约瑟夫·安德烈亚斯·霍尔泽（Josef Andreas Holzer）之后，他一直笃行不辍，穿行于世界各大洲，为不同气候区域的土地所有者以及不同的项目提供咨询建议，并且每年都在霍尔泽朴门农业领域培训很多人员。

7

"我的方法，"赛普·霍尔泽说，"类似于澳大利亚生物学家比尔·莫利森（Bill Mollison）和大卫·洪葛兰（David Holmgren）提出的朴门永续设计。众望所归，我也将我的方法依此命名为霍尔泽朴门农业。但两者的差异也日渐明显，特别是在大面积土地出现问题时，以及在极端条件下，我是主张使用挖掘机和其他大型机械来解决问题的。

"人类动用大型机械归并田地、改直河道、建渠排水，这样大规模的错误行为已历经几代人。如果你看到了这些，也就不会再相信，我们仅凭铁锹就能弥补这些错误。世界上每天都有成千上万的人因饥饿而死，全球四分之一的肥沃耕地已经消失。现在，小步迈进已不能奏效，所以我们必须大步前进，但这一次，是与自然一起前进。

"我的'基本方法'适用于所有情况：把自己想象成你面对的那个生命，不管它是牛、猪、蚯蚓，还是向日葵，或者是人。如果你是它们，你会感到舒适吗？如果答案是'不'，那么就去找出问题所在。因为这时你一定会做出些改变。因为当所有生命都感到舒适时，它们才会以最好的状态为你工作，为全局出力。"

目 录

读懂自然

人类疏离自然是最大的灾害 \ 003

接近地球 \ 014

所有问题，大自然中都有答案 \ 020

打好基础

没有水就没有生命 \ 037

防治沙漠化 \ 044

西班牙：水分平衡受到破坏导致树木死亡
　　——或者可以说：感染病毒的不是树，而是人类 \ 060

防御洪涝灾害 \ 070

恢复水分平衡，建设水景 \ 076

与自然合作建设水景：等高线的重要性 \ 082

山谷蓄水坝建设：常规方法的替代方案 \ 091

葡萄牙项目实例：塔梅拉和平研究中心的水景 \ 098

在安达卢西亚——向蜘蛛学习 \ 110

西班牙项目实例：让水景天堂取代荒漠 \ 125

池塘或湖泊如何压实密封？水底压实与筑坝实践指南 \ 132

排水口、溢水口以及可摆动池塘排水装置的发明 \ 143

池塘湖泊、堤岸及深浅水区的合适造型 \ 149

关于水景的经济价值：要多样不要单一 \ 162

与水中及水边的动物合作 \ 166

环形输水管道——为城镇提供活水的一种模式 \ 180

与自然合力造林

走近景观修复——理解雨林的共生体系 \ 189

要多样化不要单一，反对单一种植的论据 \ 192

按语：俄罗斯的例子 \ 198

从森林火灾中汲取教训——生命可以从灰烬中诞生 \ 210

森林火灾地区的修复——以葡萄牙为例 \ 217

和猪一起造林 \ 223

生物多样性始于土壤 \ 232

当一棵自然纪念物正濒临死亡：我怎样才能救活一棵树？ \ 236

世界粮食战略

世界粮食话题
　　——地球上任何一个地方都可以实现自给自足 \ 243

霍尔泽朴门农业：自给自足式园地和迷你农场 \ 253

城市园艺：霍尔泽朴门农业和没有土地的地球公民 \ 281

用霍尔泽朴门农业理念建立示范农场 \ 301

播种未来，收获多彩：为大家提供免费种子 \ 307

如何更有效地向有机农业转型：受污染农田的修复、

　　超大种群的调节和酸性土壤的治理 \ 321

关于灌溉 \ 330

预防霜冻 \ 335

动物是员工，不是商品

大自然的话语：我的小羊 \ 349

什么是生态友好型家庭畜牧业 \ 353

人道屠宰 \ 366

如果蜜蜂灭绝了，人类也难再生存 \ 370

最终理想：重现天堂

让政客们呼吸一下新鲜空气吧！\ 385

致农民：做农业反叛者！\ 388

孩子们，培养你们的父母吧！\ 396

面向未来的培训方案：培育地球园丁的全球校园 \ 402

结束语 \ 405

读懂自然

人类疏离自然是最大的灾害

这个世界上最大的灾害，就是已经疏离了自然的人类，却自负地以为可以改善自然现象。在我看来，所有所谓的自然灾害及其次生灾害都是人为的。

一个人，但凡他还没被那些扑面而来的五花八门的谬论冲昏头脑，但凡他大脑中还有点儿空间用来思考，就会立刻明白上述道理。一个从小体验过自然之完美的人，会惊叹于岁月流转的完美过程，也永远都不会想到，人类能够改善这些自然运转过程。人类在这方面的任何尝试都是自欺欺人的，都只是短暂的和表面的成功。

人身处自然之中，最重要的是能够读懂它。人要观察自然，并且努力去体会和发现：身处自然运转之中的我做得对吗？或者自问，我是那个使这一循环失衡的因素吗？我是否已经误入歧途？

每个独立的个体，无论是人、动物，还是植物，都有各自的使命，也都要顺应各自的使命。在任何时候、何种情况下，每个人都应该对自己的行为负责。只有这样，你过的才是负责任的生活。如果不这样做，你就是有过错的，就是对自然犯下过错。这是我内心最强烈的信念和观点：我必须为自己做的一切负责。不是对一个团体、一个教派或者一个党派负责，而是对大自然负责，不管它是以一棵树、一头猪，还是以一条小溪、一只蚱蜢的形式出现在我面前。如果做到了这一点，那么你就能从自然中获得需要的能量，就能行于所当行。你会获得力量、信念和生活的乐趣。然后你会明白，人为什么生活在这个世界上。你将丢掉恐惧，即便这种恐惧已经被灌输到你的思想之中很长时间了。

人为的"自然"灾害：拉帕尔马（La Palma）的山体滑坡

恐惧是灾害的最大诱因。正是由于恐惧，大多数错误才得以发生；正是由于恐惧，那些使我们今天正经历不幸的、最荒谬的观点才得以出现。出于恐惧，人类对自己必须负责的事情不负责任。出于恐惧，人生活在愚蠢、贪婪、吝啬和仇恨中，生活在羡慕和嫉妒中，彼此对抗而不能相融。人类已经与自然脱离得如此之远，才使得自己变成了这个星球上最大的害虫。但同时，受到伤害最多的也是人类自己：由于生活和行为方式都疏远自然，人类感受不到生活的愉悦，因为他再也不能感知到大自然的运转，他再也无法断定什么是对的，什么是错的。他最终成了自己的敌人。

从日本的案例我们可以看出，人类对待风险是多么不负责任。过去日本将核反应堆的安全指数定为里氏 8.25 级及以下地震。但在 2011 年 3 月却发生了 9 级地震。地震引发了多个反应堆爆炸和放射性物质泄漏。这让我明白，这些人只是在依照自己的思想和理论行事。但是在自然界中，还有很多东西是人类想象不到的。大象无形，人类自以为的任何对大自然的掌控都只是幻想。这样的冒险是不负责任的。世界上还没有核废料处理终端，所以核能应该彻底被废止，并在全球范围内通过风能和太阳能取代。难道只有发生继发性的灾害，才能让人类放弃这些铤而走险的做法吗？

人为的"自然"灾害：澳大利亚的森林大火

人为的"自然"灾害：苏格兰的森林砍伐

观察自然的运转并不难。当你将自己从被动的行为中解放出来时，你的眼睛也就随之张开。这时自然会告诉你应该知道的一切。你能感觉到、触摸到、嗅到，什么是对的、什么是错的。你学习和你周围的环境、你周围的其他生物交流。想做到这一点你要先从小处着手——无论它是你的花园，还是你的家畜、农场，都可以——然后你就能以小见大：在本乡本镇、在周边地区，或者当你从飞机上俯瞰整个大地的时候。那时，大自然对你来说就像一本打开的书。一旦确认自己能够做到这一点，那么你的使命，就是为了你认为正确的事全力以赴，对你认为错误的事要指出来并加以阻止或改正。

你应当也能够将自己融入大自然的完美之中。为此，你必须准备好放弃所有僵化的、固有的错误行为，将自己从所有负

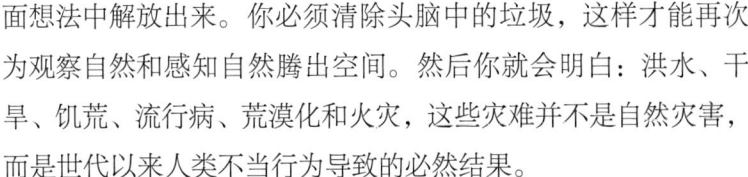

面想法中解放出来。你必须清除头脑中的垃圾，这样才能再次为观察自然和感知自然腾出空间。然后你就会明白：洪水、干旱、饥荒、流行病、荒漠化和火灾，这些灾难并不是自然灾害，而是世代以来人类不当行为导致的必然结果。

▶ 气候与植被

对于以上这一关联我们可以从森林和气候之间的相互作用中很好地观察到。保持气候均衡稳定的最佳植被是混交林，它吸收热量、光和水，再缓慢地向外释放。森林砍伐、树木死亡和过度放牧会导致地表裸露和温度上升，对气候来说都是危险因素。在过去的几十年里，非洲、亚洲和南美洲的森林被砍伐，这让全世界在今天都体验到了极端恶劣的天气。

那么，当森林消失时会发生什么呢？混交林内湿度大，是水分平衡健康的保证。枝干、树叶、土壤，由它们构成的整个森林是一个蓄水器，水在其中经过多样化的利用后，又被缓慢地释放出来。森林还能储存太阳能，它可以在任何海拔吸收光和热，并将其转化为生长所需的物质，使物种多样，使生命不息。混交林是一个非常精准协调的系统，其中所有的自然资源都能物尽其用。这个系统的每个部分既能各取所需，又能将多余的资源释放到下一个过程。混交林的地表是被植物、阔叶落叶或针叶落叶所覆盖的。因为有了荫蔽，地表总是能保持相对潮湿和阴凉。只有凉爽的地表才能吸收雨水，因为当地面比雨水温度高时，水则会像珍珠一样滚落，而无法渗透到土壤中去。一片健康的森林会在它周围产生均匀稳定的热流。

阿尔卑斯山地区因冷杉单一种植引发的土壤侵蚀破坏

如果以前生长着森林的地方树木被大面积砍伐，如果这里的地表现在是光秃秃的，太阳直接炙烤着地面，那么土壤就会变硬。曾经潮湿凉爽的地方，如今就会变得像壁炉一样热。这时候，以前那片像海绵一样储存水的森林，就变成了一片没有露水、湿气和云彩的炎热干涸之地。地表辐射的热量直接向上升起，这种发生了变化的热量在更高的气层中形成了与以前完全不同的气流。

如果这种情况大面积发生，正如整个地中海地区或热带地区那样，就可能导致剧烈的空气运动，形成风暴和飓风。极端异常的天气、突然间的强降雨，以及拳头大小的冰雹，这些都是大面积干旱和毁林的结果。比如，以前从没下过雨的地方现在下雨，以前从未下过雪的地方现在下雪。

读懂自然

风暴和强风一向行踪不定，如果没有了那些树冠高度不同的森林来减缓风力，它们就不会减弱。强风能将空气中多余的水分带到很远的地方。

水分平衡遭到破坏的后果：德国的洪水灾害

当人们终于意识到了以上所说的这些情况时，当然会希望重新拥有森林。但如果我们只是进行单一树种造林的话，结果会事与愿违。因为这样一片单一树种的树木荒漠是没有生机和活力的，很快就会成为风暴、害虫或疾病战利品。它也不能保持健康的水分平衡，反而会耗尽土壤中的某种养分。由于整片森林的根系深度都是一样的，也就无法保持土壤中的水分。快速流失的水分会带走土壤微粒，如果这时再赶上下大雨的话，就会导致位于森林下方位的区域洪水泛滥。

▶ 水是关键因素

气候稳定的关键因素是水。天然的土壤会吸足水分，并将水供给所有需要它的生物，包括人类、动物和植物。在天然的土壤水分遭到破坏的地方，人类必须采取行动来纠正过去的错误，而且必须赶在土地变得荒芜之前就采取行动。我们可以按照自然的方式来建设分散的水景，即按照自然界的模板建设非密封的蓄水池来蓄存雨水。这样的蓄水池可以起到平衡气候的作用，因为它既能蓄存雨水，又能让雨水慢慢地渗入土壤之中。

当夏日的阳光炙烤着遍布湖泊和池塘的大地时，水的表面虽然会变暖，但深处仍然是凉的。晚上，水又缓慢地将热量释放出来，通过蒸发和凝结过程使周围整个大面积区域变得凉爽湿润。由众多蓄水池构成一个储水体系，这是构建健康的混交林的前提条件，在一定程度上它的作用相当于一层底漆，能从下方供给足够的水分。这样，森林才能将水和热转变为生长需要的能量。

同样，水景及其周围生长的植被也能平衡高温，从而使气候均衡稳定。

但如果我们只有一片大面积的水域，而周围没有植被，或者只有一个多角或圆形湖泊，但它没有深浅区域之分或者中央水坝，是达不到稳定气候的效果的。这样的湖泊只是简单的自身升温然后再冷却，起不到平衡的作用。因为在这种情况下的水没有循环运动，也就不能形成热交换。

读懂自然

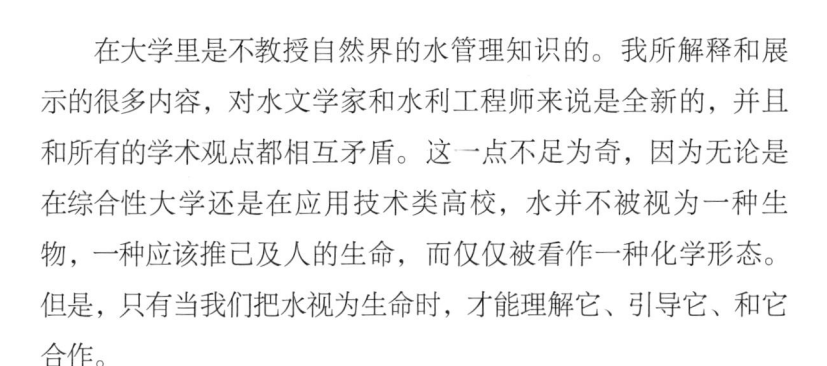

在大学里是不教授自然界的水管理知识的。我所解释和展示的很多内容，对水文学家和水利工程师来说是全新的，并且和所有的学术观点都相互矛盾。这一点不足为奇，因为无论是在综合性大学还是在应用技术类高校，水并不被视为一种生物，一种应该推己及人的生命，而仅仅被看作一种化学形态。但是，只有当我们把水视为生命时，才能理解它、引导它、和它合作。

▶ 药食应同源

我可以说自己生病了，也可以说自己是健康的。如果我持积极的态度，会对我的身体产生相应的影响；如果我持消极的态度，也会产生相应的作用。

除了地球上剧烈增多的可见灾难之外，我还看到了一些潜滋暗长的发展趋势。其中之一就是免疫力的丧失。因为食品污染、化学添加剂，以及农业中合成农药、化肥和转基因种子的使用，土壤生命、动植物和人类的抵抗力正在下降。

一个被削弱的生物体会对一切都很敏感，无论是细菌、真菌还是病毒。相同的原因，可能会导致一个生物体出现肾脏问题，而另一个生物体出现皮疹症状。不久的将来，因为病种太多，人类将没有新的疾病名称可以使用，只能给新出现的疾病编号。实际上，导致以上情况的原因一直是同一个：免疫系统减弱。

因为第一眼看上去这一共性并不明显，才使得真正的原因长期被掩盖、被美化了：缺乏有生机的、健康的食物。食物应该是你的药。但是有治疗功效的食物，在哪里还有呢？我们几乎再也找不到它们了，超市里更是根本没有。

多少次我不禁自问，人类到底为什么变得如此愚蠢，愚蠢到毁灭自我的地步。这种愚蠢、侵略性和抑郁也有可能是吃无生命的食物、喝无菌水导致的。大多数人不得不食用这样的食物，因为他们别无选择。如果我们这时不能设法创立其他替代方案，如果我们不悔改、不开始与自然合作，这种状况将不断扩大，最终导致这种病态的体系走向崩溃。

我的解决方案一直是同一个：我们需要这个星球在生态意义上的整体更新。不是由上面规定在哪里，而是在许多地方，分散的、独立的、多样化的更新。人类必须重新学习以自然为本来思考问题，这种以自然为本的思维方式应该像大火一样蔓延开来。农林业、水资源管理，以及能源生产、城市建设、道路建设，特别是教育，都必须从根本上作出改变。

为了避免或减轻人类面临的众多自然灾害，轮休土地不应用于投机活动，而应该提供给耕种者使用。世界各地都应该成立模范社区和示范农场，以便展示针对不同气候带、城市和乡村的解决方案，并供人参观。很长时间以来，我们一直在谈论农村人口外流，但不久之后，我们将会有城市避难者。我们要给他们设置一些落脚点，以便他们在那里能获得指导，关于如何在自然中生活，如何合作及如何实现自给自足。

我憧憬未来：世界上那些单调的地表面，那些农林荒漠，那些被规整划一的土地和那些破败的庄园，都慢慢转变换成水景、混交林和多物种共生农场。总之越丰富多彩越好。最初，那只是一片荒漠中的点点绿洲，但它们让生机重现地球家园。随后，如果它们成功了，如果人们也能靠它们谋生，这些绿洲就会生长、扩大，大到能够使那里的气候达到平衡。在许多地方，我已经展示了这项工作如何运行，相关经验我也在本书中做了总结。

接近地球

阅读自然，从高空开始。当你在飞机上或者从高空俯瞰地球，这时你既可以看到自然的地貌，也可以看到人造的地形。你会看到数百万年来发生了什么，盆地、峡谷、崎岖的岩石是如何形成的，以及大自然在哪里设置了森林，又在哪里布局了河流。你可以看到水是如何给地球造型的，当然也可以看到，今天的人类是如何将陆地上的水消耗殆尽的。

咨询建议往往在空中就已经开始了

你会看到在过去几个世纪里人类都做错了什么，人类干预的结果是多么事与愿违。你如果仔细观察，就会明白为什么一定会发生灾害。洪水和森林大火、荒漠化和物种多样性的丧失，从人类世世代代所犯的错误来看，这些结果都是合乎逻辑的。

中间是克拉米特霍夫农场的原野种植，左右两侧是相邻农场的单一种植

因为以前人们想通过规整土地来建设适合机械耕作的农田，所以很多地方被清理拓荒了。有些地方在几代人之前还曾被大片的混交林覆盖着，那里曾遍布湿地、沼泽、湖泊、池塘、灌木和园圃。现在，这些地方光秃秃的，或者成了单一种植的土地，或者成了农业草原区。因为土壤中缺水，山上的森林也日益稀疏。铁轨和街道在那些本来属于河流和河漫滩的山谷中穿行，它们巨大的排水系统抽走了土壤中的水。沿着这些交通路线，乡村和城市发展起来。它们不再建在高处，而原本在那里，它们是可以免受洪涝灾害的。

人类竭尽所能将水以最快的速度从陆地上排出去：随处可见的渠道和围封起来的田地，到处都有大片的土地被排干水、草地被晒干、水塘被填平。太多的林道和专用线路穿过森林，看上去就像张开着的伤口。从高空看下去，大地就像一具遍体鳞伤的身体，一次接一次地被抓伤，得不到治愈，皮肤上的伤口也来不及愈合。

排水系统大面积地从土壤中排干水分。但水是大地的血液：就像人的身体一样，大地体内的血液也要细密地布满全身。如果水都集中在少数几个地方，其他地方就会缺水，下层的土壤就会受到损坏。

只有被植被覆盖的土地才能保护水分平衡。当大地裸露时，大自然会一再努力，来为它覆盖上植被。生命力顽强的先锋植物和地被植物繁茂丛生，可以让大地不再干涸。但人却把它们称为杂草，用砍刀和除草剂将它们除掉。这时，如果雨水落在这些没有保护层的土地上，就会把细土冲走。如果土地上肥沃的腐殖土被大量冲走，就会导致土壤侵蚀。所以在春天你会看到，棕色的河流是怎样流经大地的。

在河流和溪流被改道取直之后，就没有了沉积区来沉积河水中宝贵的细土。如果这样，河道会被泥浆和沉积物填满，必须花大价钱进行疏浚。河水奔流向前，留下荒芜贫瘠的田地。这时，人们就会使用化学制品，让土壤尽可能地含有那些它自身原本就富含的东西，假如这些东西还没有被从土壤中冲走的话。

从空中更容易看出土壤侵蚀和生物多样性的丧失

河流中的水经堤坝拦截和渠道疏浚后，拥有了强大的破坏力。它冲上河岸，淹没城市甚至整个联邦州。为了免受水害，人们用混凝土加固山坡和堤岸。但混凝土并不吸收水，于是水以更快的速度流向下游。这种破坏力也从一个乡镇转移到下一个乡镇，从一个州转移到下一个州。

从飞机上你也能看到或圆或方的水池，大大小小，有些甚至是蓝色的。因为土地的所有者也知道没有水是不行的，但他为了蓄水建设的堤坝和水库却是完全建错了。它们孤立于水源，形状单一，里面的水都是不动的死水。时间一长泥浆就会沉积、腐败、发臭。到了最后，为了使这些浓汤一样的脏水至少还可以使用，人们必须给水池换气，并用化学制品进行处理。

水应该在大自然为它设计安排好的地方：它可以存在于有植被保护的地表和森林中，也可以是天然的溪流、池塘和河流。只有那些可以与泥土相接触、可以渗入泥土中的水才能矿化并成为饮用水。只有蜿蜒流动的水才能实现自我净化。这样的河流不会泛滥成灾，也不会带走土壤中的腐殖质，在任何季节它都是一乡一地之福。

如果有一天，人们又重新学会了与自然合作，那么，俯瞰大地的景色该是多么不同。到那时，人们会知道很多创建天然水库的方法。那时山谷将再次属于水，它们还可以把冬季的降水保存在陆地上。这些水可以供给植被水分，也可以饮用或灌溉农田。水景周围错落分布着园林，那里土壤肥沃，所以枝繁叶茂。再往上，在丘陵和高山上，生长着茂盛的混交林。原始的动植物群落再次出现。这样，天堂也就能重现了。

土地归并的后果：被清理后的景观

没有水就没有生命，就没有孕育生命的沃土，也无法抵御干旱和火灾。这些道理，如果从高空俯瞰大地，每个对自然敞开心扉的人都能看到、都能明白。

所有问题，大自然中都有答案

我们来到这个世界，就是为了去亲自经历，去感知自然。所以我们不应该让自己的日子被偷走，哪怕一天也不行。

纠正过去的错误是可能的。但为了实现这个目标，我们必须大步向前迈进，小步走是不行的。其中最重要的一步，也是第一步：我们必须再次相信自然。试问，除此之外我们还能相信谁呢？大自然是完美的，没有什么要去改善的。只要我们问它，任何情况下它都有办法帮助我们。

有一条普适规则，对我来说它也是最重要的基本原则：设身处地，替你面对的那个生命着想。仔细看看你面前站立的那棵树吧，假设你自己是它。体谅一下你对面的那个生命，它可以是牛、猪、蚯蚓、瓢虫、金莲花或向日葵，当然也可以是一个人。假如处在它的位置，你会觉得舒服吗？如果答案是肯定的，那么你做的一切都是对的。但如果答案是否定的，那就找到问题出在哪里。如果你终日见不到阳光或无处遮阳，如果你发现自己的脚总浸在水中，或者连活动一下都受到限制，那么你一定要做出一些改变。因为，一个生命，只有当它感到舒适时，才会愿意工作——而这一点，对于作为主人的你来说是最有好处的。

我会跟树说话。于是别人经常问："你怎么能和一棵树说话

克拉米特霍夫农场众多的水景花园之一

呢?"也会有人说:"你疯了吧。"

当然,如果我对树说"早上好",它大概听不懂。但是当我穿过森林或去往牧场,当我为了某个目的走在途中的时候,比如说我看到了——就像我经常遇到的那样——一棵有很多节疤、非常古朴的古树。那也许是牧场上的一棵石松。或者是在葡萄牙,我知道一棵有 2000 年历史的橄榄树。也或者是一块岩石或一处泉水,它们都是大自然的纪念碑,当你走过它们身边时,它们就会吸引你,让你着迷。那些地方会有一种力量,让你觉得自己必须在那儿待一会儿,坐一会儿或躺一会儿。

你好好看一下这样一棵树,想象一下它都经历了什么。它可能已经跨越了几个世纪,被闪电击中过数次,但仍在继续生长。你可以坐下来,跟它讲讲你想要搞定什么事儿。当你让自己的思想奔涌而出的时候，你会有这样一种感觉：它能将你的思绪径直向上拉至高枝，又能向下拽至深根。这样过一会儿之后，你会感到自己放松了、自由了。

当你在岩石或泉水旁小坐，也会有同样的感受。让内心的声音引领你吧。我的经历经常是这样的，我睡着了，梦到的正好就是我一直冥思苦想的事情。那些我原本想做，却一直不知道怎么做才好的事情，我经常在梦中为它们找到答案。这样的经历和体验次数越多，我就对此变得越敏感。

当然，如果我只是一门心思地到处乱跑是没有用的。那样的话，我的脑袋里就什么都进不去了，也没有空间来接纳知识，那些知识进不了我的脑袋就会跌落在一旁。这就好比一个垃圾桶，如果它是满的，东西就放不进去了。为了让它里面再有空间，我就得把它清空。为了放空大脑，我可以把那些让我忙碌的事情都告诉树。这是我与自然以及其他生物建立联系的一种方式，也是一次精神上的重启。

▶ 霍尔泽朴门农业的起源

我从小就接受大自然的引领。19 岁时，我接管了父母的克拉米特霍夫农场。这座位于海拔 1100 米至 1500 米之间的农场当时只有 24 公顷。在农场里，我立即尝试着将我儿时和青年时期在大自然中学到的东西付诸实践。但我遭遇了阻力，这些阻力来自邻里、官方，也来自那些嫉妒的人。他们想尽一切办法对我横加阻拦。不管我建造些什么，都会遇到麻烦：这个你不能做，那个你也不能做。我被行政部门牵扯进了很多民事诉讼当

克拉米特霍夫农场的住房

中。虽然在几乎所有的事件中我都维护了自己的权利,但这耗费了我很多精力。

一个人只有在童年和青年时期有过这些正面的经验,才能熬过困难时期。我也如此。另一点也非常重要,就是家人对我不遗余力的支持。特别是我的妻子维罗妮卡(Veronika),我的父母以及我的孩子们,是他们全力支持我一路走过来。就这样,我一点一点地把整个农场建成了梯田,那是一段 25 千米长的道路和梯田,其中部分地段异常艰难。但我也因此收益颇丰,因为梯田有着巨大的优势:雨水无法冲走土壤,腐殖质得以沉积,土地变得更容易耕种。这样一来,收益的增长也着实令人惊叹。当然,完成这些工作需要使用机械,徒手劳作是无法实现的。

维罗妮卡·霍尔泽在采摘蓝莓

完成这些工作所需要的经验,以及给我信心的那些成功体验,并不是我在学校里学习积累起来的。这些经验,是当我还是个小男孩的时候,自己在峭壁上的园圃里一点点试验得出的。那时,一切都还只是一个游戏,一个我一有空儿就要去玩的游戏。

在俄罗斯,赛普·霍尔泽和猪一起耕作

读懂自然

到克拉米特霍夫农场参观学习的游客

克拉米特霍夫农场航拍照片

每当父母要我去干些小活儿,比如给谁送个信儿,或者照看家禽家畜的时候,总是会说:他在他的小池塘那儿呢。有时干完活儿累了,我经常就在那里睡着了,睡到天都黑了。哦,然后可就出事了,然后我就生平第一次挨了个耳光。所以这个小池塘对我来说非常重要。再加上在学校里我还会听到这样那样的知识,如此我就学会很多。通过这种方式,我学会了在陡峭的山坡上怎样干活儿才能保住水,同时又不让泥土滑下去、不让泥浆流走。当时我徒手建造和安装的那些东西,后来我又用机器来模仿和再造。这种在陡坡上运用水的方法,是我基于实践经验发展起来的一种土地耕种方式。

从1962年一直到20世纪90年代,我把我的土地耕种方式称为霍尔泽特色农业。后来,来自维也纳大学的老师和奥地利朴门农业的客人来参观我的经营模式。他们当时就被迷住了,热情高涨,认为我经营的是欧洲唯一一个大规模正常运转的朴门农业项目。他们恳请我把所做的这些工作更名为朴门农业。

在当时,我还不知道如何理解朴门农业这个概念。后来我阅读了澳大利亚朴门永续设计的创立者比尔·莫利森(Bill Mollison)和大卫·洪葛兰(David Holmgren)合著的一本书,和另一本福冈正信(Masanobu Fukuoka,日本自然农法的先驱)的书。我很兴奋,因为书中的很多东西都与我做的事情相吻合,特别是在植物群落和一些工作方法方面。

最后,我把我的项目更名为"霍尔泽朴门农业(Holzersche Permakultur)"。

后来,其他老师和教授也相继来访,其中包括大学教授伯哈德·洛奇（Bernd Lötsch）。我在电视上见过他，他是一位国际知名的生物学家，也是一个保护自然和动物、守护海恩堡河谷地、反对核能的斗士。对我来说，他的来访是莫大的荣幸。他带领教授团队和助手们前来参观，影响颇为轰动。

在当时，伯哈德认为我在这里所做的工作是实用科学。我自己那时还感觉有点儿怪怪的，还在想他的话是否只是一种赞誉。后来他问我，是否愿意在克拉米特霍夫农场开设一门大学研讨课。我当时就想：在我们的农场开设大学研讨课！这次可是认真的了！于是我就说："当然可以，我乐意效劳，如果您认为这里合适，就放手去做吧。"

于是事情就这样决定了。一个由30多名学生和多位教授组成的大学团队，开着巴士，带着一整个实验室来到这里，在这里待了好几周。他们仔细检查了所有的东西；挖了几米深的洞，挖出了树根进行试验；化验分析了植物和养分之间的相互作用，以及植物之间相互提供养分的现象。

▶ 互利共生

其实针对这种现象我已经研究了很长一段时间。通过仔细观察，我将其命名为"互利共生"。但我一直无法证明，因为我没有实验室。

我所说的互利共生是什么意思呢？这一现象发生在氮气身上是众所周知的。因为豆科植物通过根部的根瘤菌吸收空气中的氮，然后在根部腐烂时，这些氮又可以增加土壤的肥力。但我的论断是，对于钾和磷来说也会发生相似情况。这一观点曾

混合种植了原始谷物和药草的坡地

经一再被否定。在当时的研讨课上，我终于能向学生们展示我观察到的现象和我的解释：为什么在某个特定的植物群落中，一些植物的颜色会发生变化？例如，为什么杜鹃花在与某些植物相邻生长时会保持红色，而不会变成白色？或者，为什么菊苣在相应的植物共生环境中会保持红色，而不会变成棕色或颜色变浅？

叶片的着色与营养物质钾和磷相关。如果植株不变色，说明钾和磷供应充足。而当植株处于混合种植环境，即群落环境中时，它们恰恰总是保持不变色。

我是这样解释这种现象的：根部不断腐烂的过程会释放养分，这些养分通过蚯蚓和土壤中的细菌供应给其他植物，同时清理了土壤。这样，在混合种植环境中，互利共生的现象就出现了：不同的植物在它们腐烂的过程中释放出不同的养分，而它们在不同的时期，比如花期、结果期等，也恰好需要其他养分。这样就形成了植物间养分的相互供应。这种相互关系也可以通过叶片实现：叶片通过"出汗"排出养分，然后这些养分被露水或雨水冲走，重新回到根部。

高山牧场上的水景花园

学生们仔细研究了我观察到的这些现象和我的结论，并在研讨会结束时对它们予以了证实。这让我高兴极了。人类生态研究所的史蒂芬·罗特（Stefan Rotter）后来还撰写了关于克拉米特霍夫农场的硕士毕业论文。该著作现已经售出数千本，它是第一部关于我的耕种方式的作品，现在已经有13部之多了。

随着时间的推移，人们对朴门农业的理解也明显表现出很大差异。对于比尔·莫利森和大卫·洪葛兰撰写的关于植物群落和畜牧业的文章，我持相同看法。但在我看来，在像克拉米特霍夫农场这样的极端情况下，仅仅依靠他们的方法是不可能建立有如此产能的农场的。世代以来，人类一直不停地在土地上进行归并田亩、取直河道、砍伐森林、建渠排水。我已经等不及再用铁锹去修复被损坏的这一切，现在我们必须大步前进。这一观点，在我看来正是霍尔泽朴门农业与比尔·莫利森的朴门永续设计的显著差别。

迄今为止，我的工作引起了极大的热情，也得到了多方的认可。但质疑和批评也相伴而生。我当然不会被批评或诽谤吓倒，因为我从小就不断取得成果。如果成功证明你是对的，那为什么要改变自己呢？如果大自然证明一个人是对的，那么他所走的就是正确的道路。

捆杂草覆盖土地
图中为马蒂和蒂姆·哈兰，赛普·霍尔泽的著作在英国的出版商，以及莱拉·德雷格尔，合著者

▶ 什么是霍尔泽朴门农业？

霍尔泽朴门农业是富有远见的、旨在惠泽后世的景观设计。

霍尔泽朴门农业旨在使人类认识到过去的错误并加以纠正。即针对目前这些大规模的排水系统、渠道管网和单一种植，对森林、草地和土地的过度开发，以及人类将动物视为商品的"贪婪养殖"行为，来阐明替代它们的方案：一种以自然为本的、负责任的农业和畜牧业模式，同时又可以在数千公顷的土地上大规模实施。

霍尔泽朴门农业旨在使那些条件恶劣的低产土地变得高产，让人们在干旱地区、陡坡、湿地，甚至是城市中以及垃圾场上，都能生产出健康的食物。因为在今天，地球上许多居民没有土地可以耕种，但他们仍然得吃东西。

霍尔泽朴门农业意味着用长远的眼光思考问题，让自然和动物自觉地工作。愿意工作，是因为它们感觉舒适；而那些让它们感觉舒适的人，一定是收益最多的人。

霍尔泽朴门农业是与土地及其周围环境和谐统一的耕作方式，倡导利用土地但不是榨干土地。霍尔泽朴门农业的首要主张是修复水分平衡。

霍尔泽朴门农业是与自然和谐相处的共生农业。它循环永续，一切都处在循环运转之中，没有任何东西被排除在这一过程之外。

在霍尔泽朴门农业中，农民成了老师，由他们向其他所有

矮牛的饲养：古老的动物品种在克拉米特霍夫农场找到了新家

人展示如何阅读自然之书。

在霍尔泽朴门农业中，咨询建议从飞机上就可以开始了。因为在高空中，我可以从整体上把握等高线的走向，可以看清大自然在哪里遭到了破坏，在哪里设置了水。在这个基础上，我就可以提出适当的建议了，是结合了整个地区的情况再给出建议，而不是仅仅依据自己家里花园情况给出建议。

霍尔泽朴门农业意味着我们必须明白：要解决地球上的这些问题，小步走是来不及的，我们必须大踏步前进。

海拔 1500 米的熊湖高山牧场（Bärenseealm），这里盛夏降雪并不少见

秋天的熊湖高山牧场

打好基础

没有水就没有生命

地球表面积的大约 70% 被水覆盖，人及所有生物体的大约 70% 也是由水分构成。没水就不会有生命。水是大地的血液。我所阐述的水的重要性有两点，即饮用水和地球上的水资源。水，滋养着动物、植物和人类——同时也滋养着大地。

和我们密切相关的当然是饮用水，它是最重要的饮品。如果我们想保有健康的身体和充沛的精力，就要喝新鲜的活水。

克拉米特霍夫农场的饮用水井

饮用水为我们提供身体所需，同时也向身体传递着活力和生命的信息。可以试试在一段时间里只喝新鲜流动的、没有氯和化学物质的水——你会发现，这让你感觉好极了。对于这一点，每当我回到家的时候总会注意到。克拉米特霍夫农场的房子前面有一口很大的木井，井水可以通过管道流进房子里。每当我旅行回来，做的第一件事就是把手和脸浸入家里的水中。它让我顷刻间恢复活力，所有的艰辛和疲劳好像都被洗掉了。

注：根据玻利维亚的提案，经投票表决122个国家赞成0票反对，2010年7月28日联合国大会宣布：享有清洁的饮用水和卫生设施是一项人权。有些国家，如南非和厄瓜多尔，已将用水权纳入其宪法。

饮用水是所有生命的一项基本权利，包括人类、动物和植物。尽管如此，地球上仍有11亿人无法获得清洁的饮用水。即便在富裕国家，也很少有人能喝到新鲜的活水。有谁会在家里的房子前面就有水源呢？但如果我们没有新鲜的活水，如果我们只能喝到一种无生命的液体，我们的健康、我们的幸福感、我们的精神力量又该怎么办呢？这种现状是不可持续的。改变这种状况应该成为首要的政治问题。

世界任何地区都有可能为人类和动物提供足够的饮用水。但仅仅通过收集雨水，再把它储存在水桶或容器中是不够的。因为雨水还不是饮用水，所以它只能用于紧急情况和过渡期。雨水是经过蒸发的蒸馏水，它没有任何生命信息，而且在下落过程中还吸纳了灰尘和杂质。而我们的身体需要矿化的、富含

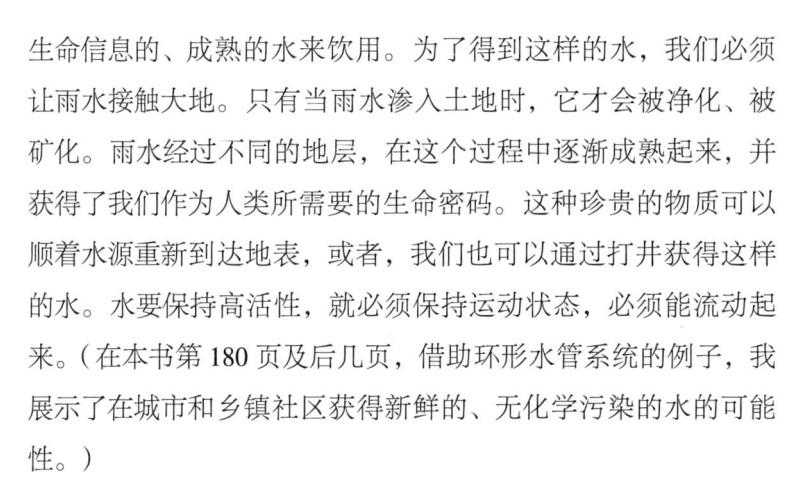

生命信息的、成熟的水来饮用。为了得到这样的水，我们必须让雨水接触大地。只有当雨水渗入土地时，它才会被净化、被矿化。雨水经过不同的地层，在这个过程中逐渐成熟起来，并获得了我们作为人类所需要的生命密码。这种珍贵的物质可以顺着水源重新到达地表，或者，我们也可以通过打井获得这样的水。水要保持高活性，就必须保持运动状态，必须能流动起来。(在本书第180页及后几页，借助环形水管系统的例子，我展示了在城市和乡镇社区获得新鲜的、无化学污染的水的可能性。)

饮用水形成的这一整个过程非常重要。水要完成这个循环过程，需要全球每一个地区的支持。这样，我们将可以在任何地方获得饮用水。如果这一循环过程在有的地方失灵了，我们可以通过建蓄水池把雨水滞蓄在陆地上，让它一点一点地渗入到土壤中，这样就可以重新激活饮用水的循环过程。这一工程在全世界任何地方都可以实施。有水源的山谷必须保护起来并加以守护，这样的地方要避免一切土方工程、挖掘机作业和树木砍伐，要避免使用任何农用化学制品。古时候，人们认为有源头水的地方是特别的，甚至是神圣的，这并不是巧合。生活在亚马孙河流域的印第安人深知饮用水的珍贵，有时不惜用生命保护这样的地方。

但今天的情景却恰恰相反：一旦某样东西变得稀缺了，就离有人拿它做生意不远了。于是水也变成了商品——而且变成了一桩杀人的买卖。在世界各地，土地所有者的土地被征用，那里的水源被国有化、商业化，用水权被转让给跨国康采恩。

水，则被装瓶、售卖、用化学方法保存。我不禁要问：人能"保存"一个生命吗？光是这样的想法就让我觉得荒谬。一个不运动的生命会死去。水，如果在瓶子和管道中停留太久，就不能吸纳新的生命信息，也就会失去所有的生命力。工厂里经过工业加工的饮用水，不再是生命信息的载体；在管道里久滞不流动的水，也会变质坏掉。

拿一瓶带有矿泉水标志的水看看吧，水在里面是静止不动的。在那样一个用塑料和玻璃做成的密封容器里，水必须一连数周经受所有温度的波动，所以它不可能还有生气。那些使水如此珍贵的生命力的特征，现在就只剩下一个了：它是液体。

▶ 土壤是储水器

在水的大循环中，土壤作为储存器官具有特殊的意义。人体内纵横遍布的血管，为每个器官和身体部位供应营养，土壤也是这样：地球不仅在地面下有水储备，还有湖泊和深达数千米的地下蓄水层。如果水分平衡没有受到破坏，那些纤细的和极细的水脉可以为整个大地提供水分，直至最微小的土壤孔隙。健康的腐殖土，如森林土壤，含水量可高达90%。健康的饱水土壤对饮用水的形成、森林火灾的防范以及土壤综合肥力来说都具有核心意义。因此，土壤水也是本书的一个中心话题。通过所有的生态修复措施我只想达成一点：把土壤水还给土壤。

这一点为什么如此重要呢？水在土壤中发生了什么？

是土壤中的水才让大地成了有生命的存在，孕育出了整个

和培训班的学员们一起建饮用水井

有机世界，让生命在其中和谐共生，让自然万象得以循环运转。水是怎么做到这些的呢？植物的根追随着土壤中的水，生长到所有的土壤孔隙。在混合种植环境中，不同植物的根可以生长到不同的深度。它们挤过缝隙，使深达几米的土壤都可以得到通风、疏松。根使土壤保持一种开放的状态，让它能够继续吸收和储存雨水。根系的不断再生生产出宝贵的腐殖质，这种腐殖质是植物和所有土壤生物的食物。反过来土壤生物又可以疏松土壤，增加储水效果。就这样，植物得以繁茂生长——保护土壤和气候的植被层也就形成了，它既可以防御火灾的发生，又以其共生能力保证了土壤肥力的持久性。

水是大地的血液。如果人体的某个部位血液供应不好，会发生什么呢？会变得虚弱、会生病。如果哪个部位的血液完全没了，就坏死了。地球的供血现在也不好了。近些年，我们听得到她越发大声地呼救，也就是人们所说的自然灾害。健康的水分平衡是景观修复的第一步，也是最重要的一步。如果水分平衡状况良好，所有的生物就都能得到需要的东西。但如果一个地方的水平衡受到干扰，那么这个地方就会出现冬天水太多，而夏天水太少的情况。

每当我谈到有关水的话题时，心中就不免产生这样一个疑问：人类到底还要变得多么愚蠢？水、风、火、阳光、土地，这些都是大自然的馈赠。人类的任务，是正确引导和使用这些馈赠——为了所有人的利益。过多或匮乏都会招致损失，甚至可能是灾难。当恩泽变为厄运时，肯定是人类做错了些什么。

水，不仅仅是 H_2O。科学家发现，水所表现出的物理和化学特性，一再出现与自然规律所预期的不同。其实这并不奇怪，因为水不是僵死的，是有生命的。我们该如何对待生命？人类忘记的，恰恰是如何去回答这个问题。我认为，一个生命值得我去与它接触、与它交流、与它合作。

如果我们想修复某处景观、某块土地或某个地区的水分平衡，如果我们想避免灾害，扭转荒漠化和洪水泛滥的现状，如果我们想喝到健康的、有生机的水，就必须学着去与水合作。这也是本章的主题。

防治沙漠化

当代的阿提卡（Attika）也只能被称为其原始地貌的遗迹了。从高处开始，泥土因侵蚀不断剥落，那些残留下来的东西就像一副被疾病掏空的躯体。所有肥沃的土壤都不见了，只留下一片犹如皮包骨的土地。

当阿提卡还完整无损的时候，山上有大片的森林和无边的牧场。那时每年的降水也没有像今天这样，直接从光秃秃的地表流失到海洋，而是都被土壤完全吸收了。这样，水就能以泉水和河流的形式从高处大量流入山谷间，再从那里灌溉整个谷地。

（柏拉图，公元前4世纪）

早在2500年前柏拉图就认识到了水分平衡被打破所产生的影响。今天，全世界都在急剧扩张的沙漠，并非天然景观，而是在人类千方百计、迫不及待、贪得无厌的索取之后残存的景象。我们可以在各大洲不同程度的沙漠化现象中观察到它形成的各个阶段：腐殖质的流失到完全沙化阶段、生物多样性的丧失到植被十分稀少阶段、水分的丧失到完全干涸阶段。

导致沙漠化的错误行为，都是与自然格格不入的。这些错误行为在生态平衡不稳定的情况下——例如在现有沙漠的边缘地区——会产生特别严重的影响。例如，放弃依赖自然环境的耕作方式，转而集约化种植出口产品；使用化肥和除草剂；灌溉不当造成土壤盐碱化；打深水井来进行大面积的抽水；过度放牧和工业化伐木。

大面积的土壤侵蚀，厄瓜多尔

　　全球沙漠化的进程非常迅速。据联合国统计，全世界已经因沙漠化丧失了 1/5 的可耕地。在南美洲和印度尼西亚，热带雨林的沙漠化速度已经超过了生活在那里的植物和动物可以被研究的速度。今天的沙漠曾经也是一片沃土。撒哈拉沙漠就曾经是一片绿色的热带稀树草原，在那里人类可以很好地生活。但在沙漠化的进程中，那里的植被和土壤生命变得越来越少，土壤干涸、地下水位下降，肥沃土壤的侵蚀流失日益加剧，直到再也没有腐殖质，只剩下沙子。耕作经营变得越来越困难，最终人们离开了那里。

　　但也有不一样的情况出现。个别的农民会想起传统的方法，比如来自布基纳法索的农民耶高巴·沙瓦多哥（Yacouba Sawadogo）。他效仿祖父的做法把牛粪填进树坑里，不过他把树坑挖得比以前更深，然后在里面种上当地的抗旱树木。在这些树的荫蔽下，小米长势旺盛。他的土地再次有了收成，凭此他不仅可以养家糊口，还买了一辆轻便摩托车。他开着车穿行于附近和周边更远些的地方，到处分享他的成功经验。现在，成千上万的小农都在效仿他的做法。今天我们甚至可以从飞机上看到，撒哈拉沙漠以南的干旱地区再次出现了小块的绿色斑点儿。

如果这种相对简单的措施都能取得如此广泛的成功，那么如果我们充分利用自然共生栽培的知识，又将取得多大的成效呢？

撒哈拉沙漠不仅向南扩张，也向北发展，越过了地中海。为什么没人因为这个消息而大声疾呼呢？它还要向北延伸多远，才能让我们警醒？谁能，或者怎么才能阻止沙漠向北扩张？如果欧洲变成沙漠，我们又将以何为生呢？

也许南欧的变化太慢了，还不足以让很多人警醒。也许有很多人会想：法国、瑞士、德国和英国，这些地方绿化太好了，不可能发生沙漠化的。但即使在温带地区，也已经出现了物种多样性的丧失，以及清洁的地下水和土壤生命的丧失，撒哈拉沙漠的沙子甚至被吹到了阿尔卑斯山：所有这些都是沙漠扩张的征兆。

在葡萄牙、西班牙、意大利和希腊，同样的一幕也在上演。夏季里干旱加剧；砍伐森林、树木死亡和单一种植降低了土壤的储水能力；枯死的植被不能再为地表提供足够的遮蔽。现在的地面比雨水还要热。如果这时下雨，水不会渗入土壤，而是飞溅开了。土地变硬了。冬季的强降水无法渗入土壤，还将肥沃的腐殖土冲刷到了山谷中，继而汇入河流、流入海洋。剩下的，只有沙子和石头。树木在死亡，森林在燃烧，农民正在放弃自家的农场，整个地区正在被遗弃。南欧的鬼村就是这样出现的。

▶ 希腊的案例

在希腊，我被拉里萨（Larisa）附近的一所修道院叫来帮忙。她们的井干涸了。这是怎么回事儿呢？原来，在这个松树单一种植的环境中，松异带蛾已经传播开来。在一片数百公顷的森林中，只剩松树的枝干还站在那里。土壤失去了蓄水能力，几百公顷的森林濒临毁灭。我们能做些什么呢？

在山上的高处，她们让我看了一个山谷，那里有一条流量每秒20升的溪流。这些水可以渗透到土壤中。于是我建议在那里建一个滞蓄水空间，重新给土壤供应水分，然后再种植一片茂密的混交林。事情原本就是如此简单的。只要松树的枝干还在，就会保护和遮蔽新生的植物。市长和修道院管理部门都很受鼓舞，却没有得到县和政府部门的批准。一年后，修女们哭着打电话告诉我，那里的整座山都被烧毁了。

现在，那里的整个地区都成了一片草原，新出现的植被也被山羊啃光了。这次经历让我看清了导致沙漠化的另一个因素：不仅是希腊，而是所有欧盟国家及其他一些国家，总有一些疏离自然的人，他们用错误的决定毁掉了一片土地。

来自希腊的案例，拉里萨附近的一个修道院的项目

▶ 土耳其的案例

2011年3月，在去伊达山脉（土耳其西部）做咨询时，我看到那里面临着同样的问题，就像在希腊一样。在当地，原有的森林也被清理开垦，种植了一片所谓的商业林：纯粹的松树单一种植。松异带蛾已经蔓延到了数不清的树木上，人们担心会有大规模的爆发。但这个地区有一个优势：这里有很多野猪。野猪把森林的地面翻掘了起来。所以在有野猪活动的地块上，栎树、栗子树等各种阔叶树木繁育得很好，这样松树的下方就能生长出健康的混交林了。但由于这里大部分地区生长的都是纯松树的单一树种，没有林下植被，所以可以预见的是，在几年内，这里一大部分森林就会因为松异带蛾的侵害而死亡干枯，并最终可能毁于森林火灾，就如同我在希腊所经历的一样。当时那里已经发生了严重的土壤侵蚀，大片的土地已经完

打好基础

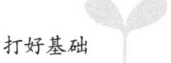

全是沙质的，沙漠化已经初见端倪。

我们应该如何应对这种威胁，并保护森林呢？我建议首先采用生物方法，即通过培养和利用它的天敌来控制害虫的数量。这些天敌包括各种蜂，如姬蜂、小蜂、茧蜂，当然也包括熊蜂。我们可以在受到侵染的树木下方，为这些益虫建起"昆虫旅馆"，让它们在受保护的状态下进行繁殖。最简单的方法是取不同长度（0.5米—1米）的空心树干，在其中纵向分层放入稻草、竹子和其他不同直径的秸秆。益虫在这里产卵时不会受到鸟类的干扰，而且可以根据松异带蛾的种群情况进行相应的繁殖。

土耳其农民的热情好客

另外，还应推进和支持利用野猪。为了防止农业用地被野猪毁坏，可以事先用电围栏加以保护。之后，你就可以把野猪引诱到森林里那些被松异带蛾侵袭的地方（关于诱饵，在本书第225页及之后几页中有详细的描述），同时播撒下阔叶树的种子。野猪在觅食翻土时，会将这些种子带入土壤中。这样，就有可能迎来自然环境的复苏了。

为了促进这一过程，要对森林进行疏剪，特别是要砍伐那些已经遭受虫害的松树。通过疏剪树木，虫蛹会大量减少，因为它们的巢会被野猪吃掉。疏剪生长紧凑密闭的松林，还可以减缓害虫的扩散，使森林里可以透进阳光和空气，使林下植被得以生长。这会是一种温和、生态的森林管护措施，同时也是最好的和最可持续的防灾措施。对这里的整个地区来说，我认为也是迫切需要的紧急措施。

单一松树林被松异带蛾侵袭，遭到大面积破坏

也是在这里，我遇到了一群年轻人。他们满怀热情，打算复兴一个被遗弃的村庄，并建立一个自然农业的示范项目。这些年轻人中包括伊斯坦布尔大学的学者和一位教授，他们当中不仅有人来自土耳其，还有人来自美国、法国和德国。就像在俄罗斯一样，这里可能会出现一场逃离城市的运动，一场再次

直面自然、保护自然的运动。他们的热情令人感动，我祝愿他们能够得到政府和其他机构的一切支持，从而能够完全实施自己的项目。

这里也开始遭到松异带蛾的破坏；土壤侵蚀已清晰可见

松异带蛾的骤然增加是单一种植引发的现象，并受到了全球变暖的助推

土壤侵蚀现象和初染松异带蛾的森林

此外，还有一个改善的机会，就是环境意识的觉醒。这一点在土耳其及所有南欧国家都很值得期待。农田和森林中四处散落的垃圾可能会变成重大的危险；动物会因为吞食或踩碎塑料制品而受伤；瓶子和玻璃器皿经常会引发自燃，每年夏天都有大片森林因此被烧毁。另外，还有一个问题，这里有许多被遗弃的狗，它们十分瘦弱可怜，经常成群结队地在村庄和野外游荡，对野兽和人都会造成威胁。

有一种情况我完全无法理解，就是许多大城市附近的森林被大规模砍伐。而恰恰是这里对氧气的需求量特别高。如果大都市的四周都是工业区而没有树木，由于缺乏森林的冷却作用，热量会积聚在这里，沙尘形成次数就会增多。在夏季，人类、动物和植物都会遭受严重的烟雾危害。

▶ 西班牙和葡萄牙的案例

西班牙和葡萄牙也在遭受树木死亡和荒漠化的灾害。葡萄牙70%以上的粮食需要进口，而这件事却发生在一个土地肥沃、温暖湿润的好地方。葡萄牙国家防治荒漠化委员会的一位代表的话还是很明智的："到目前为止，所有阻止荒漠化的努力从根本上说都没有产生效果。我们知道我们在这方面一无所知，我们必须重新开始。"

栓皮栎的树皮，今天人们是用粗重的机器来剥落的，有时太频繁，而且方式几乎总是很冷酷。我一再看到软木的树干被切割得太高或太深。由于软木的价格好，操作方法也变得越来越粗鲁。但这种做法似乎不是很利于收益，因为被越来越多的农民放弃了。从经济和生态视角来看，采取一种更温和、更多样化的种植经营模式才是合理和可持续的。

在葡萄牙，由于有硅酸盐岩石，松树的单一种植产生了特别不利的影响，森林土壤酸化的速度比其他地方要快得多。在大片的土地上，荒漠化已经非常严重了。正如我们所说，脚在那里可以通行无阻了：人们行走的时候没有脚印，也不再感觉到有阻力，因为地面没有阻力了，沙子会从你脚边流走。那里唯一的树是桉树。众所周知，桉树是劫水的强盗，非常危险。可以说，这是到达沙漠前的最后一站。如果在这之后桉树也被烧了，那一切就都消失了。

修复一处完全没有植被的景观，成本要比在有树木和其他植被残留的情况下高出几倍。这些残留的植被，不管它们的状

葡萄的案例：栓皮栎死亡、过度放牧、农民贫困以及大面积的景观消亡——最终出现沙漠

况如何糟糕，仍具有母体的功效。正如母亲保护孩子一样，这些树木和灌木在死亡之前，会尽力保护自己的后代：通过遮阴、防风、凝结露水。在这些小生境中，小动物们也得以生存，腐殖质得以沉积。但如果母体死亡了，后代也就几乎没有机会生存了。如果较老的植物起不到母体的作用，种子或根茎就不能再发芽了。那样它们就会暴露在强烈的阳光、风和天气之下，土壤也会遭受侵蚀。在这种情况下，沙漠化几乎无法阻止，会像流行病一样蔓延开来。

这些国家必须立即采取行动，否则将为时已晚。行动的时机就是现在。同样道理，重要的不是对抗症状，而是了解原因。修复，是指将土壤在集约化农业和单一种植业中失去的水分，重新还给它。阻止和扭转沙漠化的最主要措施是恢复水分平衡。滞蓄水池可以让土壤再次吸饱水，让受到破坏的景观再生、树木复活、泉水再次流动。过度放牧必须停止，这一点毋庸置疑。有了以上这些作为基础，自然天堂就可以在最短的时间内再次出现；它能为野生动植物提供有吸引力的栖息之所，为众人提供食物、工作和体验自然的景点。在西班牙的埃斯特雷马杜拉（Extremadura）和葡萄牙的阿连特茹（Alentejo），游客可以看到这样的自然天堂是如何运转的。他们也可以看到，以很小的投入就可以让这一切愿景成为可能。（这些项目在第98页和第125页有详细阐述）

葡萄牙，濒临沙漠化的景观

▶ 如果沙漠已经形成并向外扩张

如果一个地区已经变成沙漠，你还能做些什么呢？任何景观都可以恢复，但这是一个投入多少的问题。为了绿化沙漠，

葡萄牙案例中的因果关系很容易识别：
过度放牧、植被的负选择、肥沃土壤的流失和森林死亡

经常要投入大量费用来种植先锋植物。但它们能否存活，最终还是取决于水分平衡情况。

沿海沙漠地区最大的问题就是水井的盐碱化，例如在埃及或在以色列。当人们从井中抽取淡水时，如果抽得太深、压力太大，海水被吸入井中时，就会发生这种情况。一旦发生这种情况，这口井就无可挽回地失去了——这块土地也同样如此。

土壤中有水脉，这就像人类或植物体内一样。如果我在树皮下插一根管子或一支吸管，树的汁液就会通过自身的压力流出来。这样从树上抽水，是不需要连接泵的。土壤同样有生命。如果我打算在一个地方钻深井，把水从地下抽出来，可以先把这个地方的土挖出来，这时大面积土壤中的水就跟着流出来了。抽水泵的功率越大，抽水时挖的井越深，抽水的面积就越大。当一口井抽不出水时，人们就会钻新的、更深的井，从500米到600米深，最后到1000米深。

然后会怎样呢？在大面积的地下水被抽光的某一时刻，水泵还在继续抽，那么接下来抽出的水就是来自海岸的，继而来自海洋。20—30千米的距离在这种情况下根本不算什么。这时水井里的回水就是盐水了。

开始时，土地的主人觉得井里有点儿盐水，还是能对付着用的。但之后越来越多，直到井里出来的全是盐水。一旦发生这种情况，土壤就都盐碱化了，这块地也就失去了。你总不能再从土壤中往外抽盐吧。然后人们继续迁徙，走向下一片土地。人就这样变成了蝗虫，毁掉了大片的地方。到目前为止，我还可以阻止这一切的到来。在收到第一个警报信号，即水井干涸的时候，我就必须采取行动。

这个时候，我不会把井打得越来越深，从土壤中抽水，我得反过来，给土壤输送水，这样地下的蓄水池就可以重新蓄满水。这些蓄水池是地下水储存库，它们在沙漠中罕见的降雨期间蓄满了水，以便接济那些时下已经被抽空了的水井。

可我连浇灌庄稼的水都没有，又怎么能给土壤输送水呢？

我给许多沿海地区提出的建议是，利用风能把海水引过来。在陆地上建多个互相连通的沉淀池：这是一种古老的制盐方法。盐在一个池子中沉淀下来，淡化后的水再流入下一个池子。可以把这些盐取出来，晾干洗净，用作融雪盐、动物食用盐或人的食用盐。把除盐淡化后的海水再引入一个蓄水池。当淡化水渗入土壤时，它就填充到了地下蓄水池中。这样，在盐化水井和地下水之间就产生了一个均衡力量。当地下蓄水池再次充满水（在这种情况下是淡化水）时，它就会产生必要的压力，保护地下和地表土壤免受盐的侵蚀。

如果湿度更高些，就可以生长更多的植被。这样，土壤中的植物根系再次形成，已经开始形成的沙漠就可以得到修复了。但这种投入成本相当高，而且可能需要几年或几十年的时间。因此我在此大声疾呼：行动起来，赶在沙漠化发生之前！

西班牙：水分平衡受到破坏导致树木死亡
——或者可以说：感染病毒的不是树，而是人类

在伊比利亚半岛，从前"一只松鼠可以穿过树梢，在不需要接触到地面的情况下，从比利牛斯山一直跳到直布罗陀"，这就是希腊地理学家斯特拉邦（Strabo）描述的情景。而今天情况正好相反：你可以在不踩到一点儿树荫的情况下，从巴斯克跑到安达卢西亚。（摘自《沙漠化——生态灭绝》，1992）

几年前，我接受任务去了西班牙。在埃斯特雷马杜拉（Extremadura）的一块土地上，石栎正在大面积死亡，产业主当时正要离开这块土地。在葡萄牙也有同样的情况发生，那里主要是栓皮栎大面积受灾。这两种情况都不是原始森林自身的问题。罗马人，还有后来的西班牙人和葡萄牙人，他们自己在几个世纪前就开始砍伐这些森林，用来为自己的舰队建造船只，为农业用地腾出空间——更确切地说，这是过度利用。现在这里仅存的是残次林地，状况很差，所以必须谨慎地对待它们。但只是把最后的这些树保护起来是不够的，因为它们已经没有自我修复的力量了。只进行单一树种造林也无济于事，这不过是对症治标的方法，弊大于利。

与此相反，我们应该去探究原因。西班牙石栎大规模死亡的原因可以用几个关键词来定义：栎树的死亡，是因为树木和

最后的树木在努力生存，它的病因是过度利用

土壤多次反复地被过度开发和利用。

首先是谷物种植：石栎树下方的土地被人们用中耕机或犁翻耕，然后在那里种植谷物，以便更集约地利用土地，在耕种时还大面积使用了化肥。如果丘陵土地被如此密集地耕种，当地面处于开放状态时，且是在没有植被覆盖的情况下开放几个月之久，那么雨季里的强降雨就会将养分和腐殖质洗刷殆尽。土壤被侵蚀，植物根须露出地面并承受压力。然后人们会看到，简直就是石头在生长。

这是怎么回事呢？为什么石头能生长？其他受邀的专家也问过我这个问题。在埃斯特雷马杜拉和安达卢西亚时，我得以在讨论中向他们展示了这一现象的成因和过程。一块土地耕作得越密集，那里的土壤被侵蚀和冲刷走的就越多，人们看到的在高处田地里矗立的石头也就越多。如果你仔细观察这些石头，会发现它们长满了苔藓和地衣，外侧还形成了从深绿色到棕色的条纹。因为苔藓只在潮湿多雨的季节生长，所以你可以通过肉眼从这些条纹看出过去 50—60 年来这里发生了什么，而不需要到实验室里看。我们可以看到，土壤侵蚀是怎样加速的，因为这些条纹一年比一年宽，末端的条纹宽度已经达到 3—5 厘米。这时苔藓和地衣已经跟不上土壤流失的速度，来不及长满石头了。任何一个用眼睛去阅读自然的人都会意识到，这是由于耕作不当和过度放牧造成的土壤侵蚀的急剧加速。

土壤侵蚀的原因之一是过度放牧

当土壤侵蚀的速度越来越快，生长在海拔较高位置的树木就会承受压力，因为它们的根无处可遁。这时它们的根须就暴露在阳光下了。此外这些根须还会因耕作受到严重损坏。但情况还会更加糟糕。因为当一切都变成褐色、变得干枯时，也就存在火灾的危险了。到那时，人们大概就不会再认真反思自己的行为，思考如何回归传统的耕作方式了。相反，人们会开始采取所谓的防火措施。为了防火，人们操作着圆盘耙在这些树之间穿行，砍掉剩下的那点儿植被。如果不被砍掉的话，它们也许还能够通过种子或根须复苏，开始四处生长。这一点儿植被，虽然逃过了过度放牧中绵羊和牛的啃食，最终还是被圆盘耙摧毁了。

然后就是土壤受伤暴露，变干变硬，干得连灰尘都不沾。这时候人们拿着电锯来了，把枯萎的枝梢也砍掉，拿来作柴火。这会给树造成很大的创口，无法再愈合。然后轮到真菌登场了。

在空气中真菌到处都是，当一棵树因为有创口而变得虚弱时，它们就会侵袭这棵树。一旦受到真菌的侵害，树木就会从本质上变弱，成为各种木甲虫的食物。木甲虫会在树木的创口中产卵，而幼虫会钻穿整棵树，最后形成手指粗的树洞。当幼虫化蛹，幼小的木甲虫孵化出来时，就会飞到相邻的树上，因为那些树也病了，吸引着它们去筑巢。当森林中有大量生了病的树木，就形成了巨大的木甲虫种群。当某棵树被它们钻穿了的时候，那些大大小小的树洞就成了蚂蚁的完美巢穴。

是啊，说到这里我不禁要问，这棵树还要忍受些什么？

对于这样一棵树的另一种过度利用方式，是密集的过度放牧。在西班牙和葡萄牙，传统牧业是粗放式的，大多数包括放养猪。猪到处翻拱，这样就能翻开土壤，使其得到养护。但欧盟支付的额外补贴和其他盈利，诱使农民转向了集约化畜牧业。这里现在养殖的大多是绵羊和山羊，或者还有牛。土壤就这样被过度利用了，有些植物也在这个过程中被淘汰了。因为这些牲畜总是先啃食那些它们最喜欢吃的植物，如果长期将它

永续农业

上中下：被破坏的景观和被遗弃的农场；
在西班牙：水分平衡受到破坏的结果

们放养在同一块牧场上，或者在一个地方同时放养了太多牲畜，这些珍贵的植物就没有机会活下来，最终枯死了。

另外，这里最优质的植物，即三叶草和药草类植物，是不抗踩踏的。如果长时间不断受到马或牛的强力踩踏，它们也会枯死。羊茅属植物或有韧性的草更抗踩踏，但品质也比较低。

就这样，这里的植被因为过度开发利用而被选择性淘汰了。那些对土壤有愈合作用的植物和深根植物受到了损伤，而劣质植物却占据了优势。这样，植物种群也开始退化。但土壤只有通过不同的根系才能维持其蓄水的功能，而树木只有在水分充足的情况下，才能为自己供应足够的养分。

想象一下，你就是一棵石栎树。和你对面的那棵树换个位置吧！现在站在那里的是你。作为一棵树你感觉如何？你也许已经有四五百岁了，是呀，还有一千年的石栎树。你为什么能活这么久呢？你一定是过得很好，否则就不会这么长寿了。那你又是从什么时候开始受伤，从什么时候开始生病的呢？

这些问题，你也可以从树身上观察清楚。从树木生长的方式上，从当年的新枝

据说注射能救活石栎树

嫩芽上，从那些地衣苔藓上。从什么时候开始树梢和外部的枝干变得干枯了？为什么会发展成这样？

然后你会发现，正是在过去几代人的时间里，也就是在过去的60—100年间，树木因为承受压力而开始受到损伤，因为就是在那时，过度开发利用土地开始了。那时人们想赚更多的钱，于是他们想把这个地区变成一个粮仓，有了化肥工业就意味着高额利润。

那么现在我来问你，作为这棵树你感觉如何？你的脚趾插在干燥的地里，因为土壤都被冲走了。你的脚被圆盘耙豁开了。地面也不再有植被保护，赤裸着。较浅的根枯死了，只有那些深根还活着，它们必须负责输送所有那些你存活所需的营养液。

但是如果从底部运送上来的汁液太少了——可你又想活下去，你毕竟已经活了500年或1000年了呀，你也想逃过人类的愚蠢幸存下来——这时你就大声求救。

一棵树是如何呼救的呢？先是从上面和外面开始，它的叶子脱落，变得枯瘦。外面的树枝会断掉，因为这样就不需要再给它们供应养分。然后在里层紧靠着树干的地方会长出新的枝条，这些内侧的嫩枝就是为了呼救生出的新枝。如果你的根承受了压力，那么你的冠也会有压力。然后这时，就是前面提到的那些森林护理措施登场了：电锯一直切割到绿色才停下所造成的伤口、真菌，最后是甲虫。

再想象一下，你就是那棵树。你意识到自己正在死去，所以这时，你努力再开放一次，这是在不寻常的时刻开出的呼救之花——我经常在一棵树死前看到这样的花。紧接着很多小的果实结出来了,因为你想最后一次繁衍下去。但这对你来说是徒劳的,因为当土壤完全裸露、干燥的时候,什么都不能生长。没有了保护性的植被,落地的种子也不能发芽。即使这时下雨了,羊也会来吃光任何可能已经发芽的东西。然后就结束了。

如果有人替这棵树着想一下,如果有人去触摸一下,如果有人去看一下,人们就能觉察到所有的这些,所有疾病的原因。这不难。但是他们没有这样做,无论是负责林业的官员,还是有关部门。还有那些顾问、植物医学专家。

那他们又做了些什么呢?这是我的亲身经历,而且不止一次。他们会说:如果有这么多树生病了,那一定是病毒。就这样,人们认为整个伊比利亚半岛都感染了病毒,并且栓皮栎和石栎树也是因此才死亡。人们开始从飞机上向树木喷洒对抗这种病毒的药物。在喷洒不到的地方,人们就给树木接种疫苗。人们在树皮上钻出一些小洞,在里面放入橡胶粒。就这样,人们给一棵栎树接种了对抗这种神秘病毒的疫苗。每一棵树都要接种!一年三次!每剂疫苗要花掉树的主人3欧元,每棵树就是9欧元。这对于林场主来说可能就要破产了。

我当时只能挠头了。这样近乎荒唐的事完全可能发生!因为我马上就明白了:感染了病毒的不是树,而是人。人怎么会连这些最简单的东西都意识不到呢?因为他已经忘了与面对的生命换位思考,他已经忘了与大自然合作。他把植物和动物仅仅看作可以利用的商品,而不是看作平等的对手、看作生命。

如果接种疫苗,我们必须想一想,谁将从这种荒唐的行为

在西班牙与专家交谈

中获利。肯定不是农民。这种做法不仅将农民推向破产，还毁掉了数不清的珍贵景观。从疫苗中获利的，是生产疫苗的产业，还有他们的实验室和所谓的专家。对那些参与其中的人，任何脏话都不过分。

在西班牙，我曾经让人把病树挖出来，然后非常仔细地检查了它们的根须。于是，关于树木死亡的原因，我得出了完全不同的结论。我也向所谓的专业人员展示了这一点：底下的树根生病了，因此树冠也病了。更确切地说，是人为引起的水土流失、过度开发、持续脱水、共生植被不足和土壤硬化，这些才是石栎树大规模死亡的原因，大面积土地上的水资源也是这样走向枯竭的。

到目前为止，我已经在西班牙和葡萄牙的三个项目中展示了怎样阻止树木继续死亡。首先必须通过建造滞蓄水区和水景来调节水分平衡。山谷需要有水。当满足了这些条件，土壤吸足水分时，山丘上的树木就会重新生长起来，而且不仅是石栎树，还可以生长不同的树种。造林时我一般利用猪，它们是最好的员工。它们在地里耕耘施肥，使土地为新生植物的生长做好准备。

列支敦士登的诺拉公主（Nora）有一块土地，不久前还濒临荒漠化，现在是一个湿地，有成百上千只鸟在里面筑巢安家。那里蔬菜和水果的产量很高，而且未来几年还会增加。那些垂死的石栎树再也救不活了，但它们对新生的幼树发挥了母体的作用，遮蔽着它们，直到它们能独立生长。在安达卢西亚（Andalusien）和阿连特茹（Alentejo）也发生了类似的情况。具体过程我已经在本书第 53 页和第 60 页进行了详细描述。

防御洪涝灾害

洪水和沙漠化一样，也不是自然灾害，而是人类错误行为导致的后果。洪水和沙漠化加在一起，就是全球水分平衡受到破坏的两个明显症状。

过去几年在中国、巴基斯坦、菲律宾、澳大利亚、斯里兰卡、巴西和东欧发生的特大洪水，让我想起了《圣经》里对洪水的描述。众多的人和动物因此丧生，城市甚至整个地区都淹没在大水或泥流中。等到大水终于退去，它也已经毁掉了整个地方的收成和储备，留下遍地狼藉，还经常发生大瘟疫。但如果我们能因此理解灾害的原因，《圣经》里的夺命洪水也就变成了有意义的洪水。我们还要学习和了解的是，在各方面，无论是在大的方面还是在小的方面，要做些什么才可以恢复水分平衡。

洪水灾害是如何发生的呢？在上述国家或地区，或多或少都发生着同样的事，即它始于整个地区的森林砍伐，有的用于建造战舰、出口和销售，也有的用于冶炼工业或作为柴火。

人们砍伐了森林里最优质的木材，只剩下劣质的灌木丛。很多地方连灌木丛也被清理了，或是因为过度开发而被破坏了，这样所有的灌木丛和森林植被也就都消失了，大面积的光秃秃的土地直接遭受侵蚀。而这种光秃秃的土地面积正在扩大。没有了树木和灌木丛生长出来的深根，土地开始板结变硬，土壤也就失去了储存水的能力。

当水不能再被土壤和植被吸收和储存时，雨水会立刻快速地、大量地流走。水流速度快到一定程度时，就会冲刷森林和田野中的腐殖质和细土，并将它们带走。这还会引发低处的山体发生滑坡和泥石流，进而席卷村庄和残存的森林。

牧场上初现土壤侵蚀

沟壑形成，厄瓜多尔

这些精细的土壤物质最终会进入河流。大自然对这种情况已经有所防备。一条自然流动的河流有沉积区，水可以在这里沉积出细微的物质。这是些弯曲度很大的、带有浅滩的河套区，或者是一些可以在春天吸收融水的洪泛区。这些河流沿岸的沉积区域特别肥沃，因为每年汛期，这些地方都能获得植物生长所需的水分和腐殖质。这样的地方是能够长出茂盛的植被的，是不施任何肥料就能高产的。我们都知道肥沃的尼罗河淤泥的例子，那曾经是整个民族繁荣的基础。

现在这些河流和小溪又怎样了？人们取直河道、挖沟建渠、拦河筑坝、浇筑混凝土。人们加固堤岸、修建水坝，是为了获得更多的农田，或者是因为想要在那里建造房屋，建设村庄和城市。人们用挖土机清理河道，清走石块和岩石，使所有地方的深度都相同，以便可以通航。河流仿佛被塞进了一件束

完全错误的解决方法：在斜坡上浇筑混凝土只会转移和加剧问题

身衣里——但这种方式恰恰是错误的。河道中的水没有了空间，能摆动的范围越来越小，河流淤积，水失去了活力，它不能再自我净化了，也不能再使土地变得肥沃。

水不能忍受这个，它愤怒了、爆发了。如果水没有了活动

第一个示范项目：滞蓄水区及梯田建设，厄瓜多尔

的自由，它就要自己获取自由。既然我们夺走了它的活动空间，它就会自己夺回来，而且是使用暴力。大洪水就是这样发生的。

我们来看看某一只动物，它的行为也是完全一样的。如果我把一条狗、一只猫或一头牛关在一个狭小的空间里，然后打开一扇门，让它进入一个狭窄的通道——它会做些什么呢？它不会一边慢悠悠地散着步，一边闻闻这儿、闻闻那儿，也不会这儿那儿地随意躺一下，然后再温顺地继续小跑。不，它会冲出去，它惊慌失措地狂奔，奔向远处，一路撞翻所有东西，它甚至会把自己跑死。水的行为就和这个例子完全一样。

相反，那些可以从石块儿上潺潺流过的水，永远都不会造成破坏。在自然界中，从来没有一条笔直的河流或小溪。它两岸的植被，它蜿蜒的河道，它河道中大大小小的石头，以及它沉积的滩涂，所有这些都确保了水不会陷入恐慌。只有在人类阻止它自然运动的地方，水才会冲上河岸，摧毁房屋、储藏室，乃至整个城市。

对整个斜坡进行混凝土浇筑，就如我在厄瓜多尔看到的那样，是对症处理的手段，但这会使问题更加严重。对这种情况同样有效的是：不去对抗症状，而是弄清楚原因，然后做出改变。在防治洪水时，我们要做的是和应对干旱、沙漠化及森林火灾相同的事情，即恢复水分平衡。通过建设滞蓄水区和水景，我们可以把过去拿走的东西归还回去：把水还给土地，把流动性还给水。

打好基础

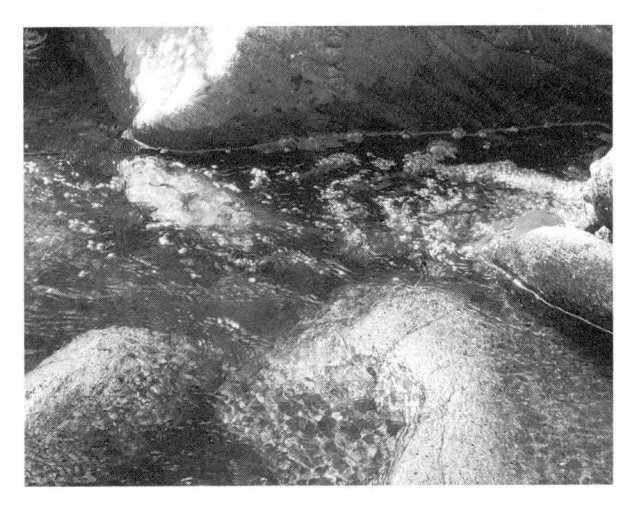

观察天然溪流和泉水，我们可以知道水想要如何运动

恢复水分平衡，建设水景

以上提到的实例表明：水是一个景观中最宝贵的资本。

对农民来说，如果没有水，即使是最好的土地也毫无用处。

那些在土地上耕作，却让冬天的雨水流走的人，就好比一个总是勤勤恳恳地把钱塞进袜筒存起来的人，却没有注意到袜子底部是开口的。

如果我能调节好水分平衡，那70%的活儿就干完了，因为大多数生物的70%是由水组成的。

▶ 理解水分平衡——以泉水为例

我们以天然泉水为例，来看看在自然界中，健康的水分平衡过程是如何运转的。那么，泉水是怎样产生的呢？

水，总是取道于阻力最小的地方。山上的雨水和雪融水会渗透通过岩石的空隙和石头的缝隙，就像透过筛子一样，因为它们都是可渗透的。水继续向下渗透，直到遇到一层由陶土和黏土构成的厚厚的地层。它在那里积聚起来，使土壤里充满了水。当大量的水聚积起来，而它下方的土层又是密封的，地下蓄水池就形成了——这包括土壤水、沼泽、池渊，直至所有的地下湖泊。当一个蓄水池中蓄满了水，并因为沉积物和冲刷变得越来越密闭时，里面的水就会受到压力的作用。这是从山上不断渗下来的水形成的压力。于是里面的水想要泄出去，它就会在没有形成黏土层的地方为自己找到出口。这是在压力到达顶峰时才会时而出现的情况。水就这样不断上升，并从顶部喷出，形成自流泉。所以，泉水只不过是来自地下蓄水池的多余的水，是当蓄水池充满时，受到挤压排出来的水。

我们的父辈还了解并相信水的力量

但为什么当外面干燥的时候，泉水还在继续流淌呢？因为土壤中有蓄水层。一块覆盖着森林或其他植被的土地就像一块海绵，它是可以吸满水的，是天然的蓄水池。如果土壤里有几百万根须，就含有数十亿滴水。所以，土壤会缓慢地、一滴滴向外释放水。即使在最近的一场雨后，四周都变干了，这个释放过程还是会持续很长时间。于是水不断地从健康的土壤中流出来，泉水也就得到了补充。

实践技巧：

在经过几个月的干旱后，即使是最好的泉水也会变差，水流量会减少。2月和3月，即在融雪之前，流量是最低的。这时我们必须测量流量，以确定泉水的质量。

这就是一个完整的水分平衡运转过程。在一年当中，泉水的流量越稳定，流速越均匀，它的价值就越高，因为这说明它在土壤内部拥有更大的蓄水空间。所以，如果我们效法自然来设计水景，并且种植多样化的植被，水景也会像这样不断地发育发展。

景观修复的核心是要把自然界中的水还给土壤。要做到这一点，我就必须建设滞蓄水区。这在任何地方都可以进行，在任何地区、任何气候区都是可能且有意义的。有了滞蓄水区，动植物就可以繁荣生长，而我作为土地所有者，获得的收益也是最大的。最理想的效果是，池塘、天然湖泊和沟渠能互相衔接，形成整体水景。以下是几点建议，在本书以后的章节中，会继续对此进行深入的论述：

● 滞蓄水区不是水库。甚至可以说，它恰恰是一个相反的概念：水库从陆地上收集水，并将水供应到尽可能小的区域。滞蓄水区则是为了确保水能够分散地留在陆地上。

● 自然景观中的大多数地方都有地势高度差异，这就可以形成滞蓄水区的深水区和浅水区。在地势略有起伏的景观中，也不需要挖洞，只需要在最狭窄的地方通过相对较小的干预措施建造水坝，当然是建成波曲的形态。汇流过来的雨水聚集在水坝的后面，就形成了一个具有天然的深水区和浅水区的湖泊。建设这样的滞蓄水区劳动量投入相对较少，也就是低成本。

● 要效仿大自然建设景观！如果有人对我说：你建了一个美丽的湖。那我肯定犯了错误。但如果湖看起来就好像是天然的，好像它一直就在那儿，那么我所做的就是正确的。

● 山谷是属于水的，道路和房屋应该建在斜坡上稍高的地方：这样我就可以避免水害。

● 对溪流运动形式的观察应纳入水景的设计。湖泊的形状应该能够容纳水的三种运动形式：弧形的河岸适合水体摆动；要根据风向对形状进行调整，使其适合波浪涌动；设置遮蔽区、浅水区和深水区。这样，因为温度不同，湖里的水就可以转动起来。如果缺少了合乎自然的设计，水就成了孤立的死水，而我们必须做的，是赋予水生命力。

● 滞蓄水区是具有多样性的一个系统：多样的深度设计、多样的绿化和梯台造型、多样的生物。一个系统越多样化，它就越稳定。

● 用薄膜或混凝土密封不仅是多余的，而且是不可取的。我恰恰是想让一部分水渗入土壤中去，达到调节土壤中水分平衡的目的。滞蓄水区不应该是绝对密封的，因为水的本质不是隔离和密封，而是连接和交换。必须密封的只有水坝。（即便是在沙质土地带，水依然可以积聚起来而且不会消失。这一现象是如何形成的，将在本书第133页及之后几页上进行表述。）

● 请不要在陡坡上进行试验。这样的地方存在山体滑坡的危险，只有经过培训的专业人士才能在这里建设滞蓄水区。

● 如果一个水景中有几个滞蓄水区，在它们之间就会出现一种相互作用：这些湖泊在地下是彼此相通的，并以此实现相互帮助和共同维持。因此，在它们中间和位于它们下方的整个土壤都变成了一个蓄水池。在这样的一个池塘湖泊交错，水岸梯台高低错落，既有园囿又有森林的水景中，湖泊之间是相互补偿达到总体平衡的。水不再完全渗出去，而是渗入看不见的湖泊，渗入土壤内的水系中。它从那里也平衡了水位，使夏季的水位下降保持在一定范围内。这样，水分平衡也就得以维持。

• 植被的生长情况取决于水，土壤中的水分给了所有植物生长、继而枝繁叶茂的可能性。早晨的露珠越发浓密，动植物群落恢复生机。然后树从下面开始康复：如果根系恢复正常了，树也就能复原了。当土壤中的蓄水空间充满水时，泉水也再次开始流淌。

与自然合作建设水景：等高线的重要性

如果有人想与大自然合作建设池塘、湖泊或者一处完整的水景，应该在做计划之前先在大自然中仔细观察，并对这处景观的最理想方案作出判断。大自然在哪儿提供了一个可以蓄水的空间？哪个地方有利于景观造型，可以让我作为土地所有者以最少的花费获得最大限度的和谐？

根据一块土地的地形结构来作出以上判断，是一个经验问题。我从小在玩耍中学会了这一点。今天，当我作为顾问来到一个地方时，我会先在那里四处观察，直到那个未来的湖泊、整个水系，以及那个水景天堂在我脑海中呈现。这些景观差不多已经都在这里了，我要做的只是在某些地方阻截一下，让水在堤坝后面聚集起来，其余的都由大自然来做。根据我的经验，我能很快判断出滞蓄水区应该建在哪里。这种洞察识别能力随着时间的推移每个人都能学会。那些与水命脉相关的人，那些从小就了解水的人，甚至有第六感，能看出怎样在陡坡上建池塘才能不造成损失。

但是大多数人并没有机会看到这一点。而且今天的大多数情况也确实不一样了，因为池塘和水坝是"按计划"建造的。也就是说，在没有考虑当地的地质条件和生荒地的土壤结构的情况下，有一些东西被强加于自然。人们大费周章地铺设塑料薄膜、浇筑混凝土来做防水隔绝处理——这之后确实可能会有一段时间的平静期。但最终，这些措施不仅是昂贵和无效的，而且还会带来潜在的灾害——就像阿尔卑斯山的人工造雪池一样。违背自然的蓄水方式可能会造成巨大的损失。

与自然合作进行建设，要比这复杂。我必须多观察、仔细看，然后才能有所感知领悟。但是，谁如果想少花钱建大湖，谁就应该花时间去感知和考虑细微之处。毕竟这种途径要有效得多，省力得多。

用于判断如何建设，以及在何处建设滞蓄水区的主要原则，我将在下文中加以阐明。重要的是要理解这些原则，并在此基础上学会自己阅读"自然之书"。因为每一块土地都是不同的。一千米之外的地方，可能就有完全不同的情况。这就像在一本书中，每一页上都有不同的内容。因此，一个适用于所有地方的固定方案是不存在的，但在任何地方，我都能与大自然建立起联系。

在每次做规划之前，我都要先掌握相关土地的基本数据：形状、地质、土壤条件。最重要的是集水区。它有多大？年降水量有多少？这些水流到哪里去了？如果我了解了所有这些数据，也熟悉了这里的地质条件，我就能估算出什么时候湖水满了。此外，我们还必须得知道，只有30%—50%的降水直接流入滞蓄水区，其余的部分被土壤吸收，并随着时间的推移逐渐渗漏出去。

一个地方的等高线和水流状况是滞蓄水区设计和自然密封的宝贵工具。重视这两点的人，知道如何利用水的活动来分类

对溪流的观察结果应该纳入设计之中

材料,并以自然的方式制造出精细材料来建造防水层。换句话说,谁重视利用等高线,谁就可以节省混凝土和塑料薄膜。

怎么会这样呢?让我们再次观察大自然。地球数百万年来不断演变,产生了不同的景观:山脉、低洼的盆地和谷地、火山陷落带、峡谷和陡峭的岩壁。这些都被测量并记录在等高线和地层图中。为什么大自然会这样来塑造景观呢?这些形状是在哪些影响下形成的?我们怎样利用它们为建设景观服务呢?

是水,塑造了大地的万千景观。水总是在寻找阻力最小的路径,它不停地向下旋转冲钻。在强降水时,它会带走一些物质,如石头、碎石、黏土或陶土。开始时,水会先放弃那些粗重的物质,让它们继续躺在高处。越精细的物质,被带走的距

西班牙埃斯特雷马杜拉的 16 个滞蓄水区之一，完全充满了雨水

离就越远。黏土和陶土颗粒被水从高处向下冲刷，并在数百万年的过程中，不断积聚在水冲钻出来的低谷地带。这些物质也会一次次地被冲刷到岸边，洼地和凹地被它们填满，又再次被冲刷磨平，这样一层层沉积叠加。森林出现了，长出了树叶和木材。这些有机物质腐烂，变成腐殖质，然后在它们中又沉积了其他物质。这样就形成了不同的地层，这些地层因为长期受到天气变化和侵蚀作用的影响，随着时间的推移不断发生改变。

由此可见，正是水通过它的运动塑造了景观。它沿着等高线，用不同的土壤层填充景观，这些土壤层又是由不同的细小物质构成的。水对这些物质从粗到细进行分类，就像你在任何海滩上都能看到的那样。水的这些活动为我们省去了大量的工作，因为位于深处的地层是由黏土和陶土组成的，是天然不透水的。它们对我计划要建的湖来说，是最好的打底材料。

那些由粗糙的物质，如沙子或碎石构成的地层恰好相反，它们是透水的，在这里会形成水流，也就是地下的伏流。

当我学会了观察感知景观的时候，我就可以看出来土壤是在哪里，又是如何形成分层的，哪里可能是原来的深谷区、浅平地带区和堤坝。如果我注意到了这种天然的构造，就不需要密封湖底了。甚至在沙质土地区也可以建设出水景——就像我在西班牙的埃斯特雷马杜拉的项目所展现的那样。当时有专家说这些湖泊永远不会形成，水会穿透流走。对我来说，这又是一个远离自然的专家的案例：水渗透了又能流到哪儿去呢？能流到地心去吗？不会的，它总是会到达下一个防水的地层，位于含水层下方的深层。在埃斯特雷马杜拉的这个案例中，水就是从那里开始积聚起来，今天，它正充盈在人们所能想象到的最美丽的水景之中。

等高线地图可以告诉我如何计算出一个滞蓄水区的最高水位和最低水位，水坝必须建多高，以及我能阻拦住的汇水面积是多少。为了确保找到建设大坝合适的位置及深度，我还必须仔细观察地基。因此，在施工前我会让人钻一个地洞。这个地洞能提供关于土壤地质结构的确切情况。

比如我观察一块天然生荒地时，我可能会发现一个长长的凹陷地带。它向前变得越来越深，向后可能延伸了几千米。这种地形是最理想的。在这里需要的施工量最小，我只需要在最狭窄的地方"关闭"这个谷地。这就像我们为了不让牛跑出

打好基础

去，关上牧场的大门一样：栅门相当于水坝和我将要建造的防水层。当我通过这两件事，即观察景观和在地上钻孔，判断出了哪里是密封的、哪里是含水层时，我也就清楚应该在哪里建防水层了。防水层和水坝的作用是阻断土壤内的水流。所以我将阻挡层设置在黏土或陶土层上并加以延伸。（有关建造水坝的更多信息，请参阅实践指南，见本书第130页及之后几页。）

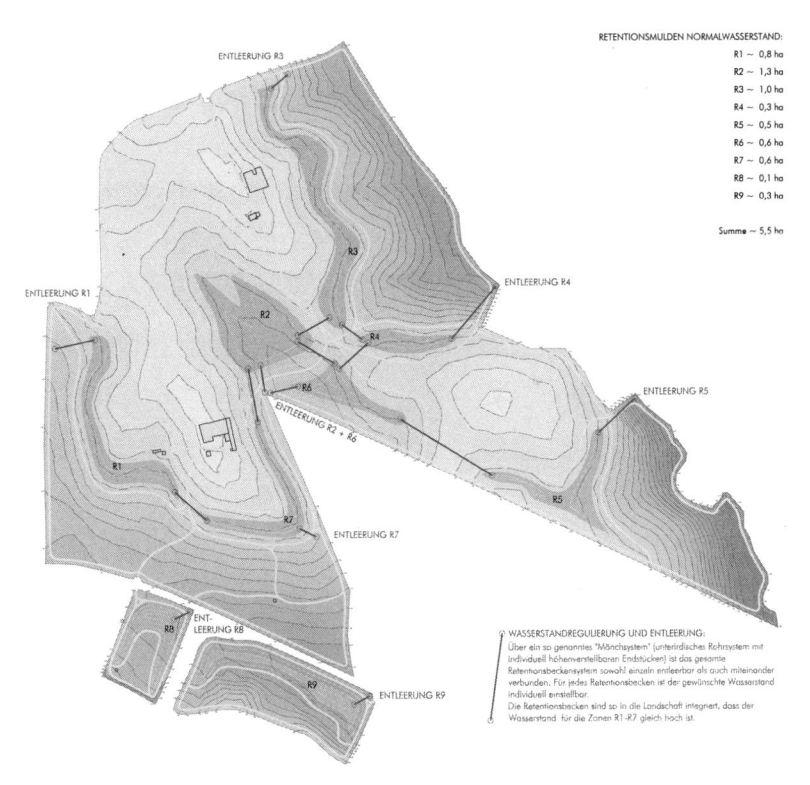

莱曼果园的设计图，向我们展示了如何根据等高线对水景进行最优规划（图：Jens Kalkhof）

087

如果我不注意等高线和水流情况，如果我将防水层建错了位置，水流就会从下面冲刷侵蚀它，那样的话什么样的水坝也坚持不住。如果我逆等高线施工，湖里的水就会被抽出来。

▶ 景观变化的识别与考量

我很少能发现未经变化的、保留了自然原态的景观。但是，如果某个景观在过去 100 年间的某个时候被人类改变了很多，那么想读懂自然就需要更多的经验。这种情况下，它的等高线地图就像一幅伦勃朗（Rembrandt）的画，然后毕加索（Picasso）又在上面画了另外一幅。这时每个人都会意识到，这画里面的东西不协调。

在被人类改变的大自然当中，我也经常发现这样的矛盾。在这种情况下，当我看到一个景观或一幅等高线地图时，我意识到：这是不和谐的。在过去的几十年里，这里一定是挖过沟渠、建过堤防工程、规整过土地，所以发生了很大的变化。当我看到一片很平坦的草地时，我会环顾四周并且自问：草地是怎么变得这么平坦的？一定是泥土被弄走了，那些材料一定还在某个地方。如果高处没有，下面就一定会有个拱顶屋、圆顶屋什么的。如果都没有，就是有人用卡履带拖拉机把这些泥土推平了。那可能是几十年前的事了。但是当泥土被推平时，里面的沙子、泥土、黏土和石头就被混合在了一起。然后我就发现地层中有碎石，不密封。这样的地面必须谨慎使用。

建设滞蓄水区，我需要利用已经形成了几百年的生荒地。在这样的地方，泥土中的物质被水的力量分离开来，粗重的物

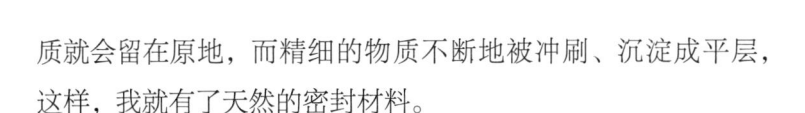

质就会留在原地,而精细的物质不断地被冲刷、沉淀成平层,这样,我就有了天然的密封材料。

▶ 水的力量——隆高农民的智慧

水能对泥土中的物质进行分类的这种特征,一直为隆高(Lungau)的农民所熟知,并且他们也深知如何利用水的这种特征。我记得在1952年我们新建了农场综合大楼。建造马厩在当时是一项艰苦的工作,仅准备工作就花了四到五年时间;所有的事情都必须提前很久就计划好。垒墙时我们使用了细沙。由于当时山上还没有路,人们不能像今天这样把沙子送货到家。而且我们当时也根本没有买沙子的钱。我们必须自己造沙子,这里的人也一直是这样做的。因为人们总是有很多活儿要干,所以必须得知道如何充分利用自然的力量,来减轻自己的劳作。

我父亲还在时,山上有一条非常小的水沟,水在那里从源头顺势往下流。在这条水沟里,人们挖了几个洞,就有了小水塘,水在那里积聚起来。沙子沉积在地面上,腐殖质土壤在水里悬浮着。如果这时下一场大雨,水就会从山上猛烈地冲下来,把土壤冲走。但沙子仍留在原地。这样我们就去除了土壤,得到了砌石头墙用的沙子。就像在海岸边或河岸边一样,泥土中的物质被水分离开来:碎石、粗沙和细沙分门别类地依次排列在那里。我们用粗糙材料来浇筑混凝土,用精细材料来砌墙。

在春秋两季的大雨过后,我们用牛车把沙子从池塘里拉回来。我还记得当时的情景，如果当我们坐下来吃饭的时候开始下大雨了，我们会立刻起身，放下饭菜，把牛套上车去拉沙子。那时我还是个小男孩，我的活儿就是抓住牛的缰绳或牵着它走。我们把采来的沙子堆放起来，前后足足花了四五年的时间，才攒够了建造马厩的所有材料。那些被冲刷走的土壤当然已经被接住，再用马匹运回到草场上来。

也就是在那时，我意识到了水的力量。一条涓涓细流，父亲在山坡上拦阻它一下，待到下大雨时，就变成了我们可以引导和利用的巨大力量。那时候人们知道水有多重要，没有水什么都不行。

山谷蓄水坝建设：常规方法的替代方案

人类通过庞大的水坝项目在世界范围内为自己获取水资源。很多地方的水被大规模地抽走，人类和动植物的家园被摧毁。但为了发电，为了得到想要的水（现在这些水要通过远距离运输才能进行销售），人类不惜冒巨大的风险。

2011年3月，我被邀请到土耳其的伊达山脉（Idagebirge）做咨询。有一次我们和项目发起人坐在餐厅里共进午餐。电视上正在播放新闻，女播音员报道了一起意外事件：一名男子躺在铁轨上想要自杀，幸好火车司机设法让火车停了下来，就停在他眼前。当这名男子意识到火车停下来了，他跳起来把火车司机暴打了一顿。这礼节可真是特别了！我禁不住开心地笑了，还有这样的事情啊。

就在同一天，我获悉这个山谷里有一条地质断层线经过，那里60年前发生了一场地震，摧毁了整个村庄。现在那里正在建造一座大型山谷蓄水坝。这件事就好比整个地区的人都想躺在铁轨上自杀一样。下一次地震一定会来，只是那时不会有火车司机及时进行紧急制动。

拦河水坝工程是人类愚蠢和破坏狂的表现，不仅仅是在地震带。而且这件事有简单的替代方案。

经常有人问我：滞蓄水区不是和水库一样吗？我的回答

是：不，一点都不一样。一个由相互连接的、散布的蓄水池组成的水景，可以使土壤尽可能大面积地蓄满水。水库的作用则正好相反：它汲取大面积土地上的水，并将这些水在很小的土地面积上集中使用。

水库没有起到维持水分平衡的作用，而是破坏了水分平衡。它们服务于发电和农业灌溉，有时需要通过长长的混凝土水渠，把水输送到遥远的地区。例如在西班牙南部，那里的水果蔬菜集约化种植依赖葡萄牙水库的水。而葡萄牙出口水，却要进口水果蔬菜。我认为这是一种很荒谬的做法，一种导致依赖和自我毁灭的做法。如果葡萄牙人和西班牙人不建造集中的大型水库，而是建设分散的水景，然后在岸边大量种植水果和蔬菜，在生态和经济方面都更具有合理性。

水库是一个孤立的系统，它不与周围的自然环境产生联系，这样就成了异物。它没有像水景观那样杂草丛生的、低平开阔的河岸，所以也就没有肥沃的漫水区和生机勃勃物种丰富的河岸梯田。它陡峭的、有的还是混凝土筑成的堤岸，几十年也不会变绿，一直光秃秃的。

拦水大坝不是按照等高线建造的，而是按照工程师的图纸建造的。水库主体通常是一个地势尽可能低的盆地，然后建一堵巨大的混凝土墙把水拦住，让水在这个盆地中积聚起来。这堵巨大的混凝土墙就成了景观中的一个异物。水库排水是基于对水或电的需求，而不是按季节或自然的节奏。水库没有深水区和浅水区之分。水库中的水不是广泛地分布在土地之上的，所以也就不会缓慢地渗入土壤中去。这里的鱼类和植物找不到合适的小气候区。因为这里没有温差,所以也就没有适合它们生活的小生境。

水库的造型设计,也不是为了使水能够保持运动、能够实现自净、能够让堤岸上的生物生长繁衍。那里的水是静止的。水库的这些特征,决定了它只是将水从土地中吸取出来。在水库水位低的情况下,甚至会真的进行"吸"水,致使周围数平方千米的土地干涸。

我要再次提醒大家的是,土壤的生息运转和人类、动物或植物等一切有机体没有什么不同:它们都有一个分支庞大的静脉系统,为所有器官提供营养。如果我们把一个地方的水抽出来送到另一个地方,那么第一个地方的水就少了,而第二个地方的水则太多了。

大型水库和蓄能水电站的蓄洪道和溢洪道,都是非自然的径流调节方式,这对下游河道也是非常有害的。这里的问题在于,它的径流调节不是以自然规律为导向的,而是以电力需求为导向的。如果已经过了合适的季节又大量地泄洪,那些已经适应了低水位的河岸植被就会被大水一次次地冲走和摧毁。这种方式最终会摧毁水坝下游的所有动植物种群:从微生物到鱼和蟹,甚至包括鸟类的巢穴。所有那些在河岸植被中生活、在那里得到庇护的生命都将被大水裹挟而去。

■■■ 永续农业

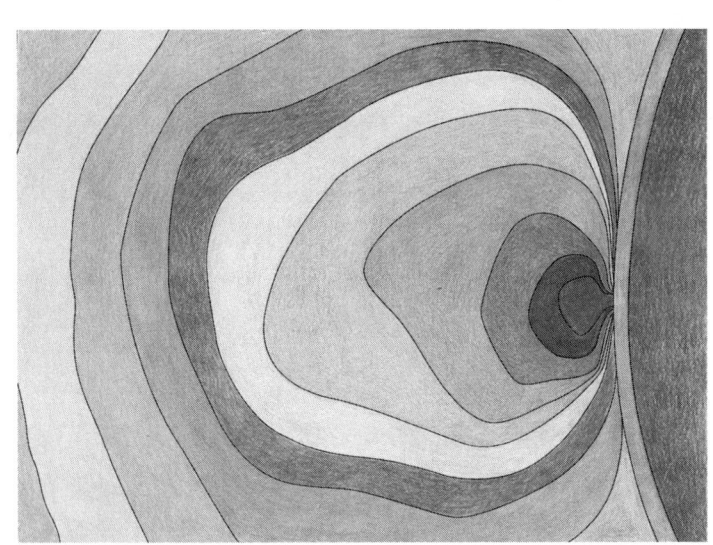

大型中央水水库与水景的比较：水库集中了水，却使周围景观失水。水景及其分散的滞水区将水留在了景观中。两种模式都可以发电，在保持最低水位的情况下，水景更生态环保。（图：Henry Baumann）

天然湖泊根据雨水调节其流量。由于降雨前湿度的增加，大自然为更多的水的到来做好了准备。如果我们在通常不下雨的时节——比如一切还在冬眠状态时或炎热的夏季——从土地里抽水，土地上的生命就会受到损害。如果只是因为需要电就毫无准备地让大量的水冲刷下去，那情况就更糟了。

想象一下，你是一只生活在岸边的河虾。现在是冬天，一切都很安静，你躲在一块石头下，已经完全沉浸在冬天的平静中——然后突然间，水来了，把一切都冲走了。

岸边的生物对一个地方整个的生态系统是非常重要的。农民也许会想：反正又不是我的东西，我什么都捞不着。但是河岸区域和那里的生物对农民们土地上收成一年四季里都有影响。因为如果鱼类或昆虫灭绝了，食物链就会中断。当河岸植物灭绝时，鸟类很快也会随之灭绝。随着生物多样性的丧失，生物间的互利共生关系被打破，植物会因此而缺乏养分和过度种群的调节。

每一个人，无论是电力用户、农民还是发电厂商，都有责任尽力去确保一年里植被的自然均衡，而不是整个生态系统时不时地遭到破坏。现在是时候拆除那些拦河大坝了，建设起一些大小不一的、分散却又相互连接的蓄水池来代替它们。

▶ 堰塞湖的替代方案

独立大型水库有可替代的方案，而且从蓄水池流出的水也可用于发电，但必须根据当地自然条件对出水口进行调节。

这个替代方案到底是什么样子呢？我们可以不建独立大型

水库，而是在整个集水区范围内、在不同海拔高度上分散建起多个滞蓄水湖。这些湖的滞蓄水量设计，应该相当于一个独立大型水库在正常降雨量下的滞蓄水量。在这样的水景系统中，我们不仅有可见的湖泊可以蓄水，还有在湖泊下方的整个土地，那里的土壤也吸足了水，这样可以提高周围土地的肥力。这些土地可用于农业和园艺，岸边区域、湖泊和池塘也可用于经营渔业和水上植物园林。

根据当地地质情况，不同的蓄水池之间可以通过可调节流量的湖间浅滩或管道系统加以连接。在地势最低的湖的溢洪道上，可安装一台涡轮机，功率与用于独立大型水库的相同。如果现在要发电，只要打开相应的水闸或管道阀，所有湖泊的水都可以流入地势最低的湖泊。由于受到蓄水池中水位下降的影响，储存在地下的水会从邻近区域渗入湖中。但在这些蓄水池中应始终保持一个最低水位，因为这些水属于自然。只有额外的降水才能用于发电，所以排水系统必须安装在这个最低水位线以上。

滞蓄水湖的堤岸斜坡应该设计得很缓，这样可以使其容纳大量的降水和超常水量，即便发生灾害时也可以容纳。水岸可以设计成干舷形状，即带有非常缓的斜坡。这些堤岸区域作为沉积区，几乎可以在任何时候用于农业生产，因为只有在特殊情况下，如在罕见的暴雨之后，它们才会被淹没。这种偶尔的漫水对植被的损害很小，几乎没有，甚至也可能是有益的，这还要看我在那里种植了什么农作物。洪泛区植被或种植水稻甚至需要周期性的漫灌。对于渔业养殖来说，堤岸漫水也有好处：在这里，浮游生物和其他水生生物可以茁壮成长，而它们正是鱼类的天然食物。

如果建设独立大型水库，就必须在极端降雨的情况下打开水闸，因为它无法容纳那么多的额外水量。相比之下，一个分散的滞蓄水系统也可以容纳非常高的降水量，而且可以长时间储存，达到缓冲大的水量波动的效果，从而防止灾害发生。因为任何分散的东西都会有缓和缓解的效果，从而降低危险。水通过这种方式被引导、接纳，也就不会造成损失，反而带来收益。如果水景的总蓄水量较大，那么可用于发电的水量也就较大。

这样一个替代性的水库保护的不仅仅是下游的河流小溪，整个环境也会受益于它，因为这样，整个土壤中的水分可以再次饱和。然后就会出现健康的植被，再之后鸟儿也飞回来了，最后是其他动物。

葡萄牙项目实例：塔梅拉和平研究中心的水景

葡萄牙南部的一个地方，正在逐年蜕变成沙漠。但在这片正在荒漠化的土地中间，出现了一片生态绿洲，那里就是塔梅拉（Tamera）和平研究中心以及它周围不断扩大的水景。参照样板工程，塔梅拉正在制定关于环境和社会可持续发展的生活方式的方案。除此之外，该中心也是一个国际实验和培训中心。在湖泊和池塘的岸边梯田上，向日葵繁茂绽放；玉米、蔬菜和各种水果长势良好。风和蓄水池的形状使湖面保持着水波荡漾。各种鱼类和水鸟，甚至几只水獭都在这里找到了新家。许多游客都觉得，这些湖泊好像本来就在这里一样。但是就在几年前，那时这个山谷还在炎热中逐渐枯萎，连最后的一些树也要死了。

塔梅拉水景的一部分（图：西蒙·杜·维纳奇）

2007年3月,塔梅拉邀请我参加一场咨询会。他们的问题是:像葡萄牙南部这样的干旱地区,能否在150公顷的土地上建立起一个样板,为300人生产出健康食品?我的回答直截了当:能,而且很容易。如此美丽肥沃的土地甚至应该能够生产出比满足居民需求更多的食物,这样人们就可以把富余的部分卖掉,或者留给那些野生动物。

后来我很快就看出,葡萄牙南部遭受的夏季干旱不是一种自然现象,而是几十年甚至几个世纪以来不当耕作的结果。那里的年降雨量几乎不低于德国或奥地利,只是几乎所有雨水都集中在冬天。

我到达那里之后,马上就带着一个大约30人的小组走遍了整个地区,所有重要的决策者都在那里。我一边走一边提出了建议。重中之重还是水。塔梅拉太干燥了。水顺着小溪流淌下来。但只有在下雨的时候,才会有水流下。其他时间小溪是干涸的,周边也都是干枯的褐色。四周山丘上的森林病得很厉害。而且不仅是在塔梅拉才这样,在开车来的路上我已经看到了状况极差的森林,不管是栓皮栎、石栎树还是松树。在咨询过程中,我把塔梅拉及附近地区森林的状况也考虑了进来。还考虑到了葡萄牙的农业大草原、单一栽培和畜牧业等一些情况。于是我产生了一个想法,塔梅拉和平社区应该建设成一个示范项目,一个试点项目。她一定会为邻近地区和整个国家树立一个榜样,展现另外一种耕作方式。但要达到这个目标,塔梅拉必须加大步伐。

一开始,我的建议被认为过于宽泛。几次讨论下来,有人赞成也有人反对。我随后向他们建议，到大自然中去仔细观察感悟一下，去与植物和动物交流，努力为你面对的生命着想，和它们换位思考。塔梅拉是一个和平研究社区，这里的一切应该是一个和谐的统一体：和动物、植物、土地、水、空气等所有的元素保持和谐统一。我一再表明以上观点，最后大家也达成了一致，开始工作了。

在1号湖的"大坝"上（图片：西蒙·杜·维纳奇）

水景中的水岸区域，因为这里的土壤水分充盈，蔬菜一年四季长势都很好（照片：西蒙·杜·维纳奇）

我的建议大致是这样的：这里的街道从整个地方的入口处开始，穿过了村庄的正中央。这里也是这个地区地势最低的地方，这条路是一条公共市政道路，路表面覆盖着的泥土里有很多黏土。如果有车经过时，一年中的大部分时间里都会尘土飞扬。只有在雨季不是，但那时又有太多的泥，几乎无法通行。改变一条公共道路当然不是那么容易的事，但只要有决心总会有办法。我在整个欧洲都看到了同一种情况，就是道路和街区总是穿过谷底，然后房屋就建在它旁边。于是在短暂的雨季中，当强降雨来临，街道和房屋就会受到洪水的破坏。其实，街路一定要建在小丘和山坡上，因为山谷是属于水的；如果我们占据了本属于水的山谷，水会把它夺回来——通过洪水、水害和泥浆漫溢的方式。

建设湖泊之前

然后大家就齐心协力开始工作,市长也被拉进来一起参与。随后这项工程在一次特别会议上暂时得到了批准,这样我们就可以开始施工了。我们把市政道路改到森林里。有些人担心,因为所有的树都是栓皮栎,是受保护的。虽然每个人都能看到它们几乎已经死了——但法律就是这样的:它们有时会阻止比较大型的干预和治疗,以保护那些已经无法挽救的东西。不过有几位负责自然保护的地方行政官员很有洞察力,也理解我们的做法。但也不是所有的事情都立即得到了批准,因为该地区没有这方面的经验。尽管如此,人们还是对我们这项工作很宽容,于是我们把路搬到了北坡,这样,我们就能在下面建湖了。

我的建议是建一个带有防水层的天然型水坝,从入口处就开始建。这样雨水就可以在水坝后面积聚起来。塔梅拉拥有几百公顷的巨大集水区,年降水量达到500—600毫米。这里的一名员工如今经常给游客出这样一道算术题:如果你把塔梅拉地区每年的雨水装进1立方米的容器里,然后把它们一个接一个地摆好,能摆到多远的地方呢?到5千米以外的邻村?到下一个县城奥德米拉?还是横跨整个伊比利亚半岛一直到巴塞罗那?最后一个答案是对的。

所以,你可以想象这里的降水量有多大。这根本谈不上是一个干旱的国家。我当时确信这里的湖很快就会满的,并且不仅是第一个湖,其他湖也会满。我从一开始提出的建议就是这样:建成的水景至少要有十个蓄水池和湖泊。在这些干旱地区,最重要的是保护它们不发生沙漠化,并为雨水创造足够的

在施工过程中

滞蓄空间。另外，不要去改变天然的地形，也不必特意清理湖泊，我们只需要在天然的地表面上加筑堤坝。借助现有地形，可以设计出符合等高线的自然形态的蓄水池来容纳降水。通过这种方式我们可以节省建筑成本，借助自然的势和力施工，而不是在不合适的地方给自然强加几个池塘。

建第一个湖时，我们在山谷最窄最深的地方建了一个适合景观的弧形水坝。为此，我们先在5米深的地方挖了一条沟，并填进去一层厚厚的黏土：这个阻隔层必须绝对密封。这条沟作为核心工程也延伸到了两边的山坡上，之后我们又沿着这条沟的两侧用泥土堆起来。建好后的坡面坡度不应超过1∶2，只有这样它才能变绿。坡面也要绿化的。

水坝的材料就取自湖建好后所在的地方。这样，取土的地方就成了这个湖建好后的深水区。塔梅拉"1号湖"的深水区深度为12.5米。在这里挖出的土层不能混合，而是在施工过程中

湖泊完工图

就立即进行分离：建防水层的材料需要从黏土层中获取。腐殖质土不得用于水坝，它之后被用于耕地。

第一个湖的工程于2007年秋季完成。冬季和早春的雨在水坝后面的生荒地上积聚起来。水先是渗入土壤，然后充满了土壤中看不见的蓄水层。虽然之后两个极其干燥的冬天接踵而至，但湖已经形成了规模，而且逐渐覆盖了这个地方。尽管也有多孔板岩土层，但并不需要进一步的密封。

接下来的几年里，在占地数公顷的"1号湖"之后，这里又有了更多的分散式滞蓄水区。按照我的想法，这个项目应该完成得更快，因为只有当整个水景完成之后，地下水位上升了，相邻的土地才能得到修复。在这片平坦的丘陵地带，无论如何都不会有滑坡或泥石流的危险。

水岸梯田上的桃子，品质很健康——塔梅拉种植了几千棵果树

现在，种植在梯田上的果树和浆果灌木长势喜人，在果树下面生长生菜等各种各样的蔬菜。这些梯田的部分地方达18米宽，有路通达，这里将来会发展成为一片非常好的可食果的阔叶混交林。这样的梯田可用作园艺，也可以沿小路远足，它可以是绿地，也可以骑马。在靠山谷侧的堤岸上，我们也可以让那里长成美丽的林荫隧道，这样就可以操控着机器和车辆从中间穿行来完成收割。当然我们也可以不剪树冠，而是任它们生长，只在必要的时候才对它们进行修整。这样在炎热的夏季，有时甚至超过40摄氏度，我们就有了一个受遮蔽的小气候区和闭环的风道，而且在这些树木的下方，也形成了种植蔬菜和药草的理想条件。环湖的梯田通过这样的设计和利用，可以美如梦境。

在梯田上种植的植物也受益于湖泊，这是完全合乎逻辑

永续农业

一个地方有了水，生物多样性就可以迅速恢复（照片：Simon du Vinage）

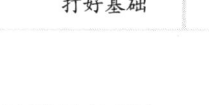

的：这里的太阳光照条件、土壤的水分饱和度、晨露量的增加和空气的湿度，都对植物的生长有非常积极的影响。而集约化种植蔬菜作物，在夏天必须通过水管和沟渠来浇水，水是直接从湖里抽出来的。

在第一次四处转的时候我就强调说，水域本身可以是高产的经济区域。水域可能比农田更有价值。它们既可用于渔业、水生植物苗圃、有机家禽饲养和水牛的饲养，也可用于软旅游和体育活动。对于塔梅拉的素食社区来说，捕鱼是不可能的，但鱼、鸭和鹅已经被用来丰富这里的生态。运营商也在这方面整理了一些经验，是关于不能怎样做的。比如一开始，对禽类防野狗攻击方面的保护太少了。但如果人们能从错误中吸取教训，那这些错误就是有价值的。

正如我们今天所见，湖泊已经是这里不可或缺的存在。如果塔梅拉没有湖泊和池塘，如果那条尘土飞扬的路仍然在这里最低洼的地方穿过，很难想象这里会是什么样子。目前这些还只是实现了我们所有计划的一个开端。我们计划建立一个水景，利用所有可用的滞蓄水区来蓄存雨水。这意味着在这片总面积150公顷的土地上，将有10—15个大大小小的湖泊，总面积将达25—30公顷。这样就会诞生一个关联万物的整体系统。包括水面、湖周围的梯田，以及新鲜饮用水的供应。

我定期在塔梅拉举办关于霍尔泽朴门农业的研讨会和培训课程。许多国家的人们来到这里，希望学会如何与自然和平相处，以及人与人之间如何和平相处。例如，圣保罗贫民窟和肯尼亚贫民窟的居民，他们学会了如何在垃圾场种植自己的食物。这些知识非常有价值。

来自葡萄牙本国的兴趣需求也是巨大的：每年举办几次的现有水景观光总是预售一空。如果我们的工程能进展得更快一点儿，像塔梅拉这样的地方就会成典范模式的一个先例，这是在每个地区都应该出现的典范模式，即让人们重新学会与自然合作的典范。

合作邀约：

塔梅拉的生态团队希望赛普·霍尔泽的工作广为人知，并希望各个领域的人士，包括工程师、农民和非专业人士，能够知道和理解土地是可以治愈的。近几年来，这里每年都组织几次开放日活动，参与者可随导游参观水上景观，并有机会提问。很多兴趣爱好者、专家及来自葡萄牙的家庭，利用这个开放日活动来了解塔梅拉和它的项目。以"全球校园"为活动总纲，塔梅拉将联合赛普·霍尔泽和塔梅拉的生态团队共同举办研讨会和培训课程，深化取得的成果。

塔梅拉拟建立一个霍尔泽朴门农业研究所。人们对这块土地的巨大兴趣告诉我们，这正是大家热切盼望的。现在就来与致力于保护自然的人、专家和从业人员一起，建立起一个强有力的联盟吧——一个修复大地的联盟。只有齐心协力，我们才能制止沙漠化，才能让大地恢复绿色和生机。

愿它成功！Silke Paulick（塔梅拉生态小组）

打好基础

塔梅拉生态小组照片

在安达卢西亚——向蜘蛛学习

西班牙西南部的果园一望无际。牛油果、橙子、石榴、橄榄和其他热带水果一起,在西班牙的阳光和丰富的雨水润泽下,在这片肥沃的土地上茁壮成长。美好的情景一直如此,直到有一天贪婪和过度开发的病毒开始在这里蔓延和破坏:工业耕作、过度施肥、不当灌溉和单一栽培,让土壤开始变得贫瘠,种植业越来越不景气。许多产业主放弃了,剩下的还在生存线上挣扎。

弗里德里希·莱曼在自己的牛油果种植园里

打好基础

莱曼农场的水景规划图。正常水位标记为中蓝色，
低水位标记为深蓝色（绘图：Jens Kalkhof）

依然能够驾驭和利用大自然馈赠的资源的传统农场，已经太少了，这使得自然的馈赠变成了灾难。看到这种情况已经不能使我感到惊讶。这个地区每年的降水量超过 1000 毫米，都集中在冬季。在这种情况下，如果人们不能合理地使用和滞蓄水资源，就会出现问题。它会引发积水或排水等问题，水还会冲刷土壤。这样，山坡上的土地就没有了腐殖质，也就没有养分了。为了替代腐殖质中的养分，人们大量施用农用工业肥料。

111

■ ■ ■ 永续农业

莱曼农场的水景剖面图（绘图：Jens Kalkhof）

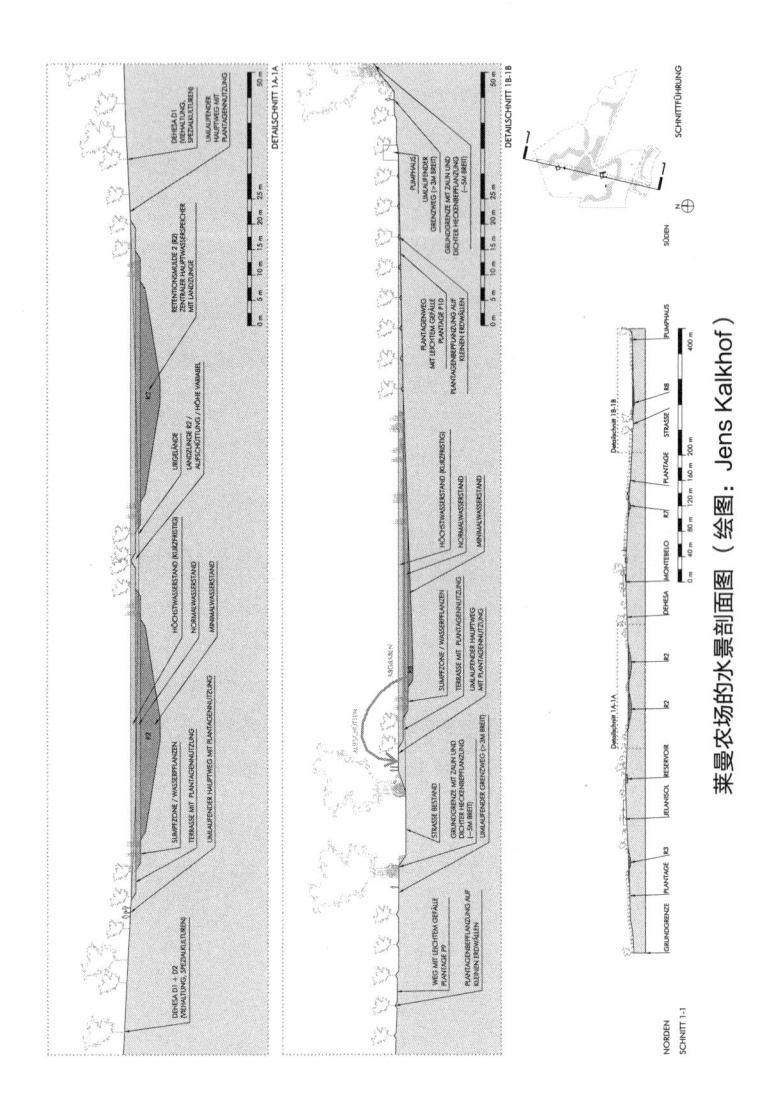

112

但夏天这里的土壤完全干涸，所以必须花大价钱让葡萄牙的水库为这里供水。

2009年，我在莱曼农场做了第一次咨询。他们的有机果园占地47公顷，种植了2万棵果树，主要是橘子、牛油果和石榴。实验区的荔枝、杧果和木瓜也茁壮成长。产业主弗里德里希·莱曼（Friedrich Lehmann）在不同的国家有几家农场，经营着有机水果的全球贸易。然而这家农场在过去的20年里却一直在亏损。很明显，有些事情必须改变，否则他就会把农场卖了。后来，他在一次讲座中认识了我，并邀请我来到这里。经过两天的详细检查和讨论，我向他提出了改造的建议。

开裂的水果是水分平衡不好的征兆

在农场里看到的情景让我大吃一惊。在我看来，这里连绵起伏的丘陵景观和多样化的小气候区，为生产出最好的、健康的食物提供了最优越的前提条件。但这里整个设施都建错了。在建设道路网和种植园的时候，人们只考虑了使用机器的便利性，而天气情况、地质和地形条件则完全被忽视了。畦床和梯田是从上到下的走向，是正对着等高线布局的。所以冬天下雨时，水来不及渗到土壤里就流走了，而且还冲刷走了土壤，进一步加剧土壤侵蚀。被冲走的腐殖质不但没能养活山坡上的树木，反而像垃圾一样在山坡下方的溪流中堆积起来，高达几米，给西班牙芦苇增加了肥料，使它们在地势最低的地方像杂草一样生长。

果园周围的栅栏也没有起到足够的防风或防冻作用。这里几乎没有矮树篱，所以在夏天炎热的南风使植物和土壤失水；在冬天这里时而发生霜冻，果园也没有相应的保护措施。果树之间的大株距和它们的栽种行向意味着每棵树都必须单独对抗这种气候。这种不良影响在树木身上表现得很明显。山坡上的果树枝干弯曲畸形。这里既有旱灾，也有霜冻灾害。开裂的柑橘类水果表明这里的水分平衡受到破坏。另外，所有品种的果树叶子都染上了严重的粉霉病，这是由于使用 50 厘米高的喷雾持续淋洒加湿引起的。这种灌溉也是非常不经济的，因为真正落在根部的水只是其中一部分。

我考虑着要不要把所有的问题都告诉这里的主人弗里德里希·莱曼。在这里几乎没有什么是做得对的：施肥、树木修剪、道路和畦床的铺设走向，还有灌溉。但最后我还是决定，告诉他我所看到的一切，不去顾虑他可能会产生什么样的负面反应。我和他一起爬上行政大楼的屋顶，让他想象一下，如果有一张蜘蛛网在他 50 公顷的土地上延伸会是什么样子。他的农场建筑将位于这张网的中心位置,纬线环绕在周围。如果他想象到了这张网,并以同样的方式布局了他的梯田,在我看来它们的布局才是正确的,也就是完全顺着等高线布局,而不是对着等高线。只有这样雨水才能在微微倾斜的梯田上渗入土壤。这样腐殖质就形成了,生物质可以沉积下来,也就可以防止整个地区发生土壤侵蚀了。这种沿等高线建设的梯田也更容易耕种,因为这样就不需要爬大坡儿了。

第一个滞蓄水池已经建好,但还没有水

我还告诉他,根据这里的地形坡度,山谷中的洼地和地势最低的地方可以作为滞蓄水区来建设,这样雨水就能在那里汇集,再从那里渗入土地,从而恢复水分平衡和土壤湿度。另外,还可以通过改变果树行向、"间隙"种植、矮树篱围栏,更多样化的种植，以及利用植物群落形成适当的护根覆盖体系等方法来抑制风力，使植物之间相互保护和遮阴。对霜冻敏感的果树品种，如杧果和木瓜，应防止早晨的阳光照射——这是防止霜冻灾害的最重要措施。通过这些方法，这里将形成一种森林气候，树木在其中会感到舒适，没有压力。

我提出了所有批评建议，本以为他当时就可能把我赶出去。但事情并没有像我预期或害怕的那样，而是恰恰相反。他的反应自然，态度积极。"赛普，这些正是我想要的"，他一次次地重复着这句话。他理解我说了些什么，也觉得这些话合情合理。对我的直言不讳，他表示非常感谢。

同时，莱曼先生还参观了葡萄牙的埃斯特雷马杜拉项目和塔梅拉项目。那里的情景让他确信，我的设计也可以在大面积的土地上发挥作用。他当时的愿望就是我们应该尽快开始实施这个计划。

首期施工立即开始了：建造第一个滞蓄水湖，在山丘上修建梯田和畦床，栽种新的植物和防风矮树篱，重新启用旧水井，调整改装灌溉系统，混合播种谷物和豆类种子以保护土壤免受将临的冬雨侵蚀。完成第一个阶段的施工后，我去拜访了莱曼先生。

弗里德里希·莱曼非常热情，他和妻子带着他的主管，满怀自豪地带我参观了最初的这些措施带来的明显成效：他拆除了洒水喷头，安装了地面软管用来灌溉。他也不再施肥了，而是通过混合播种引进了我的植被覆盖体系。在一排排果树之间，现在生长着那么多的根茎蔬菜，它们不但支撑了腐殖质的

打好基础

如果像这里一样,把梯田平行地建在斜坡上,流下来的雨水就不能减速。它会以非常快的速度顺山势而下,冲刷并携带走腐殖质土壤。于是这些土壤就离开了需要它们的种植园,积聚在了山谷里。因为它们很肥沃,所以谷地里生长着大量的未被利用的西班牙芦苇(被称为巨型芦苇-Arundo donax)

形成,使土壤中微生物得以复苏,而且蔬菜销售可能会成为一个单独的业务部门了。这些根茎蔬菜也很容易翻耕,能为提高土壤肥力的微生物提供最佳饲料。不仅仅是肥料,他们保护植物的杀虫剂也不用了。让我也感到很惊讶的是,一部分曾经病得很重的树木在短时间内就恢复得这么好。它们的末端枝条很健康,结出的果实又多又好,尤其是牛油果和橙子。粉霉病也一点儿都没有了。改变灌溉方式从经济角度来看也具有优势:仅在转换系统的过渡期,截至当时公司已经节省了超 30% 的灌溉用水量。

弗里德里希·莱曼还告诉我，负责有机农业的顾问来过这儿。他想像往常一样拿到这里购买有机喷雾器和肥料的订单。他们一起翻阅了整个清单，总是说：这个不要，这个也不要，所有这些他都不再用了，他现在正在使用霍尔泽的方法。"你看看我的这些果树庄稼，它们看起来多好啊！"接下来顾问就收拾好他的清单，他们一起去吃午饭了。

　　整个改造项目正在逐步推进，下一步的建设正在规划之中。改造所取得的初步成果让莱曼夫妇和主管感到振奋，他们打算扩大生产，拓展经营领域，强化销售。他们已经有了想法和计划，对这片产业进行多方面的利用：水景软旅游、联合畜牧业，甚至可能创建一个共生农业方面的教育培训企业，这些都是他们由此想到的关键词。所有这些都意味着这片土地的巨大升值，而眼前发生这一切的这个地方，当初差一点儿就被抛售了。在西班牙传统水果种植业，在这么大规模的农场中，能看到如此积极的反应，对我来说是一件非常高兴的事。

▶ 在野生果树上再嫁接：以牛油果为例

　　我们对牛油果进行了专门的观察：在普通种植园的边缘，几株野生果树自己通过种子繁殖已经初具规模，主管把它们留了下来，因为它们能为行政大楼遮阴。那是些高大、美丽又生机勃勃的树木，没有经过嫁接，结出了非常大的果实。这些自然随机育种的植株具有不同的形状和特征，让人联想到几个已知品种的外观和质量，但又有明显的不同。

　　如果发现这样的突变植株，生产者甚至可以利用它们来开

品尝自己培育的牛油果品种

发出自己的品种：它们会像野生果树一样生机勃勃，果实质量好而且产量也高。怎样才能培育出这样的品种呢？

在我的花园里或种植园里也有嫁接的果树，嫁接在幼苗或其他砧木上，但有时会出现质量不好、不适应当地气候的情况，或者是大费周章。这让我不太满意。

赛普·霍尔泽、弗里德里希·莱曼和农场主管 Manolo Baez Lozano（中）

而有时在附近就有生长的野果，其成分、香气和质量都超过了嫁接的水果——这就像我们所观察到的野生牛油果。原根——意味着植物不是嫁接的，而是从种子里长出来的。它们的种子是通过自然授粉产生的，因此其特征在遗传给下一代时呈现多样化，品质特征也多种多样。比如它们结出的水果，可能是可食用的，也有可能是不可食用的；可能是特别优质的，也有可能是几乎不能直接吃的。自然野化是在自然界中一再发生的生长过程，我认为人们对这种现象关注得太少了。在你自己的土地周围好好观察一下大自然，这是值得的，因为就在这些品种当中，你可能会发现最珍贵和最耐寒的果树。

如果我的花园里某个嫁接的水果品种质量不能让我满意，我可以把它重新嫁接到想要的野生植株上。这些野生植株可以是樱桃、梨、苹果或李子，任何木本果树都可以。嫁接的时候，我从原根的野生植株上剪下接穗，再按照已知的嫁接方法将它们嫁接到已经嫁接过的劣质果树上。这就是我所说的在珍贵原根野生果树砧木上的再嫁接。这一经验在一般的常规果树栽培技术中是不常见的。

根据赛普·霍尔泽的指导培育出来的牛油果新品种"Lilian"

> **观察小记：**
>
> 在旅程中，我们看到一些野果被啃咬了，但紧邻的嫁接品种却安然无恙。我们自己品尝了野果，这时就不难发现原因了：因为它们的味道明显更好，更新鲜，果香更浓。无论是针对谷物、蔬菜，还是水果，我都一次又一次地得出相同的结论：恰恰是一些野生动物，如鸟类、鼠类和野兽，它们对高品质和含有特殊成分的贵重水果有着特殊的嗅觉。

通过这样的观察，我学到了很多有利于保持健康的知识。另外，在品种选择方面，与动物合作也绝对是有用的。

第一次咨询：这片土地正濒临沙漠化

对野生动物使用毒药或诱捕陷阱是多余的，从我的角度来看，这应该是被禁止的。我曾经使用过稻草人作为驱逐装置，效果很好，特别是当我把它们隐蔽地安装在灌木丛后面时。因

建设滞蓄水区

通过混合种植和分层级种植,获得了创纪录的收成

为这样的话，就不会那么快开始产生习惯的效果了。（关于自制的稻草人如何借助水或风舞动起来，以及如何发出声响的示例，见本书第 313 页插图/照片）

此外，如果在边缘区域有多种多样长势良好的饲料作物，这片区域就能起到转移注意力的作用，使作物种植区被啃食的压力保持在有限范围内。如果我不与野生动物对抗，而是引导它们，它们就不会给我造成损失，而且可能经常是有益的。

西班牙项目实例：让水景天堂取代荒漠

▶ 西班牙埃斯特雷马杜拉：在列支敦士登的诺拉公主那里

在西班牙埃斯特雷马杜拉的巴尔德帕哈雷斯德塔霍（Valdepajares del Tajo）地区，那里大约300公顷平缓的丘陵地带出现了非常严重的干旱和沙漠化征兆。石栎树和栓皮栎大量死亡。夏季土地会完全干涸，变成一片棕褐色的荒漠。这片土地属于列支敦士登的诺拉公主。她的一位顾问是来自福拉尔贝（Voralberg）的教授，诺拉公主经由他的推荐，和我取得了联系。公主在邀请我的同时，还邀请了一个专家组。

在参观那里的时候我就提出了建议，应该建设一个由不同湖泊和池塘构建的水景。这是我第一个如此大规模的水景项目，所以当时我还拿不出任何可见的证据来证明它会奏效。对我来说这完全没问题，但专家们开始挠头了。水应该从哪儿来呢？这里没有一滴水流入，年平均降雨量只有400毫米。但我认为，这里每年每公顷土地上至少有4000立方米的降水。如果按300公顷的土地来算，就有120万立方米的水——已经很多了！如果我把这些水保存在地面上，如果我不让它顺流而下，那这些水就可以用来修复景观和复苏土壤活力，这样自然环境也能进行自我恢复。我也许无法拯救那些垂死的石栎树，但对

■■■ 永续农业

从沙漠到自然天堂：16个湖泊中的3个，它们都是在沙土地上积聚雨水而变得盈满的

于新造森林来说，这是基础条件。

过了好一会儿，诺拉公主终于说话了："今天我们已经把霍尔泽找来了，现在就让他来告诉我们，他能为这里做些什么吧。"于是，我提出的"滞蓄水区修复方法"就这样开始实施了。在这样一个地方，我不能仅仅建设一些大小不一的池塘，而是必须进行大规模的修复工程。同时大家也作出决定，为了能让植被长出来，也为了能重新造林，将放牧减少到最低限度。

2006年秋天我们开始动工了。在这里我也没有挖掘清理池塘，而是依托自然地形建设了很多阻塞水坝，让水在它们后面积聚。这些水坝蜿蜒曲折，排水沟和连接湖泊的浅滩用天然石头铺砌而成，看起来非常自然。每个第一次看到它们的人都认为这里一直都是这样的。事情也应该是这样，不仅仅追求景观之美：如果我按照自然规律设计施工，并尊重自然，自然就会尽全力帮助我。

与列支敦士登公主诺拉和培训班学员在一起

一开始的时候，我和挖掘机司机之间有点儿麻烦，我经常感到自己被故意阻挠。但最后他们还是照我说的做了，事情进展顺利。

在做咨询建议的时候，专家们曾认为这里不能建造出湖泊或池塘，因为这里的地下许多地方是由岩石构成的，土壤太少。其他地方沙子又太多，什么东西都会渗出去。所以呢，要么必须爆破，要么浇筑混凝土，否则所有的东西都会流空。他们那时还确信，五年之后还不会有一滴水。

但到底怎样了呢？前八个比较小的湖泊是我在 2006 年秋天

建造的。早在2007年1月，公主就激动地打电话给我，告诉我每个湖都满了。第二年我们建造了剩下的几个湖泊——所有湖泊都是按照大自然提供的条件来规划的。现在这里有16个湖泊，总面积达27公顷，而且都满了。最大的湖长700米、宽400米、深10米，那里的人叫它霍尔泽的海洋。

为什么我们可以在岩石和沙子上建造湖泊，而且不需要人工材料密封呢？重要的是我当时就认识到了，那里的沙子下面是一层厚厚的土壤，它能保住水。如果能观察等高线所反映出的地质条件，就可以利用这种效应。（这一点我已经在第82页进行了详细的描述。）蓄水空间不仅是由可见的湖泊组成的，大部分的水通过土壤本身储存在地下。而且这也是我想要实现的目标，即让土壤湿透，这是土壤肥沃的先决条件。

巴尔德帕哈雷斯德塔霍牧场（Valdepajares del Tajo）的所有湖泊组成了环形，并形成一个整体系统，使整个地区的水分平衡得到了恢复。不同湖泊间的水相互补充，在地下又能像连通的管道一样相互均衡。这样可以减少夏季出现干涸的情况。

为了使这个项目圆满完成，按我的计划最后还要再建设两个湖泊，我称之为1号湖和18号湖。它们应该在主干线路的下方通过管道相互连通。18号湖是地势最低的湖，这里剩余的水可以通过管道，借助一个风能太阳能组合泵输送到地势最高的湖，这条管道大部分已经铺设完毕。由于这些湖泊的地势高度差异很小，因此所需的能量极少。这个系统最大的优点在于，所有湖泊的水位都可以保持或调节。所以只有在全部湖泊的水都充满到最大值时，水才会从这个系统中流溢出去。如果较小的湖泊水位下降，可以通过较大湖泊的水来补偿。这样，这个项目也将圆满结束，并将为这片土地全效发挥自己的作用。

菊芋第一年收获

今天，这里看上去像一个巨大的水上天堂，好像它一直就是在那里的。成千上万的鸟儿在四周的树上筑巢，鸭子、鸬鹚、苍鹭、白尾鹰及其他水鸟姿态各异。各种各样的鱼类生活在湖中，这是一个梦幻般的动植物群落。在岸边，我们播种了蔬菜、花生和原始谷物。农作物的产量已经远远超过了人们所必需以及能够利用的数量，多余的作物被翻耕到地里，以优化土壤结构。

还有一项重要措施用于减轻集约化放牧给植被造成的压力。在这个地区，牛、山羊和绵羊对牧场的过度利用破坏了植被，淘汰了珍贵的植物，从而也加速了土壤的干化。旱季风会吹走腐殖质和细土，冬季雨水会将它们冲刷殆尽。于是出现了土壤硬化，植被遭受压力。

我建议不再饲养这些动物，改为养猪。石栎树和栓皮栎能为猪提供大量的食物，另外猪也能帮忙耕地和播种。这一点我将在第 223 页及之后有关森林建设的内容中详细说明。我的这项建议被采纳了，并开始用猪做了第一次实验。我们用栗子木搭建了一个泥土的猪圈，这样动物们在里面可以免遭日晒。

浅滩用天然石头加以固定

今天，这个地方吸引着来自世界各地的人们

现在每年都有很多人来到这里，想要了解自然的土地经营模式和自然的防治沙漠化措施。也有人撰写了一篇关于这个项目的硕士论文。当然，不会有人再提起要离开这片土地了。正如现在许多人所说的那样，它已成为干涸的大地中间的一块绿洲，成了一个奇迹。但对我来说这并不是奇迹，而只是人与大自然合作的结果。

池塘或湖泊如何压实密封？
水底压实与筑坝实践指南

在历次研讨会和演讲中，都有人提出同一个问题，即如何对一个滞蓄水区进行密封，无论是池塘还是湖泊。但这个问题本身已经包含了误解：滞蓄水区不应该是绝对密封的。因为土壤本身就是蓄水池。水应该逐渐渗入土壤中，把它所需的水分还给它。因此，对池塘进行绝对密封是不可取的。唯一需要密封的是水坝的防水层。

我不会使用混凝土或薄膜。这不仅是因为它们太昂贵、太

在建池塘时使用混凝土浇筑总是错误的。一段时间以后水就会开始腐变

笨拙，还因为封闭的系统，例如绝对密封的池塘，并不符合其作为群落生境的全部含义。

在下文中，我将解释如何在丘陵地带、平原和陡坡上对池塘进行密封。

▶ 在丘陵地带

如前几章所述，在丘陵地带中建造大型的凹槽形滞蓄水区是很容易的，不需要很大的开销。

第一步是四处看，察看感知景观、观察地形、等高线图和水流图。水会从一个较大的集水区流入地势最低的地方，滞蓄水区、湖泊和池塘的位置也都应该在地势最低处，这些我在第88页及之后几页中已经进行了详尽的表述。许多山谷的形状是这样的：在水流出来的地方有一个相对狭窄的地带，这里就是建土坝的合适地点。土坝不应该建造得棱角分明，而应该是弯曲的、与景观相融的。它的任务是阻断土壤的含水层，因此必须紧挨着防水层，并建在防水层之上。

▶ 水坝施工实践指南

这里我还要指出的是，自然界中从来没有万能药方。我因为从小开始积累的经验，在这方面获得了必要的目测能力。没有这种经验的人如果想要建设较大的滞蓄水区，就需要寻求专业人员的帮助。但是水和自然的情况很复杂，能够处理这方面问题的专业人员很少，大多数人不想承担责任，会建议使用薄膜或混凝土。但隔绝处理只是搁置了问题，并不是合乎自然的、负责任的解决办法。

我能建议大家的是，可以从小的模型开始，通过自己的实验，获得材料方面的必要现场经验。参与其他项目或在其中实习，也可以让我们获得经验。在我的培训课程中，参与者同样可以获得有价值的知识。

大坝的核心是用黏土构成的防水层，应该是绝对不透水

建防水层，首先要挖一条沟

的。外面的堤坝坡面起到稳定的作用，可以由多种材料构成，并且可以绿化。防水层是堤坝建筑中的基础，由具有黏性的黏

沟里填满了精细的泥土材料

土材料构成,这种材料可以从地下几米深的土壤中获取。

施工时我们要做的第一件事,是把拟建坝位置上现有的东西清理出去。我们把地面最上层的腐殖质分离出来单独放置,这是非常珍贵的材料,不要与其他土层混合在一起,而是要用于建造植物的畦床。在建造防水层时,腐殖质一点儿也不要弄丢了,如果没有立刻要使用它的地方,可以把它堆放在一边暂时存起来。

接下来我们用挖掘机从地面向下开一个狭窄的深槽,以观察判定这里地下的地质条件如何。挖掘机铲斗的宽度为60—80厘米就足够了。这个狭缝的挖掘深度要根据土壤的地质特征决定。如果在挖掘过程中碰到了一层质地密实的地下土层,甚至是遇到黏土或陶土,我们就可以确定,就在这个位置开始建造防水层。

现在,我们用挖掘机从生荒地面向下挖一条沟,在地面沿着拟建堤坝的整个延长线一直挖,向下则挖到质地密实的土层

防水层被浇湿、滚动压实

为止。防水层的防水强度，也就是它的厚度，取决于拟建堤坝的规模、水量、地质条件和预期水压。大坝的宽度始终应该是超常规模的，以能经受住百年不遇的大雨。如果建造的是大湖，则有必要使防水层达到 4 米及以上的厚度。这个防水层要嵌入到两侧有山的堤岸中，并在那里把它和地下的密实土层连接整合在一起。

随后，我们用质地密实的土来填充挖好的沟。为了把这两个土层连接起来，我们应该使用与地下密实土层相同的土。也就是说，我们要用同一种土和原来的土层连接在一起。我们不能在陶土或黏土层之上用棕土或黑土来建造防水层，那样的话，经水冲刷后堤坝可能会出现断裂。只有相同的两种泥土材料被连接整合在一起时，堤坝才会密实不透水。

填充防水层的泥土材料来自未来湖泊深水区

深水区已经充满渗透进来的水。这个水坝同时也要作为一条道路

我们从哪里取土，来建造大坝的黏土核心层？从未来湖泊的深水区。这么做有多重好处：首先，我们有了建设大坝用的土，不需要再从很远的地方运过来。其次，从将建成湖泊的地表取土，我们也就同时建成了一个深水区。挖掘机可在在建堤坝的附近向下挖，挖出一个颠倒的蜗牛壳形状的坑。这个深水区可以延伸到地下水层，在较大的湖泊中如果有一个 12—14 米的深水区是非常有利的。

在生荒地土壤条件下当然能发现多个土层。但因为我们建造防水层只需要颗粒细微的土，即黏土和陶土，所以必须根据不同的成分和性质把挖掘出来的泥土分开。首先，我们分离出腐殖质，既可以立即使用，也可以堆放起来。然后，再从下面的生荒地中取土，一直向上垂直堆起，直至堆成一座坡度很陡的小山。在这一过程中，粗重的土会向外侧滚动开来，细土就留在中间顶部。这样土就分开了，我们就能在里面找到足够的细土，也就有了防水层的填充物。

我们用这些细土填充挖好的沟，从在建池塘底部向下几米深的地方开始，一直填充到将来的湖泊水位线以上，就这样一层一层填土，一层一层用挖掘机碾压，必要时可加湿，这样可以使土层被压紧压实。如果建的是宽水坝，可以用满载的载重车开上去碾压，通常这样就足以压实了。如果出现其他情况，我们也可以使用压路机进行压实。

经过以上步骤，紧致密实的黏土核心层就建好了，它也是大坝的防水层。然后，在防水层的内外两侧向上堆土，并和防水层一起进行压实。这时我们可以使用建防水层剩下的土，因为它的作用只是为大坝提供静力支撑。修好的堤坡倾斜度不应大于1∶2，即1米的高度，至少对应2米的宽度，所以更像是一个平坦的堤岸。

现在坝修好了，下雨时水就会积聚在水坝后面。这里的水会先向土壤中渗透，直到遇到密实不透水的土层。水在那里向上积聚，最后形成湖泊或池塘，遮蔽着大地。如果想要使邻近湖泊的土壤充满水，并且使地下那些看不见的空心处也再次充满水，可能需要几年的时间。

▶ 堤坝的绿化

大坝当然需要绿化。堤坝绿化就像建设大坝一样，实践经验是必要的。这样我们才能确定：在什么样的地质和气候条件下，宽度是多少的大坝种植哪些植被才能起到稳固大坝的作用。我们应该分别在哪里种植直根、深根、浅根植物或灌木。

还有，大坝上以后是否会行驶重型车辆，这一点对大坝如何绿化也很重要。一般来说，多样性总是很重要的。有了多样性，这里的植被系统才能独立发展、相互融合，并在地下各个深度的土层中保持稳固，这些植物的根系也会形成一个共生群落。

离岸太近的果树，如果它的根伸入水中或伸入浸满水的土壤中长达几个月，就不会茂盛生长了；在这方面，柳树和赤杨木出现问题较少。大坝外侧底部栽种的直根树木，能像钉子一样稳定大坝的整个结构。但不推荐在大坝的顶部栽种这类树木。因为在那里它们可能会被风暴吹倒并造成损失。以上所述都必须根据具体情况作出具体判断。但不管怎样都必须注意，要防止深根树木生长到防水层，进而对防水层造成破坏。所以，只有堤坝外层的堆土层体量足够大时，才能种植深根树木。

▶ 在平地上建池塘

按照地质条件来说，适合建池塘的位置通常位于谷底和天然低地。如果想要在绝对平坦的地形上建一个池塘，而景观又没有可以利用的山谷或洼地，就必须挖坑。在这种情况下，我必须先观察水是从哪儿来的；如果这里没有集水区，我就不得不引水过来。如果地下水就在地表以下仅几米深的地方，那么拟建池塘的最深处应与地下水的水位相同。这样水就会从下面流到池塘里来。

如果要在平地上选择建池塘的位置，我还是要先观察植被，看看有没有喜湿植物生长在某些地方。这些植物包括管状

堤坝和防水层一起，被层层堆起、压实，其倾斜度应约为 1∶2

草、羊毛草、苔藓、芦苇、桤木、柳树或沼泽桦树。出现隐蔽的地下湿地是一个暗示，它表明这个位置就是大自然最希望拥有水域的地方：当你走过那里时，你会感觉到地面泥泞"打滑"。

▶ "振动"压实密封法

天然状态的生荒地土壤大多数并不密实，除非是黏土。如果不是纯黏土，而是含有黏土，那么可以通过"振动"来压实它。

这是我在观察猪打滚儿的时候，从它们身上学到的。大家都知道，猪需要泥浆，因为它们的皮肤没有汗腺，离开了泥浆就会被晒伤。所以对猪来说，在泥浆里洗澡是它们日常的基本需求。但是当它们在野外无人看管的时候，怎么自己找到水呢？

据我观察，那些猪在上面又翻又拱又打滚儿的地方，水会存留在那里，然后形成泥坑。通过滚动碾压，生荒土被压实密封了，雨水聚集在这些坑里，黏土颗粒涂抹进了孔隙中，就形成了一个密实不透水的土层。

我想模仿这种做法，但怎么才能办到呢？挖掘机毕竟不能在地面上打滚儿。我一直在左思右想。答案再次出现在一个梦中，它告诉了我一种方法，借助机械模仿猪的活动。这是一种振动技术：如果我们在生荒地上建造新池塘，可在池塘大致成型后，向里面放入大约50厘米深的水，这样挖掘机还可以在里面正常行驶。这时挖掘机驾驶员可以装上最窄的挖斗，其宽度为60—80厘米。这样的挖斗可以深深插入泥土中，在1米或更深的地方通过摇晃振动来搅拌底土层。细土颗粒在水中下沉，淤塞到底土层的空隙中，从而也压实密封了底土层。

当然，只有在泥土中的细土、黏土或陶土含量足够多的情况下，或者在额外添加这些材料的情况下，这种方法才能奏效。在松散的沙质土层或碎石土层中摇晃振动是没有意义的。

实践技巧：

如果没有挖掘机怎么办呢？如果需要压实密封的区域较小，或者只是花园池塘中的个别漏点，可以使用鹤嘴锄、镐头或类似的工具来模仿这个过程，只要稍加练习即可完成。

我们怎样才能找到池塘底部的漏水点呢？如果你用肉眼看不到，可以把一杯牛奶倒进水里——或者你不想浪费牛奶，那就把面粉或石灰粉倒进水里。通过使水着色，我们可以很好地跟踪水流，以识别出要找的漏水点，也就是吸水点。

我们怎样才能知道土壤是否含有黏土成分呢？取一点泥土在手指之间捻捏，感觉越润滑，泥土中的黏土含量通常就越高。如果你还不具备这种感知能力，就在一杯水里放一点儿泥土让它溶解：水越浑浊，且浑浊持续的时间越长，土壤中的黏土含量就越多。

▶ 在陡坡上建池塘的特例

在克拉米特霍夫农场，我在山坡上建造了 20 多个湖泊和池塘，一直建到高山牧场。在陡峭的山坡上，特别是在石质地面上建造池塘，需要特殊技巧。有时必须动用挖掘机，通过摇晃振动来压实密封池塘地面，以防止渗水。在这里，每个错误都可能产生严重影响。所以，门外汉不要在这样的地方进行试验。在这种情况下，必须咨询土壤力学专家，而且一定要咨询有实践经验的专家。

排水口、溢水口以及可摆动池塘排水装置的发明

生活中摆在你面前的那些题目,是为了让你去解决它们,而不是让你把它们搞得一团糟,变得无法解决。

为了使大坝在强降雨的情况下不被冲刷,应该建造宽阔的溢洪道,以保证溢出的水安全地通过大坝。我会尽量将溢流口铺设在生荒地面之上,而不是铺设在填堆而成的大坝上方。但如出于地形原因无法这样直接施工,就必须采取特殊的保护措施,使溢洪道免受侵蚀和腐蚀作用的损害:通过铺设管道或用重石头砌成凹槽。

那些有水源流入的地方,我也使用尽可能重的天然石头铺设成凹槽形,并在缝隙间种上各种各样的水生植物。这样,一方面侧壁可以得到支撑,另一方面防止了土壤物质被水流带进水中;否则每次下大雨时,整个湖的水都会浑浊好几周。

▶ 霍尔泽池塘排水装置

"Mönch"是渔业中常见的一种池塘排水装置,用来调节水位和给池塘排水。在一个有"Mönch"的池塘里,只有当这个装置被树枝或树叶挡住或堵塞,无法容纳大量的水流入时,才会使用溢洪道。

"Mönch"是什么样子呢？它是一个排水装置，是由U形铁邻接形成的一条管道。在管道的接口凹槽处插入挡水板，水就被挡在了后面，移除挡水板，水就被放出去。对于专业养鱼户来说，这样的放水装置是必不可少的，有了它池塘就可以排水了。但这种装置还是会引发很多问题，比如会被冻住，尤其是在海拔较高的地方。另外，挡水板很容易卡住，那样的话水位就很难调节了。还有在我们拉起挡水板时，通常会涌出来一大股洪流，这也会破坏河岸的植被。混凝土材质的排水装置同样给我们带来过麻烦。

我感觉这个系统并不能让人满意。经过长时间的实验，我找到了另一种方法：可旋转排水设备。通过一根连接到水平排水管的垂直可旋转立管，我可以平稳、简单且非常精确地调节水位。池塘里的水在这样缓慢下降的情况下，不会损害岸边的植被，而且我还可以完全排空池塘。

因为这是我的发明，它也被称为霍尔泽排水装置。我们可以用简单的工具自己来安装这个设备。由于当时我们还需要一个抗冻系统，我就想到了使用塑料管。我的安装过程是这样的：将排水管几乎水平（微微外斜）地穿过堤坝的最低处。这根水平管道从大坝底部伸入池塘2—3米。在它的末端接一个直角弯头，再将垂直管插入弯头中。为了能够调节水位，这个垂直管必须是可摆动的。

在这个过程中，最大的技术挑战是要使管道连接既紧密又可以摆动。为了将带有密封圈的管道相互对接在一起，人们通常使用液体肥皂。这些皂液过了一段时间就会被冲洗掉，到那

打好基础

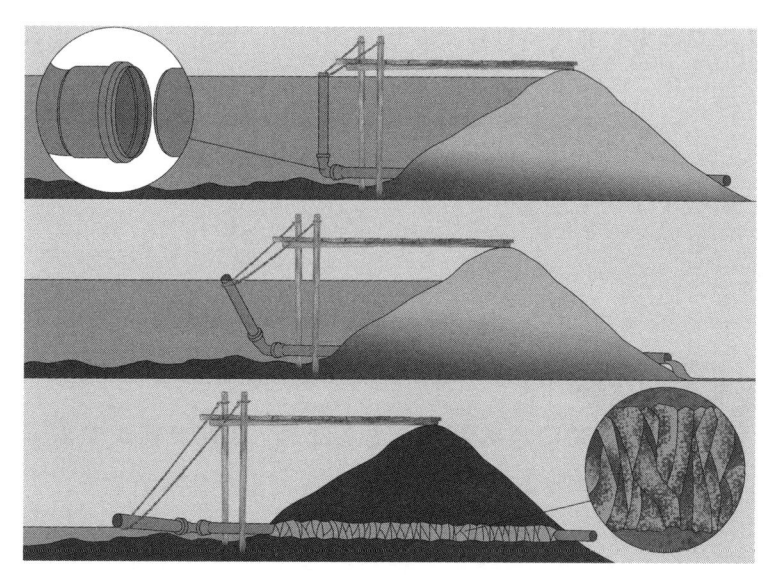

最高水位、中等水位和低水位状态下的霍尔泽排水装置：可旋转立管能控制排水的量。上图：在连接管道时拆掉密封圈。下图：用速凝水泥浸泡的材料缠绕包裹的管道，可以防止管道被冲刷（图：Henry Baumann）

时，管子就又变得僵硬不能转动了。如果我拆下密封件，管道是可以转动了，但它又不密封了，会持续漏水。

后来问题得到了解决，我使用了直径 15—20 厘米的大口径饮用水抗压管。为什么我要使用昂贵的（蓝色或灰色的）给水抗压管道，而不用便宜些的（橙色的）下水管道呢？因为给水管道的连接件（套筒）很长，比下水道管坚固多了，而且长套筒也是密封所必需的。我先从水平管和弯头的连接件上取下两三个密封圈，再把它们对插接到一起，这时弯头仍然可以动，垂直管也就可以摆动了。

那怎样才能让管道保持密封呢？可以用粗颗粒泥炭土、锯末或马粪来实现这一目标。我从上述材料中取几勺放入管道周围的水中,让它们慢慢下沉。这些细小的颗粒就渗入吸附到了套筒中不密封的部位,完全密封住了套筒中因移除密封圈而产生的间隙。于是管道不再漏水,而且依然可以转动。这种方法在池塘水压很小,如低于1巴的情况下效果最佳,但在加压水管中不适用。

> **实用技巧：**
>
> 水平安装的排水管外部是光滑的,因此时间久了以后,埋在坝体里面的管道的外壁会逐渐出现导水的危险。只有粗糙的管道外壁才能很好地与土壤相接合并保持不透水。那怎样才能弄到粗糙的管子呢？我用一层建筑用羊毛毡或黄麻布把管子包起来。我先把它们剪成条状,缠绕在管子外面。为了让它们更耐用,我事先用快速黏结的水泥（速凝水泥,例如Biberabit）把这些材料浸湿。这样它们就像焊在管子上一样,形成了粗糙的外结构层,与泥土完美地接合在一起。

在水压过高的极端情况下,如极端地势或复杂地质条件,必须采取进一步的安全措施,这些措施超出了本书的范围。但在这种情况下,无论如何不应让外行来试验,而应让专业人员参与。

霍尔泽池塘排水装置还为池塘经营和鱼类养殖带来了很多优势和便利功能。优势之一,小鱼和螃蟹可以随流出的水一起缓慢地移动,不会受到伤害。这时如果我在水坝外侧伸出来的抗压水管上接一个连接器,就可以很轻柔地捞鱼了,它们会自己游进放置好的容器里。这是用网捕鱼的一种替代方法。

另外,霍尔泽池塘排水装置也可以用来清洁池塘:如果池塘里的树叶、漂浮水生植物或藻类太多了,我可以通过可摆动排水装置进行优化调节。我用一个连接零件将一根柔性管或消防软管接到垂直水管上:高度差可促生负压和吸力,这样我就可以用这根软管在水下作业了,就像使用真空吸尘器一样,把树叶、藻类或水生植物从池塘里吸走。

通过同样的方式,我们也可以吸出池塘或湖泊中常年沉积形成的有生产力的淤泥或烂泥。这些塘泥是非常有价值的肥料。我可以在水平排水管末端下方的池底地面上挖一个大约1米深的坑。池塘排水时,塘泥就聚集在这个坑里。这样我就可以把它从坑里吸出来,放在大桶或其他容器中保存,以便施肥时可以把它加进去。

▶ **管中管系统**

为了不让池塘里的鱼随水流游走,排水装置中都要安装一个防漏器。在传统的池塘排水装置中,会在挡水板的上游安装一个筛口板。在霍尔泽池塘排水装置中,这一功能是由管中管系统完成:取一段直径大约比垂直管粗5厘米的管子,用角磨机在上面开细槽口,槽口的大小以能拦截住池塘里的鱼为宜。这样筛管就制作好了。将筛管套到垂直管的外面,底部用建筑用羊毛毡或纱布塞住企稳,再用限位器支架固定在垂直管上,固定后的筛管应高出垂直管至少10厘米。筛管另一端用纱布类材料填满堵住，这样鱼就进不来了。安装好后，水可以从筛管的任何位置渗入，但鱼被挡在了外面。

这个管中管系统同时还可以保护排水装置不被树叶和藻类阻塞：如果外管顶部的槽口不进水了，水还可以从其底部两管之间的空隙涌入，产生一个反向的压力，将阻塞筛管的树叶冲开，这样水流又可畅通无阻地流进来了。

池塘湖泊、堤岸及深浅水区的合适造型

"流水不腐,户枢不蠹,动也。"

(吕不韦,中国商人、政治家、哲学家,公元前3世纪)

有生命的东西都要运动,水也一样。水通过运动保持活力,从而实现自身的不断更新再生。通过运动,氧气进入水中,水得到净化。

那水怎样运动呢?

就像雨珠从玻璃上流淌下来时一样,水从来不直线向前运动。同样也就不存在笔直的河道。

水有三种不同的运动形式:

- 像蛇一样蜿蜒向前。
- 在空气和风的作用下产生波浪。
- 水的第三种运动形式,是在波浪和蛇形运动的水相遇时产生的:这时水会形成漩涡,盘旋回转。

在建设池塘湖泊时,我会考虑到水的这几种天然运动形式,并通过合适的外形设计,使水能够以这些方式运动起来,这样我们就可以一直拥有干净的活水了。如果池塘和湖泊被建成正方形或长方形,堤岸笔直、深度均匀,那么这里的水就是

通过水的运动产生自清洁力：水生植物吸附污垢颗粒，并将其用作自身的营养物质

静止不动的，它会腐坏，继而水藻横生，散发臭气。

▶ 小溪边的观察

我们可以坐在一条自然流淌的小溪边观察一下水的运动形式。你看到了什么？小溪流过的地方，有的有阳光，有的有阴凉，有的岸边有植被，有的却没有。在岸边，有的地方水又深又凉，这样的地方也会有粗糙笨重的石头。如果要洗澡，这里通常可不是舒服的地方。但也有些地方水很温暖，河底浅平，表面还是沙子的。这些差异是怎么产生的呢？

溪岸边那些生长着树木或灌木的地方，在水面形成了遮阴。这里的水会一直很凉。那些没有植被的地方，阳光直射在水面上，水就会变暖。水变暖后，就失去了能量，它会变得迟钝、保持力下降，于是水中所携带的悬浮物质就被释放了出来。所以，在这些温暖的地方，物质会沉积，先是砾石和粗沙，然后是越来越细的沙子，在这些地方的尽头就是我们所说的细沙了。所以，小溪或河流在这样的地方会变浅，形成小的沙滩和浅岸。这里就是一条小溪最受欢迎的浴场了。

但在有遮阴、溪水也凉的地方，水的能量很大，也就有很大的承载能力。它开始盘旋回转，把河道向地面下挖得越来越深。这里就会有深水区，河底表面也会更粗糙。

如果你把一块石头放进小溪里，水就会在它周围产生涡流，把那里的地面向下打磨，冲走石头下面的沙子，于是那里的水会越来越深。所以，你也可以在流淌的水中放一块石头，把那里塑造成小溪河床上的深水区。因为小溪会用水自身的能量为自己挖床。这样,一条自然的、生机勃勃的、富于变化的水道就形成了。水通过运动实现自净,也让自己充满活力。另外,在那些缝隙和小夹空中,可以产生多个小气候区,为植物和动物提供了多样化的栖息空间。这样一条溪流中的水,它的信息和氧气含量会越来越丰富,溪流越长远,它的水也就越清澈、越好。

一条治理过的小溪或笔直的人工河渠,它的两边都是同样光秃秃的河岸,生长着同样的植被,河道里处处都一样深。这样的水域所有地方的条件和温度都相同,水在里面不能蜿蜒摆动,也不能盘旋回转:在这样的水域里,水在任何地方都不能复原和再生,它厌倦了。

过去小溪的自净能力一直是为我们农民所熟知的。我们那时候会说:"水流过三块石头,就又变干净了。"这样说有夸张的成分,但道理是对的。如果高山牧场上的某一头母牛把粪便排到了小溪里,那么往下游再走 100 米远,水就又清澈了。

这是怎么回事?碎石、沙子和那些扎根缝隙的植物是悬浮物的天然过滤器。只要看看河岸边是什么样子你就明白了。当风浪将树叶、花粉或其他有机物质推向岸边时,它们就在水生植物和水岸植物那里沉积下来。植物有肥料了,水也被滤清了。这就是系统自我净化的方式。这些植被还给鱼类产卵和鸟类繁殖提供了场所。

所有这些观察结果都应在水景、池塘或湖泊的设计中予以考虑。

▶ 滞蓄水区的形状

基本原则：如果一个建好的池塘感觉好像一直就在这个地方，看起来很自然，那就是做对了。因此我会避免选择不自然的、棱角分明的或圆形的外观和陡峭的堤岸，而是选择自然的形状，即弧形和弯弯曲曲的形状。

池塘或湖泊的形状应该：

1.支撑水的自净能力：水体自净基于微生物对有机化合物的生物降解。这个过程需要氧气。充足的氧气是高自净能力的保证。水的运动越多、越频繁，水中的氧气就越多。如果池塘或湖泊的形状适宜，水就可以通过浪涌的形式轻松运动起来，从而使水体富含氧气，实现自我净化。

2.形成各种小气候区和不同的生存条件，使各种各样的动植物都能找到自己的空间。鱼类、昆虫、蜗牛、螃蟹和鸟类等，它们的种类越多样化，池塘内和池塘周围的生态平衡就越稳定，整个生态系统就越独立。因此，池塘或湖泊中应该有浅水区和深水区之分。

3.支撑水的三种运动形式：弯弯曲曲的水岸对应水的蜿蜒流动，根据风向调整外形可以使水形成波浪。通过绿化河岸在水面形成遮蔽区域，建造浅水区和深水区，这些是为了使水在不同的温度下旋转运动起来。

▶ 根据风向设计湖泊

我会让湖体的长对着主风向，通常情况下这应该是东西向，"Y"形就是特别合适的形状。这样就会在水面上形成长波浪，即使在气流平稳的时候也可以形成。每一层波浪，无论它多么微小，都能将氧气带入湖水中。

波浪会将所有细小的物质，如花粉、腐殖质、树叶和悬浮物等带到岸边。如果河岸是光秃秃的，等下一阵风来时，这些物质会被带回来。但如果风浪把悬浮物带到哪里，我就在哪里种植上睡莲、芦苇、香蒲或其他河岸植物和水生植物，那么这些植物就会粘住那些悬浮颗粒，让它们沉淀下来，发生腐烂，并成为河岸植物的养分，而湖水也干净了。

一个根据风向建设的东西走向湖泊，最好是建成"Y"形
（照片：奈杰尔·狄金森）

▶ 水岸设计

为了让水自己蜿蜒流动起来,水岸的形状不应该是笔直的,而应该是弯曲和自然的。利用水中和岸边的根茎、岩石或大石头,我可以给流水设置阻力,从而加强水自身的运动。

水岸设计中的石头:除了美学意义之外,它们还能平衡温度

堤岸的坡度不应超过 1∶1.5 或 1∶2。在堤岸上,我可以播种地被植物来防止土壤被水冲刷,从而对土壤起到加固作用。这些植物是水体自净系统的一部分,也能为鱼类和小动物提供食物和保护。

▶ 利用深水区和浅水区的冰箱效应促生稳定性和多样性

夏天的时候你从一个湖里游过，如果用一只脚往下探一下，你会感觉到湖里的水有暖和冷的层次之分。太阳使最上层的水变暖，但底层依然凉爽。温度高的水上升，冷却的水下降。如果我在湖中设置深浅区域，就可以利用这种效果来形成所谓的冰箱效应，即低度补偿效应。在一年中的任何时候深水区都保持大致恒定的温度，即地温。如果出现极端的温度波动，利用冰箱效应可以均衡温差，保持温度稳定。

在我至今为止建好的滞蓄水池中，冰箱效应的调节效果非常好。但该观察结果不一定适用于深度较大的天然湖泊。那里通常已经形成了稳定的、不再移动的水温层。

河岸及浅水区的沼泽植物和漂浮植物

有了深水区和浅水区，每只动物就都可以找到自己感觉舒适的环境。如果有人想要养殖多种鱼类，就不能没有深水区，特别是在炎热地区。

▶ 深水区

深水区光线很暗，没有植物生长，是一些鱼种的避难所，比如鳟鱼和红点鲑。因为水中的含氧量直接取决于温度，在较冷的水中含氧量更高，所以即使在炎热的夏季，深水区也能为这些喜氧鱼类提供良好的生存条件。

设置深水区，可以在水坝附近挖一个蜗牛壳形的洞，具体方法见本书第 132 页及之后几页。根据湖的构造和大小不同，深水区的深度可以设计成 10—15 米。通过这种方式，我们获得了建水坝所需的填充材料，同时湖中也有了一个深水区。

池塘和它杂草丛生的堤岸

> **实用技巧：**
>
> 在许多湖泊中，我要将北岸设计得比南岸更陡峭一些，并在这里设置一个更深的水区，在岸边多种植一些能遮阴的植被。这样，湖中的水在白天和晚上就能轻微地旋转运动起来，从而促进冷热交换。

▶ 水岸区

水岸区域是春天里最先变暖的地方。这里是湖泊中的高产区和营养最丰富的地带。我们应该在这里种植芦苇、灯心草、镳草及其他水岸植物。它们可以起到保护堤岸和遮阴的作用，可以作为产卵场，也可以为鱼苗及水鸟提供保护。

▶ 浅水区

浅水区为水生植物以及睡莲、浮萍等提供了最佳的种植条件。这些植物也能给鱼苗提供藏身之处和庇护，因为它们既是食物又能遮阴，还能减缓水的运动强度。

我比较推荐的水岸区和浅水区鱼类有鲤鱼、鲈鱼，还有各种白色的鱼，如鲫鱼、红眼鱼等。捕食性鱼类如狗鱼、梭子鱼和鲇鱼也适合浅水区，因为它们在那里产卵。如果要进行生态化和多样化经营养殖，可以投入这些品种来调节种群。

▶ 被淹没在湖底的植被

在滞蓄水区那些即将被淹没的植被应该如何处理，这是经常有人提出的问题。我们应该在下雨之前清理即将蓄积雨水的区域吗？我的回答是不用管它。在滞蓄水区被淹没的植物会慢慢腐烂，那里会随着时间推移而发生替换，形成新的植被，包括水下植物和浮游植物，以及生长在浅水区的各种管状草，如芦苇和香蒲。

在短时间内，很多动植物就会自己在这里定居下来，同时也会有其他东西腐烂掉。所以，就让那些旧的植被长在那里，它是新生命的肥料和庇护所。比如被淹没的灌木如果是黑莓，它就可以在一段时间内作为梭子鱼的产卵地。岸边的那些矮树丛则是鸭子和鸡的庇护所，它们钻到里面就能躲开狐狸了。浅水区那些时而被淹的草和树叶周围会长出小水藻，它们是许多鱼类绝佳的天然食物。

▶ 水域周边设计

如果我们只打算将湖泊或池塘作为纯粹的滞蓄水区使用，就不需要进行下一步建设性干预了：它天然的形状就会促生出一个和谐的水岸环境。但水岸区域也是自然界的高产区，其环境非常适合种植蔬菜、水果，也适合打造成园林及疗养休闲区。如果我们有这方面的打算，可以将水岸设计成梯田。梯田有很大的优点：在大雨中从山坡上冲下来的腐殖质和细土颗粒会留在梯田里，不会再被冲落到湖里了。所以，这里的土壤质量和养分比例越来越好，同时湖泊也能保持干净。

刚刚建成的雨水瀑布及其游鸭池塘

阳光经由水面反射增加了这里的光照和温度，使植物有了最佳的生长条件。所有植物在这里都能长得很好：水果、蔬菜、花卉、风景园林。而且在一些保护性较好的位置上，我们也可以试着种植一些对霜冻更敏感的植物。对于水岸区域来说，无论是在水中还是在陆地上，石头和岩石都是特别受欢迎的设计元素：它们不仅能像瓷砖壁炉一样储存太阳的热量，还能整夜向外散热。

梯田可以修建得很宽，很容易进行机械耕种，所以也适宜进行水果和蔬菜的专业化种植。

在大多数情况下，水岸区域不需要额外进行灌溉。因为通过毛细压力的作用，土壤自己就能把水从湖中抽上来。另外，水岸附近的晨露量也特别大。即使有些时候需要浇水，例如在蔬菜集约化种植的地方及特别炎热的夏季，浇灌用的水也近在咫尺，因为湖水也可以用太阳能泵抽上来，对作物进行滴灌。

人工瀑布设计

这里近水的位置，为出现多种共生效应提供了可能性。这方面的例子不胜枚举。例如在水边繁衍生息着许多种水禽，它们可以调节花园里蜗牛的数量。

关于水景的经济价值：要多样不要单一

我经常被问道：水域需要占一块土地的多大比例，才能使这里达到正常的水分平衡？每个地方的情况各不相同，答案当然取决于这个地方的气候、土壤、地形和水源情况。但如果你想完全恢复水分平衡，应该在可能的情况下从10%起步，并根据地形条件和该区域的期待用途酌情提高。

建造一个由雨水和屋顶水供给水的池塘

当然，农民和土地所有人通常都会提出反对的意见。他们会说：是的，建设池塘、湖泊和水景，这样对大自然来说可能很好，但我也必须考虑自己的收入。这么多土地不能耕种，经济上我负担不起。对待这个观点我很认真。当然，每个农民都应该能够以土地为生，靠它养家糊口；也应该能够自力更生，而不必依赖资助和补贴。

不过我还是想明确指出：这是一个思维错误。因为水域也是耕地，作为农民也可以靠它谋生。根据不同的耕作经营方式，水域甚至比土地更有价值。只要我知道，一片水域怎样才能比最好的农田带来的收益更高，而需要投入的劳动量更小。

水景的生产力到底有多强，克拉米特霍夫农场的例子可以很清楚地予以说明。税务局将我们农场的课税标准价格确定为以前的10倍。在西班牙和葡萄牙的项目中，人们在河岸梯田上以更少的劳动力生产出了更多的蔬菜，因此和以前生产蔬菜的整个土地面积相比，投入的成本更低了。从这几个例子看，水景总是带来经济收益，因为水岸土地的肥力提高了。如果我们不仅对河岸区域进行耕种，还对湖或池塘本身进行经营管理，那总收益就会更好。那些有创造性思维的农民和土地所有者，可以在减少投入的前提下获得丰厚的利润。无论你想把这片水域经营得多丰富，都可以由你自己决定，一个全职农民当然会追求多产出，不管是在水里还是在他的其他农田上。在保护自然的同时获得好收成，这两点并不矛盾，反而相辅相成：农民能生活在完好的自然环境之中，他们也就有兴趣去保护自然了。

▶ **从经济角度看同样适用：要多样不要单一**

最好的和最可持续的收成，不是通过专业化和集约化进行单一作物生产获得的，而是通过对土地多样化的利用取得的。一个系统越多样化，它就会越稳定。

看看从事专业化生产的农民都做了些什么呢？他把动物或植物从它们所有的生活循环中抽离出来，将它们隔绝起来，又必须饲养它们，因为这些动植物已经离不开他了。动物或植物原本可以自己从自然界获得一切东西，现在都得由这个农民来埋单。为了专业化，他不得不大量投资，但在大多数情况下这些投资根本不划算。而这时他已经把自己绑定在一个产品上了。如果现在发生了不可预见的情况，如价格下跌、气候变化或动植物疾病，那么他就会遭受巨大的损失。所以专业化是一件非常不保险的事儿。

一个自然的、多功能的系统，如水景，给了我更多的可能性。因此，在经济上我也能几条腿走路，而不是只靠一条腿。当然，如果我想卖个好价钱，就必须寻找市场利基。我也可以前瞻性对市场作出反应，并保持开放，以便可以迅速转向其他产品。当竞争对手已经遭受损失或遭遇价格下跌时，当他们还在重新盘算时，我早已经开始销售其他产品了。这种方式是合乎自然的、稳定的，也是可持续的，还给了农民最大限度的独立自主性。

水景有哪些利用的可能性呢？

湖泊或池塘可以：

- 作为防火屏障
- 水景的滞蓄水区可防止洪水泛滥
- 作为旱季灌溉的蓄水池
- 作为牲畜的饮水槽
- 作为水生植物园的经营区
- 水产经营
- 作为蟹类、淡水贝类和其他特色产品的养殖区域
- 各种水禽和观赏性禽类的生态养殖
- 作为水牛的饲养区域
- 作为旅游业中的疗养休闲区：游泳、帆船、划船；在冬季玩冰壶或滑冰
- 直销

与水中及水边的动物合作

关于动物,总的来说,我从根本上反对集约化养殖。这一观点对湖泊和水景同样适用。如果很多动物被饲养在很小的空间,整个植被和周围地区都会受到过度利用的危害,无论你养的是水禽、水牛还是鱼类,其影响都是一样的。动物们也会感觉不舒服,从而导致它们精神紧张、生病和过高的死亡率。

池塘中的锦鲤:作为珍贵的观赏鱼和生态区的宝贵资源

我认为每个池塘或湖泊里都应该有鱼，无论我们用不用它们来获取经济收益，因为鱼类具有生态意义。关于合适的放养密度，在养鱼专业类书籍中有权威的数据。但最重要的还是自己去看，不断地去学习、去感知、去观察、去试验。这些之后我才能看清楚和谐是如何产生的；在不伤害的前提下，我最多能养多少动植物。在这方面，渔业经营者也必须学着节制，不要太贪婪。

本章内容无法涵盖水产养殖及水岸养殖的所有方面，但它能为入门者及有一定经验的人提供一些基本的原则、独特的理念和前进的支点。想正式进入水禽养殖业的人，必须努力扩展自己的知识面，而且最重要的还是要积累自己的经验。

▶ 投放鱼苗

鱼类的投放密度取决于水体大小、含氧量、水温及想要达到的密集度。与生物群落相适应的投放量是养殖获益的先决条件。另外，鱼的选择还要以市场为导向，因为养鱼户希望通过销售产品获得可观的经济效益。所以，在这里，研究鱼的种类、比较市场价格、寻找市场利基等，都是值得去做的，这样可以避免与他人竞争。只有这样，我养的鱼才能卖出合适的价格。换句话说，如果邻居养鳟鱼，我会选择养别的鱼。

▶ 鲤鱼池中的狗鱼

关于鱼种的选择，我的原则一如既往：多样化胜过单一。通过多种经营及相应的湖泊生态群落构成，可以使掠食性鱼类和非肉食性鱼类在同一水域中保持数量平衡。

人们经常问我:"这怎么可能呢?把狗鱼和鲤鱼放在一个池塘里?如果有一条掠食性鱼在里面,它就会吃掉所有的非肉食性鱼。"这是胡话。在自然界中情况并非如此。动物彼此为食,但它们不会消灭彼此。除非我们有的是一个圆形或方形的池塘,深度处处都一样,也没有树根和石头。在这样的池塘里非肉食性鱼类才会找不到藏身之处,才会被掠食性鱼一直追赶,直到被全部吃掉。然后只剩下掠食性鱼,而且到最后它也会饿死,因为它再也没有东西可吃了。

为了达到数量平衡,应该让每种鱼都找到适合自己的群落生境。所以,我将石头假山、树根和整棵树木搬到了湖底,并设计了多样化的河岸。这样鱼类就能找到遮挡、躲藏和保护它们的地方。特别是幼鱼,应该使它们能够躲开大鱼。在这种"生态化多元经营"方式中,幼鱼中的一部分将作为该湖的鱼苗,另一部分则将成为掠食性鱼类的食物。通过优胜劣汰,这样就能选出最好的鱼,系统也保持自动运转。

鱼类的混合放养也会给水鸟带来好处,从翠鸟到白尾鹰都能从中受益。即使是大鱼也可能成为猎物,比如被水獭吃掉。但如果鱼的种类很多,损失就是有限的。而在有些池塘,损失情况则正好相反,那里到处都是同一种鱼,它们重量相同大小也一致。

▶ 投放非肉食性鱼及掠食性鱼的基本原则

1.在养鱼水域重新投放鱼苗时,必须确保水里的掠食性鱼,如狗鱼、梭鱼和鲇鱼，有必要的饲料鱼，如果没有，可以和鱼苗一起投放。饲料鱼的大小不得超过掠食性鱼的 1/3，否则掠食性鱼不会吃它们。如果同时投放非肉食性鱼和掠食性鱼，那么期待成活的非肉食性鱼苗至少应该与同时投放的掠食性鱼苗一样大。这样你就有把握了，因为掠食性鱼不会攻击同样大小的非肉食性鱼。

2.鱼产卵的场地很重要，每种鱼都能找到场地安全产卵，幼鱼可以在那里受到保护，得以长大：这就是所谓的"鱼类幼儿园"（后面对此有更多介绍）。

3.经营管理人员要注意维护非肉食性鱼和掠食性鱼之间的平衡，否则系统将变得不平衡。也就是说，比如狗鱼的数量太多了，鲤鱼的数量就会受到不利影响。那我就得捕几条狗鱼，让数量恢复平衡。

▶ **溢流保护**

如果池塘或湖泊与开阔的水域相连，特别是在它还有排水口的情况下，我就不能投放那些可能会不受控制地繁殖扩散并危及水域内天然动植物种群的鱼种。这是不言而喻的事情。这主要包括那些非本土且在本地无天敌的鱼类。所以必须保证溢流口和入水口安全，防止发生鱼的意外游入或游出。这样，我既可以防止生病的鱼或掠食性鱼游入我的池塘造成损失，也可以防止我的鱼在其他水域不受控制地扩散。

如果水域没有流入或流出，只有地表水、雨水和泉水等水源，即所谓的"天池"，那么这些保护措施是没有必要的。

▶ 天然饲料

形状自然的水景中有许多饲喂场,在多样化养殖的情况下,鱼可以自己找到饲料。浅水区和水岸的温暖水域是天然饲料产出最多的地方,因为这些地方是生产力高的边界地。那里形成的群落是巨大的:浮游生物、小型甲壳类动物和其他水生生物。

深水区在天然饲料的产出方面也有很大的优势:它们的存在缓冲了夏季和冬季的温度波动。那里冬季温暖,夏季由于地温的平衡作用而变得凉爽,所以即便在高山地区冰冻也很少见。那里动物和植物的压力较小,所以也就生长着更多的天然食物。

只有在集约化养殖的情况下才需要喂鱼。但对我来说集约化养殖是行不通的,我反对这种方式。以天然食物为生的鱼,在味道和质量上都不足与育肥鱼相提并论。

当然,水质对鱼的质量也有很大的影响。如果水闻起来发霉,鱼闻起来也会发霉。在形状自然的池塘里,水在运动,也可以再生,就像我在第149页及之后所详细描述的那样。

> **实用技巧:自动捕蚊喂食器**
>
> 一个灯泡,最好是太阳能灯泡,悬挂在池塘上方,吸引蚊子在夜晚的灯光下飞舞。很快,鱼就会在灯下嬉戏。现在只要我把石头放进水里,就能创造出一个小的浅水区。只有幼鱼才能游到这个地方,抓住蚊子和苍蝇。这样我有了一个自动喂食器来饲养幼鱼,同时也通过自然方式减少了蚊子和苍蝇的数量。

▶ 温度

不论是在炎热的夏季还是在最冷的时节,很多鱼都会去深水区,因为任何时候那里的水温都差不多相同。实际上鱼类对热量的需求差别很大:超过 22—23 摄氏度褐鳟鱼就会死亡,25 摄氏度是虹鳟鱼的上限。而鲤鱼恰恰相反,到这个温度它才刚刚开始感觉良好。有了深水区和浅水区之分,我就可以把对温度需求不同的鱼养在同一个池塘或湖里,因为它们都有机会到自己感觉好的区域中去。在温暖的水中,鱼对氧气的需求量要比在冷水中更高。

水温对产卵也很重要。鱼必须在足够温暖的环境中才能产卵。

▶ 鱼的繁殖及其繁殖场所:鱼类幼儿园

在形态自然的湖泊或池塘中,所有动植物都会感到舒适,我也不用担心鱼的繁殖问题。这时重要的是让不同的鱼类都找到有遮掩防护的地方,满足它们不同的产卵需要。

为了保护繁殖过程,可以在浅水区放置灌木丛、树根、倒下的枯树或石头堆等,建设成"鱼类幼儿园",也就是鱼苗繁殖基地。在这些有遮掩的地方,幼鱼可以找到自己的栖息地,并有机会躲藏起来。这里也有虾和其他小动物,但是大的掠食鱼类不会到这里来。

投放鱼苗，鲟鱼

鱼类有不同的产卵需求。狗鱼直接把卵产在岸边的草丛中。梭鱼不仅在浅水区产卵，也在较深的地方产卵，而且会产在根系旁边。如果制作梭鱼巢来作为产卵场，将有助于它们产卵：我把灌木丛的细根和树枝绑在一起，然后把这些窝挂到1—2米深的水里。

脂鳍鱼（Fettflosser），也就是鳟鱼，它们产卵则需要有流水加上碎石或沙质地面的浅水区环境。产卵时，它们会游到湖泊的入水口处，用鳍在沙子或碎石中拍打出一个产卵槽，然后把卵产在那里。雌鱼产下的卵会立即与雄鱼的精液结合受精。然后这些鳟鱼会再次用鳍拍打凹槽，把这些受精卵保护起来。有受精卵的坑槽需要被新鲜流水不停地冲刷，否则这些卵就会变质：正因如此，鳟鱼才把它们产在湖的入水口处。刚孵化出来的幼鱼以自己的卵黄囊为食,一直到小鱼会吃东西、能够捕食微小的生物为止,如蚊子、小螃蟹和其他微小生物。

鲤鱼需要至少 20 摄氏度才能产卵,这样它们的卵才能孵化出来。所以它们会到春天最先暖和起来的浅水区。它们把卵产在水岸植被的水草边,这些卵就附着在草茎上。如果我能通过溢洪道来调节水位的话,我就可以蓄水,把浅水区生长植被的地带淹没。在这些被淹没的草上,很快就会长出鱼的食物。这一点也很重要,因为鲤鱼这个鱼种没有卵黄囊可吃。所以它们从一开始就需要食物,否则就会饿死的。这些食物是一些微小的浮游生物,它们在被淹没的草茎上会很快生长开来。

▶ **水禽**

不论是在生态还是在经济方面,合理的水景经营都离不开水禽。各种各样的野生水禽不管怎样都会出现在这里,如天鹅、鹭、野鸭等。这让水景充满了活力,让它成为体验自然的绝佳去处。

自由放养的水禽,如鸭、鹅和观赏水禽,因为都是有机饲养的,品质很高,市场价格也很好。这些禽类还能以自然的方式帮助调节各种昆虫和蜗牛的数量,效果很好。

但很多掠食动物和猛禽也会出现在这里。对于狐狸、苍鹰、貂和流浪狗来说,如果没有适当的预防措施,这些水禽就是一顿送上门的大餐。鉴于此,我们一定要在建设水景时一并规划和建设保护它们的区域。这些地方可以是固定的或漂浮的小岛,在那里我们可设置水禽躲避和孵卵的地方。漂浮在水中的空心树干也可以保护它们免受猛禽的攻击。动物在这里能受到很大程度的保护。散养动物的觉察能力发育得非常好,遇到危险时能立即逃到保护区域。

在自然养殖业中,保护鸭子和鹅免受食肉动物的伤害

养殖业中的庇护设施,也可作为水禽的孵化场所

值得一试的水产养殖机会：奥斯塔欧洲鳌虾（Edelkrebs）

在堆积而成的固定小岛上，我还可以把荆棘灌木丛做成窝。克拉米特霍夫农场的水上木屋已经显示出了非常好的效果。冬天水禽也可以到这里躲避和藏身。因为在温度低至零下30摄氏度时，湖泊完全结冰，掠食动物很容易越过湖面。通过试验，我制作出了一种保护性构造：在水中竖立的木桩上建小屋，鸭子和鹅可以从下面通过一条坡道逃到里面。如果我通过管道调节从高处的池塘流进来的水，使水从小屋下面涌出来，那么在小屋周围几米地方的池塘水面就会保持不结冰，鸭子和鹅可以畅通无阻地出入小屋，到处嬉戏。一旦有危险，它们可以立即逃进小屋，完全不会受到掠食动物的伤害。这个系统已经被证明是非常出色的。在冬天，我们几乎还没有因为掠食动物而损失过水禽。

漂浮的鸭岛

▶ 水牛

在克拉米特霍夫农场，我有在水景区域养水牛的成功经历。它们是一群安静、慢吞吞的牛，肉质好，也产牛奶。例如意大利著名的"水牛马苏里拉"就是用水牛奶制成的。它们可以调节过度生长的水生植物，喜欢下水进食，同样也喜欢在邻近水边的草地上吃草。当然，在那些冬季不寒冷的地区，它们会感觉更舒服些。

▶ 水生植物苗圃

水景中可以生长各种各样的水生植物，包括水岸植物、水下植物和漂浮植物等。睡莲、荷花和许多其他沼泽地及水生植物也能达到很好的市场价格。这些水生植物有几百种之多，园丁们可以对此进行专门的研究。我主要在高山地区的水生植物苗圃方面有成功经验，几乎可以把这些坚韧的植物移植到所有的海拔高度上。

我通过创建小气候区和深水区来帮助这些水生植物适应寒冷的温度。这也是克拉米特霍夫农场海拔1400米的池塘里各种美丽的睡莲能够繁荣生长的原因。如果我想让某些植物适应温度，总是会把它们放在边界地带，环境条件还算可以的地方。那些在最极端的条件下仍然能存活下来的植物是最具价值的。它们品质是最好的，即使在更极端的条件下也能茁壮成长。这样，植物就逐渐适应了寒冷、干旱或其他不利条件。通常的植物在这样的条件下是不可能再存活的。

▶ 其他经济价值

哪里有水，哪里就有生命。所有渴望水的东西，都会自动出现在有水景的地方。大大小小的动物从四面八方汇聚而来。在自然畜牧业中，家畜和野生动物当然可能会混合在一起。我并不担心，恰恰相反，我认为这样可以让那些对当地条件适应性强的有价值基因融合进来。有了这样的家畜是可以拿到非常好的价格的。野生禽类也会出现在这里：野鸭，也许还有大雁、鹬，甚至翠鸟。白尾海雕也吃我池塘里的鱼。但如果我能正确地引导和利用，这是一个巨大的好处，因为动物会帮忙建立平衡。这样的生物多样性会创造出一个特别的群落生境。

另外，我想讲一下我的一次经历，那是在高山牧场上的一个大池塘旁。不久前，一只白尾海雕从池塘里捉了一条非常美的锦鲤，在水坝上把它吃掉了。我的出现让它大吃一惊，它抹干净嘴，然后就飞走了。一开始我很生气，因为我没了一条漂亮的三色锦鲤。但很快我的怒气也就烟消云散了。我躺在近处等着，看它是否还会回来。几小时后它真的来了，又抓了第二条鲤鱼，这次它直接在水坝上吃了一部分。观察到这些对我来说是一次很特别的经历，这比失去两条鲤鱼重要多了。

第二天我们正好到这里实地考察，我向来考察的人们展示了锦鲤的残骸，它仍然躺在水坝上。有个人的第一反应是："为什么不开枪打它？您可是猎人。"这种反应是我无法理解的。经历过一件事，而且它一直到今天还留在我的记忆里，这对我来说，就是生活质量吧。

如果我建设了一个合适的群落生境，它既有浅水区和保护区，又有"鱼类幼儿园"。在那里，幼鱼就能很好地繁殖生长，那里的生态区域和群落生境对于科学观察、摄影师、鸟类爱好者和自然爱好者来说也非常有趣。在那里，我能把权力还给自然，我也让自己的土地成为自然保护区，成为生态区，并可以收取门票，赚取丰厚的收入。我对此便没有任何质疑：因为如果土地所有者能通过保护自然来赚钱，那么这种做法就会有人模仿，这对自然来说只有好处。修复自然环境当然必须投入资金，但这些投入对土地所有者来说应该也是值得的。你将拥有一片能够体验自然的土地，在那里自然的再生是人们摸得着看得到的，同时人们也会明白，如果正确引导自然，我们可能做到什么。这样的土地拥有巨大的吸引力。在那里，当地当季的农产品也可以直接销售。

► **旅游用途**

不论在冬季还是夏季，水景都提供了多种旅游的可能性。夏天可以游泳、划船、钓鱼和潜水。冬天可以将湖面的一部分用来滑冰或玩冰壶，冰钓也很受欢迎。这里必须注意的是：划定相应的保留区，这些保留区是植物保护区域，也是鱼类可以洄游到里面的区域。

环形输水管道
——为城镇提供活水的一种模式

新鲜流动的活水是我们最重要的生活物资。这不仅是因我们要喝水，还因为我们洗衣和洗澡都用水。因为皮肤是身体最大的器官：如果水被污染了，我们也会通过皮肤吸收有害物质。但是在今天，城镇居民往往没有活水可用。谁家在房子前面就有水源呢？在一般的管道系统中，未被使用的水处于静止状态，也不能通过运动复苏。如果你度假回来，旋开水龙头，你会闻到也会看到，不动的水发生了什么：它会腐变发臭。正是出于这个原因，管道中的水被加入了氯、氟化物和其他化学物质加以稳定，但这也杀死了水。

清洁的饮用水已成为世界范围内的一大问题。找到解决这个问题的办法非常重要也非常紧迫。

如何才能为社区及居民区提供活水呢？

又是一个梦境帮助我解决了这个问题：用一条环形的水管道供水，在这样的管道中，水可以一直流动。我请人对梦中所得的草案进行了技术方面的审核，得到的答复是：这样肯定可行。

简单来说这个方案是这样的：新鲜的高质量的井水从一个位于高处的葫芦形的水池流出，流向所有用户，包括家庭、浴

打好基础

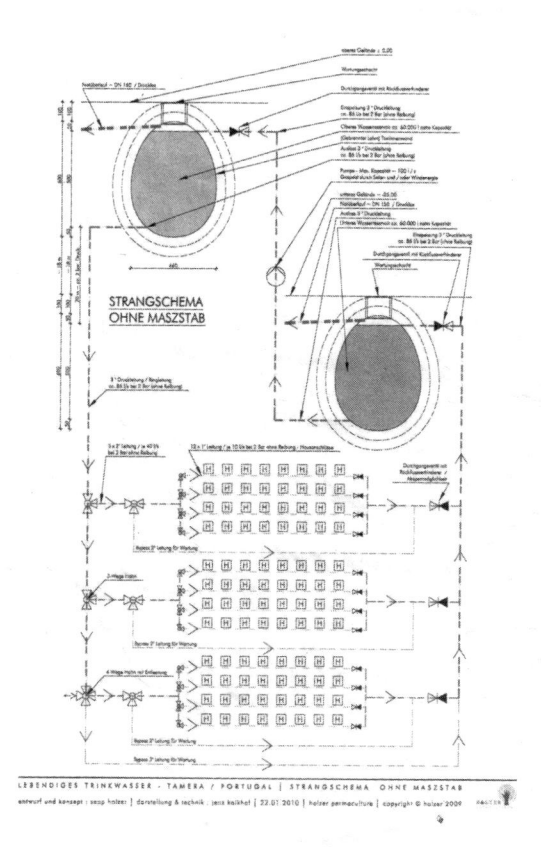

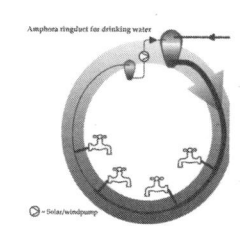

环形输水管道示意图

室和厨房,然后再流到第二个水池,这个水池比第一个水池的位置要低一些。每个用户家里都有进水口和出水口。用户从一直有水流动的水管中取水。不管他们是否打开水龙头,水总是在向着第二个水池的方向运动。这样就形成了一个闭环,所以叫它环形管道。管道中有恒定的流量和恒定的水压,水压可以通过第二个水池的位置高度来测定:例如它的高度是 40 米,压

181

力就是4巴。

所有直接连接到环形管道的水龙头,始终都能为人们提供可以饮用的、高质量的、清澈的活水,因为这里面的水总是在运动。水池的大小和管道的强度应该通过计算来确定,目标是在现有水源涌出量的前提下,满足平均用水需求量。

许多传统的盛水器都是蛋形的,如这里展示的西班牙的水壶。
在这样的容器中水流动得最好

在用水高峰时段和用水量峰值叠加的情况下,如果源头出水量和1号水池的大小不足,我可以把第二个水池和第一个水池连接起来,并将那些溢流入第二个水池的未使用的回水,用风能或太阳能水泵送入1号水池。因为水池1和水池2之间的高度差很小，所以水泵需要的压力输出和能量消耗也很低，例如在高度差为10米的情况下是1巴。这样，我就可以利用这个系统来缓冲用水高峰期，将晚上少消耗的水，放到需水量大的早上时段使用。

水泵可通过浮子启动：当1号水池的水位下降到必需高度以下时，浮子自动打开水泵，将水从2号水池泵送到1号水池。所以，供水的蓄水池的容量，是这两个水池的大小。

1号水池有一个溢水口，这样多余的水就可以从这里溢流进一个池塘里。

但如果源头的出水量很大，不需要使用2号水池的水，那么溢水口就必须安装在2号水池中。就环形管道内部而言，落差已经保证了必要的水压，所以不需要水泵。

这种环形管道与普通饮用水管道的不同之处是，每个消费者都有运送新鲜水的进水管和出水管，所以水总是在环形管道中流淌，总是在运动，因此也总是新鲜的，总是有水压的。它是活的，既不需要氯，也不需要其他化学物质来达到稳定。

这个系统在具有自然高度差的丘陵景观中很容易实现，只要将水池安装在山上就可以了。可以将它们安装到那里的地面上。

在城市或平原上也可以建造环形水管道。在城市中，水池可以建在现有的高层建筑上，我们也可以建造专用的高架水箱，或者可以将现有的水塔进行再利用。在这种情况下，当然必须将水泵入水池中，但这应该也不是很大的问题。

按照理想的水压，水池应高于所有要供水的房屋。例如，如果2号水池比用水家庭高30米或50米，就会产生3—5巴的水压。如果高度差较大，压力高于7巴或8巴，则应安装减压器，这在技术上不是大问题。但是，如果高度差太小，无法达到要求的水压，则应使用压力泵。

▶ 水池的构造

水是有生命的。水池不应有尖角或其他形式的死角，因为那里的水会静止下来进而发生腐变。因此，卵形或葫芦形最适合做环形管道的水池。卵形也是具有最高稳定性的形状，它不会引发静态方面的问题。

卵形水池最好用混凝土建造。但就像我在梦中看到的那样，用黏土建造水池也很好。特别是在土壤中有大量黏土的地区，这就是一个优势。因为人们在那里可以大量使用黏土，甚至可以用挖掘机建造水池。

水池建造过程：用挖掘机在地面挖好建水池所需的凹洞，在里面安装一个木制的卵形内模板。然后，用挖掘机从外侧紧贴内模板建黏土层。先将黏土均匀铺好，然后用挖掘机铲斗将其夯实。这个用黏土塑好的造型可以通过钢格栅或其他材料加固，以达到必要的静态。这样，整个卵形水池就建好了。顶部盖盖子的地方还是开着的，底部的清洁井也同样开着——这两个开口后面还要安装预制的、能开和关的密封盖子，同时也是给排水口以及给排气管的接口。

如果泥土中有大量的黏土，我就可以把黏土层建得很宽，从黏土层向外层土壤的过渡也可以没有明显的界线。在这种情况下，也不必再加外壳。那么这个水池是如何防水的呢？我的做法如下：水池成形后，我用干燥的硬木填充水池的空腔，一直到顶部，水池的两个开口不关闭。然后我把这些木材和内模板一起烧掉。这时会产生1000—2000摄氏度的高温，木材的种类不同，产生的温度也会不同。这样，水池内表面的黏土就变成了烧干的陶土，这样一来水池就防水了。

某些情况下，我也可以将燃气火焰放进去提升温度，将黏土烧成光滑的陶瓷。

接下来就是冲洗水池、安装清洁井的密封盖，顶部的盖子以及给排水口也同样要安装密封盖。

我还向建筑师和专家描述了我建造水池的想法，以征求他们的意见。他们并没有对其可行性表示担心。

如果有人对此表示怀疑，我建议他们可以先通过模型构建这个系统，看看它的运转情况。

在不能用黏土建造水池的地方，也可以使用混凝土。混凝土也是天然建筑材料。但是我对塑料持非常谨慎的态度，因为我不确定它是否真的对食物安全。

对于输水管道的安装，有一般性的指导方针。环形水管当然也必须进行专业的设计和安装铺设。

可能会出现什么样的问题呢？如果水管铺设不当，可能会形成袋形管道。袋形管道可能引发形成气泡或气阻，这时我们会发现从水龙头里出来的一会儿是空气，一会儿是水。还有一种风险也存在，就是这些管道可能会由于沙子的长年沉积而发生堵塞。

有一个很大的问题，我在很多项目中都发现了，即为了方便起见，人们在同一条管沟中（除水管外）也安装了输电电缆、电话线缆或互联网线缆。这种做法是不可原谅的。为什么呢？水是生命信息的载体。电缆的绝缘层远不能保护饮用水免受电流负载的影响。事情还不仅如此。如果将电缆紧挨水管进行铺设，一旦将来使用挖掘机施工，则可能会损坏输电电缆，引发被电击的危险。因为水是最好的导体，在上述情况下，整个水管线会立即通电。如果此刻有人正在洗澡，就可能会受到严重伤害。水电管路之间的安全绝缘距离取决于绝缘材料和电流的强度；这个问题必须请专业人员来处理。

最重要的是，每个用户家里都拥有一条进水管和一条出水管，即两个接口，以便水在主管道中保持流动。

任何其他对水的活化处理都是多余的，因为我们得到的水已经是活的了。在这个供水系统中，水从始至终都保持着活力，这当然要比一个必须不断对水进行活化的系统好得多。

与自然合力造林

走近景观修复
——理解雨林的共生体系

水分平衡是景观修复的第一步,也是建立多领域经营的基础。这一步做好了,其他步骤也就可以紧锣密鼓地跟上来了。在植被建设方面,既可以建设混交林、果树林、食用作物,也可以用作园艺或农业集约化耕种。

本章内容涉及森林的意义和现状,以及我在混合种植中的森林建设方法。任何景观都需要一个有自我调节能力的植被系统。如果森林发生死亡,就会出现生态被破坏的连锁反应:没有降雨,被炙烤的地面就会使气候发生改变,新的气流状况会带来全新的风况,于是极端天气和风暴便出现了。有关森林对气候的重要性在本书第 3 页及之后几页已有论述。

我去过世界上很多国家和地区,但无论是在俄罗斯、葡萄牙、西班牙、非洲还是巴西,我都看到了从根本上改变林业发展思路的迫切性。原始森林可以作为森林建设及所有生物群落建设的典范:原始森林是一个密集的、有自我调节功能的群落生境,具有最大的多样性和最大的蓄水能力。特别是热带雨林,它的物种多样性是无与伦比的。据估计,热带雨林的动植物种类达 170 万,其中有一半至今还未被研究过。这里仅 1 平方千米的面积上就有大约 1000 种植物。原始森林系统中的每一个

■■■ 永续农业

原始森林是一个密集的、自我维持的生物群落，
具有最大的多样性和最大的蓄水能力

物种、每一个部分，无论是动物、植物还是土壤，都在交流中相互联系。所以，整个雨林就是相互作用和共生体的无限组合。

原始森林的土壤肥力就是建立在其巨大的共生力之上的。

通过混合种植落叶树、果树、针叶树,以及浆果灌木和间作作物,我可以模仿原始森林的共生。我在哥斯达黎加、哥伦比亚、泰国及其他国家有过种植高地云雾林和低地雨林的经验。

要多样化不要单一，反对单一种植的论据

在任何情况下我都反对单一，无论是在花园里、田野里还是森林里，也无论是针对动物还是人类社会。例如我们奥地利的高山造林，就曾经受了单一种植所造成的切肤之痛。五六十年前人们开始推广冷杉单一种植，他们当时称冷杉为"面包树"，并在学校里告诉我们它们有多重要。人们要在 1 公顷的土地上种植 1 万棵冷杉，相当于每平方米种植 1 棵。它们当然是排列整齐的，以便能长得又高又直。因为当时青壮苗的价格很好，整个种植过程又能得到国家的高额资助，因此许多农民都转向冷杉种植。土地上原有的混交林被摧毁了，人们清理掉其中的灌木和阔叶树，再施加木质素 D 和专用壮根素等肥料。而且这些被认为是森林养护措施，也同样能得到农业商会和林业管理机构的资助及监管："现代"林业就是这样运作的，那些所谓的专业人员这样说。他们就是这样误导我们这些年轻的农民，让我们在学校里就对进步有了错误的认知。事情的结果我们今天都看到了：树木大量死亡。

发生了什么事呢？原来单一种植造成了对土地的片面利用，植物之间的竞争也造成了过度利用。这些树很快向上生长，因为上面有阳光，但下面所有的树枝都干枯了。这些树之间是竞争关系，而不是互补的。它们处于压力和争夺之中，因

为每棵树都想以同样的方式得到相同的东西。每棵树自然都会尽力向上生长，都长出来了同样的树冠遮挡着地面，这也导致了另外一个结果，即酸化：因为光照少了，苔藓多了，水也更少了，所以土壤酸化了。

克拉米特霍夫农场的水果混交林——与周围山丘上的严峻情况形成对比，这是由于整个阿尔卑斯山地区长期种植冷杉造成的

▶ 单一种植等于头脑简单!

在这样的森林里什么都很难恢复生机。土壤硬化了,根茎不能在里面向下生长。pH 值下降,土壤变成了酸性土,苔藓长出来了,植物受到伤害,土壤活性减弱。生长在这样的土壤里,树会变得很弱,容易受到虫子和菌类的侵袭,也容易受到暴风雨和暴雪的伤害。

然后人们会给冷杉施肥,如果土壤是酸性,那就施加石灰。单一种植环境中的每一棵树,就像一个瘾君子一样,人们不得不一次又一次地给它提供"毒品"。

野生动物们感觉这些森林像监狱,本能地开始啃咬树皮。它们这种行为造成小面积上树木的死亡,但也使光线和太阳再次接触地面,使那里的自然植被得以生长。可是这时,最大的"害虫"来了——林业官员,他正在防治野生动物,并进行捕杀,因为他不知道这是大自然正在努力自救。

今天我们能看到的损失是大规模的。单一种植的冷杉成片成片地死亡。当风暴来临,树木就像多米诺骨牌一样倒下。泉水干涸了,森林的下方发生了泥石流、风暴灾害、水灾,损失达数十亿美元。现在,那些犯下罪行的人已经退休了,但那些别无所学的年轻人还在继续着前者的错误。

常识和正常的思维都告诉我们:像单一种植中的植物那样,相互之间进行激烈竞争的事物是无法繁荣或茁壮成长的。大自然有一套不一样的高产能秘方:它提供了多样性。

混合种植的优点

- 我已在本书中（见第 27 页及之后几页）解释了"互利共生"的概念：它是植物之间的相互营养供应。植物通过根和叶将自己在特定时间内不需要的营养物质排放出来，而这些排放物通常正是邻近植物当时正需要的养分。

- 混合种植中的土壤具有最佳的根系分布和湿度，因为不同植物的根系深度不同。深根系可深达地下几米，浅根系在表土层活动，中根系则在根层。根系在各层均匀分布时，土壤的蓄水功能也达到最佳，各深度层的营养物质也就都能得到利用。

- 在对抗疾病和虫害方面，每种植物都有自己特殊的方法：树皮甲虫、甘蓝菜毛毛虫或胡萝卜蝇只侵害各自的宿主。所谓的害虫实际上是自然界有利的调节器，它们的任务就是防止和补偿某个种群的过度和片面增长。在混合种植环境中，我可能会失去一两株植物，但永远不会失去全部。但在单一种植环境中，掠食者或疾病可以畅通无阻地从一株植物传播到另一株植物，从而成为流行病。而这时，农民或林农就会使用喷雾剂。

- 混交林如果包含不少于 50% 的阔叶树，就具备了最佳的防火功能，因为这时树木之间可以相互保护并保持全部的活力。

- 在混交林中，树木和其他植物之间的高度、密度、强度都不相同，因此可以相互保护，共同抵御霜冻、日晒、冰雹和风暴。我们能利用这种共生关系的最佳方式是分层级种植（见第

276页及之后几页）：喜欢阳光的植物可以为比较敏感的植物遮阴，所以后者一般生长在另一种植物的背风面；而对霜冻最敏感的植物则依靠其他植物遮蔽早晨的阳光。早晨的阳光对霜冻敏感植物及树木的伤害最大，尤其是花，因为它会使花朵的筛管爆裂。

- 在混合种植环境中，植物可以自然复苏（比如在森林中）或自播种（比如在粮食作物构成的群落生境中）。这时，较成熟的植株会保护幼小的植株。所以在很多情况下，我们并不需要人工繁育和重新补种。从根部长出的幼芽，正好适合野生动物啃咬，可以把它们从树木那里吸引过来。

单一种植，如奥地利的单一冷杉林，对野生动物来说就像监狱

与自然合力造林

鹿啃咬树皮，这是一种自然的本能，它使冷杉荒漠变得松散，进而重新出现了一片富有生机的混交林

按语：俄罗斯的例子

近几年来我工作的重心之一在俄罗斯。为什么呢？

俄罗斯一度对我有着特殊的意义，这还要从我很小的时候说起。1943年，我的两个舅舅在斯大林格勒阵亡，此前他们曾在列宁格勒参战。我至今还清楚地记得我妈妈是怎么给我讲这些事的。我甚至不认识这两个人，但妈妈当时忍不住地抽泣流泪，我哥哥也不知所以。这情景一直让我记忆犹新。后来我买了书，是关于战争的文献资料。我当时很想知道：列宁格勒在哪里，斯大林格勒又在哪里？

在圣彼得堡农业大学"霍尔泽朴门农业研讨班计划"的海报前

与自然合力造林

我听过很多关于俄国人的坏话。人们口中所说的俄罗斯人,听起来好像是特别邪恶的人,他们特别残暴,在各方面都和我们不一样。而我认为事情不可能是这样的,我非常想彻底弄清楚这件事。渐渐地,来我们克拉米特霍夫农场参观的人更多了,也经常有人来自东欧。后来终于有了来自俄罗斯和乌克兰的团队,他们在克拉米特霍夫农场预约研讨会,观光考察。几年前,有一家俄罗斯人随团来考察,他们非常恳切地邀请我去做咨询。我接受了邀请,随后坐飞机到达了图拉(Tula,俄罗斯地名)附近的一个大型农场,以前是一个集体农庄。

那里的人们给我留下了非常好的印象,与我之前听说的完全不同。他们表达感谢的方式是那么真诚、友好和热情,这些积极的东西让我印象非常深刻。

但我也了解到这里情况的特殊性。莫斯科被认为是欧洲最昂贵的城市。整个国家的所有货物都由莫斯科集中管理和分配。俄罗斯非常依赖石油和天然气,一些人由此成了亿万富翁,而且整个国家也离不开这项收入。俄罗斯国土广袤,如果耕种经营得当的话,可以养活世界上很大一部分人口。但这里的情况恰恰相反:大约80%的食品需要进口。他们却认为这种情况可以接受,因为石油能养活他们。但是如果石油和天然气耗尽了呢?这里的人将以何为生呢?这种依赖性的后果将是灾难性的。现在是时候重新学会自力更生了,学会以自然的方式耕种土地,不仅仅是在俄罗斯,而是在全世界。

> **我的观点：燃烧石油与地震的关系**
>
> 地震、海啸和火山爆发是地球上的自然现象。这些古来就有的自然运转过程我们没有能力和权利去干涉。但人类应该通过自己与生俱来的观察力和技术手段来预测和避免这些自然现象。在地震带建设大型城市、水坝、厂房和核电站，这些都是可以避免的。
>
> 可是为什么现在地球内部的剧烈运动越来越多呢？我认为人类对天然气和石油的贪婪开采是其中的原因之一。在我内心的感知中，它们就是地球内部转向装置的润滑剂。石油和天然气对于地球来说，就像人体关节中的关节液或汽车里的减震器一样。地球是一个活体。它移动、摩擦，产生压力也释放压力。如果缺少润滑剂，摩擦力就会增加。石油的自然作用就是缓冲这种紧张关系，这就是大自然创造石油的原因。而不是为了让我们把它作为燃料燃烧，从而污染我们呼吸的空气，也加重了环境的负担。所以，当人类受贪婪驱使尽可能多地开采和燃烧地球的润滑剂时，当然会造成后果。

▶ **逃离城市运动**

那次之后的几年时间里，我没再去过俄罗斯。但后来，我却收到了不同的人送给我的关于安娜塔西亚（Anastasia）的书。一开始我不知所措：一个住在森林里，能和熊说话的女人！这是一本小说吧，可我没时间看小说呀，我当时这么想。但认识我的人一再向我推荐这些书，并写信告诉我，安娜塔西亚的思想和我的非常接近。收到第八本书的时候我终于读了：关于家庭农庄的概念引起了我的注意。书中写到，只有经营过家庭农庄、有过集体经验的人才有资格进入政坛。这话听起来并没有那么离谱。

俄罗斯：富人们为自己建造的监狱

那里现在有成百上千个这样的家庭农庄，年轻夫妇在那里抚养孩子，尽量让他们在自然环境中长大。如果情况是这样的话，我想俄罗斯一定行动起来了。农庄是一个逃离城市的所在，在那里人们重新学会珍爱土地。这是一个非常积极的发展趋势，我也非常能够理解，因为现今的城市确实让人很难待下去。

我决定支持他们，随后再次接受了邀请，这次先去了乌克

■■■ 永续农业

一望无际的黑土地，乌克兰和俄罗斯的资本

兰。研讨会和讲座都是一席难求，参与者来自俄罗斯和整个东欧的不同地区，热情得难以想象。虽然之前我所到之处也都得到了积极的回应，但从来没有像在俄罗斯和乌克兰那样的经历。人们想要实现某件事时，意志力和创造力都是巨大的。在条件极差和负担最严重的地方，在没有农民想要的农业用地的边缘，他们也在努力做出积极的改变。他们不畏劳作，在最简单的条件下也能生活。他们不但是木屋和黏土房的创意者和建筑师，还亲手建设着自家的农庄。

我还了解到生态农业运动的情况，他们有相似的目标和热情，只是缺少了像安娜塔西亚这样充满神秘感的人物。我认为生态农业运动也同样重要且正确。这两个运动我都很认同，并愿意为之工作。其间我也经常去相关的地方，在莫斯科、图

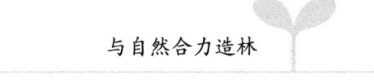

拉、托木斯克和圣彼得堡，霍尔泽朴门农业方面的培训课程开设起来了，项目也开始在那里实施。

这些地方的居民点往往只能派一名学员参加培训；整个居住社区把他们的钱集中在一起，因为个人根本没有能力这样做。有些人开车数千千米来参加培训，还有一些人为了能了解在不同气候和条件下工作的情况，也参加了其他国家的课程，并与那里的人一起收获经验。这就是一个非常全面的培训了。

在和俄罗斯人合作过程中，我有过最美好的经历，也收获了很多友谊。以前被灌输的负面形象现在已经完全变了。可以说，我感受到了俄罗斯人的灵魂：慷慨、真挚、热情。

▶ 大自然让从前的敌人变成了同样的人

后来，我们终于到了今天的圣彼得堡附近。列宁格勒东部战线曾经的所在地，现在是一个通信中心，可以参观大型的万人冢。这条战线曾经夺走成千上万人的生命。2010年，18名死者的遗骸在灌木丛中被发现并被重新埋葬。我们再也分不清他们是德国人还是俄国人了，大自然让所有的人都相同了。这将我带入了深思之中。这里就是我的两个舅舅曾经参战的地方。命运就这样戏剧性地把我带到了这里，这些我在童年时代常常听到、想到的地方！然而现在，发生在这里的一些东西却正在为和平服务：在我们的项目中，人们开始重新学习阅读自然之书，学习和其他人一起共同生活。这些又让我能得到安慰。

我在圣彼得堡作报告时受到了农业大学校长的热情接待。他对我说的话证实了我在旅行中已经看到的情景：俄罗斯只有一小部分土地用作农耕，有大面积的土地闲置。俄罗斯国土面积占地球陆地面积的 1/7。如果俄罗斯把土地分配给所有国民，那么每个俄罗斯人将拥有大约 12 公顷的土地，而且是最好的、肥沃的土地！

但眼前的事实是什么？从前巨型的集体农庄正在衰退。在数千公顷的土地上，除了高大的独活草、一枝黄花和草原之外，什么也没生长。蠕变的葡萄冰草占据了最好的农田。这样下去，独联体国家就会守着满满的饭碗挨饿，或者沦为农业官僚和农业康采恩的牺牲品。

在一些曾经属于苏联的国家里，超过 1/4 的灌溉农田盐化。这使许多地区的饮用水也面临威胁。（德国救济世界饥饿组织）

在乌克兰的培训研讨课程

与自然合力造林

目之所及：长满巨型独活草的荒地

农民为了生存，不得不在非法的市场上出售自己的产品

■ ■ ■ **永续农业**

此外，俄罗斯现在没有传统的农民阶层。正像历史书教给我们的那样，自由农民阶层被摧毁了，关于耕种土地的知识也被根除了。我不想在这里对俄罗斯人民遭受过的可怕暴行过多发表意见，这些都已成为历史。我所能寄予希望的是，那些关于自然的知识能通过更多的体验逐渐得以恢复。当我看到那些积极参与生态农业运动的人时，我便对此充满了期望。

乌克兰的家庭庄园

在这样一个资源丰富的国家，却有如此多的人正在受苦、失业（或"自主就业"）、酗酒和吸毒，他们在最贫困的条件下艰难度日，甚至有人住在暖气井道和沟渠里，就像我在基辅（Kiew）看到过的那样。这些在我看来很难理解，也不应该发生。我当时看到一些大型农场和庄园，四周是高达四五米的铁丝网和围墙。他们为了划定界限来防范穷人，还要配备战斗

托木斯克附近，一个在建的大型家庭庄园
——在模型（非常重要）完成后，挖掘机立即开始施工

犬、卡拉什尼科夫机枪和私人保安。我认为这种做法是错误的。假如能思考并找到一个集体的共同价值，会比目前的做法更理性，也让人更有尊严。我建议人们把自己的土地提供给生态农业运动和安娜塔西亚运动使用，这两者都会让土地重新肥沃起来。能让一个集体重新振兴起来的，也可能就是一些经济价值不高的边缘地带。这样的做法也会成为榜样：就像过去在乡间邸宅一样，人们自己生产食物，同时也修复了土地，还能让儿童和青年与大自然一起成长。这件事一旦实现，独联体国家的未来可期。

我的一个培训小组现在正在圣彼得堡建设一个示范项目。圣彼得堡大学愿意为该项目先提供30公顷的土地。当地以及俄罗斯的其他许多地方，都兴起了共生模式的耕种方式，全国各地的人都可以到那里学习。

▶ 世界上最大的基因库受到威胁

在旅程中,我还得以见到距离圣彼得堡 30 千米的"巴甫洛夫斯克实验站"独一无二的水果和浆果灌木收藏。它是欧洲最大的稀有水果及浆果种子基因库。在 70 公顷的土地上,保留着 4000 个不同品种的遗传物质(植物活体和种子),其中 90% 是在其他任何地方都找不到的,仅黑加仑就有 893 个品种。

这个实验站由植物学家尼古拉·瓦维洛夫(Nikolai Vavilov)于 1926 年创建。在第二次世界大战期间,该站员工的命运为世人所知,因为他们宁愿饿死,也不肯动这些种子:足以看出他们将这些种子视若珍宝。

身穿传统服饰,热情款待客人

在乌克兰举办的研讨班

基因库的重要性得到了国际社会的认可，但它的存在却受到严重威胁。它被归类为"不能赢利的国家财产"，所以会被出售并用于其他用途。这些宝贵的种群不能移植。经营者恳求我把情况公之于众，希望国际社会的关注可以帮助制止这种对宝贵资源的破坏。到目前为止已经有 50000 人提交了签名，但要将这块土地排除在国家法规之外，依然面临着经济和政治压力。

基因库的经营者是瓦西洛夫植物工业研究所。更多信息请查阅：www.croptrust.org

从森林火灾中汲取教训

——生命可以从灰烬中诞生

我们要认清原因,而不是去对抗症状。这一原则也同样适用于每年侵袭南欧、美洲和亚洲大面积地区的森林火灾。2010年夏天,俄罗斯的森林火灾烧毁相当于奥地利两倍面积的森林,也引发了灾难性的后果。因为在莫斯科也形成了烟雾,所以当时医院和疗养院的死亡人数是平时的3—4倍。

森林火灾的原因是什么?我们一再听到有人说:炎热是罪魁祸首,火灾是气候变化的结果。这话的一部分肯定是正确的。但全球气候变化是由人类的重大错误引发的,如无节制消耗资源、大规模砍伐森林和大面积单一种植等,这些都是地表失衡的不同诱因。而热浪、寒潮、风暴和洪水这些自然现象之所以能够引发灾害,都是人类这些错误行为的后果。

完好无损的自然环境或互利共生的农业,是不会像无人耕种的荒地或单一针叶林那样迅速燃烧起来的。一棵生机勃勃的树是不会着火的。那些健康的落叶混交林和多样化耕作的农田,那些自然水资源平衡、有池塘和湖泊的富于变化的景观,不会很快就成为大火的牺牲品,它们能抵抗的时间要长得多。此外,自然的土地耕种方式同样也可以在很大程度上缓冲和降低火灾及其他气候变化造成的后果。

与自然合力造林

乌克兰，沟壑的形成是水管理不善的体现

211

我多次到访过俄罗斯,看到了人类近 100 年来在这个国家所犯下的错误,而且这些错误必定会引发一场灾难:原始森林被砍伐,水分平衡因疏干排水而遭到破坏,超大规模的单一种植,以及集体农庄经济结束后的土地投机。

大片拥有栎树、榉树及其他珍贵硬木的森林,在几代人之前就开始被砍伐,用来为生产军备武器的重工业高炉提供燃料。

集体农庄过度开发利用了大片的土地。单一种植粮食和马铃薯的农田面积极大,只有通过适当的人工施肥和施用农药才能使其高产。年复一年,动植物群落中的物种逐渐减少,土地也失去了其自然的再生能力。

田地里到处都在排水。为了能进行机械耕种,大面积的土地被排干,被夺走了它们自己天然的水分。池塘和湖泊被排干,水被排入沟渠;泥炭沼泽被排干,泥煤被以最低的价格销往全欧洲。当这种经营模式不再有利可图之后,这些土地就干脆被闲置了。

俄罗斯,森林和泥炭沼泽着火:2010 年被烧毁地区的面积是奥地利面积的 2 倍

这里还有一个严重的问题,也是一个生态危机的信号:在所有丘陵地区都形成了巨大的沟壑,越来越多宝贵的土地正在被毁掉。所有的地方都在发生坍塌,真正意义上的深谷正在以极快的速度出现,那里人进不去,土地也难以被利用。沟壑问题我在许多国家都遇到过,不仅在俄罗斯,还有厄瓜多尔、哥伦比亚和加那利群岛。

这些沟壑是如何产生的?它们是侵蚀性破坏,是地面不再吸收水分而引发的结果。从地表快速流走的降水带走了松散的腐殖质表土,继而冲刷着全部土层。如果这种情况在陡坡上一再发生,而且速度越来越快的话,就会形成沟壑。这些沟壑也在逐年加速扩大。2010年夏天,正是这些深谷不断助长了森林大火的火势:它们的作用就像烟囱一样,风可以从其中穿过。

将土地作为投机对象滥用的问题,在世界范围内是普遍存在的。但自苏联解体以来,这一问题在俄罗斯格外严重。在当时,集体农庄解体,但自由农民阶层早已不复存在了。大面积的土地所有权不明,大部分闲置,于是它们成为投机的对象,被卖给超级富豪。这些人开始在很多地方建设新的工业林和农业项目,当然这时就带有了资本主义的符号。他们种植了巨大的单一树种森林,如冷杉、松树等用材林。这些树柔软且易燃。

在俄罗斯大片闲置的、未被利用和耕种的土地上,生长着劣质的野草,它们既不会被牲畜吃掉,也不会被收割。这些草在春天长到一两米高,夏天干枯后就像火种一样易燃。

在今天辽阔的俄罗斯风光中,沼泽桦树成了一个特征。在俄罗斯,有数千平方千米的地带,其98%的面积上都生长着沼泽桦树。沼泽桦树是森林遭破坏后的次生植被,是占据俄罗斯闲置荒地的先锋植物。它的特点是极易燃烧:使用过木柴炉的人都知道,绿色的桦木也会燃烧。橡木、榉木或其他优质木材都必须先干燥才能烧,而桦木则没有必要。活的栎树或榉树很难着火,但桦树林在短时间内就会被火烧毁。

我们必须开始行动了:为了避免今后发生灾害,我们必须重新种植原来的混交林,恢复水分平衡,建立符合自然的多样性农业:阔叶混交林应具有80%以上的适合当地的阔叶树木,有滞蓄水池,这样可以使土壤常年饱含水分,在共生农业的框架下发展水果种植、蘑菇养殖及畜牧业。在俄罗斯,提到混交林和自然农业,几乎没有人能想象出那是什么样子,因为近百年来农民阶层已经不复存在了。所以,我的愿景是在俄罗斯各地建设一系列的示范农场,让农民、学生、林农、工程师及其他所有对此感兴趣的人都可以看到,农业工业化的替代方案是什么样子的,它是如何运转、如何在经济上赢利以及如何营销的。这些示范农场或居住区也将成为自然天堂,吸引着各个年龄段的人,成为一个崭新的、自然的俄罗斯的典范。

我在俄罗斯做咨询的时候,参观了几个在建的居住区,既察看建筑用地,也看了各项计划。这些天生的建筑师的创造力和技能让我印象深刻,但在其他一些方面则体现出了知识的严重缺乏:粮食种植、土壤耕作,最重要的是水的管理。面对生态灾难,有很多细节需要学习和重新思考。但我相信,我在俄罗斯认识的这些伟大的人将解决这些问题。他们有能力进行宏观的和战略性的思考，他们中的许多人渴望与自然建立联系，也意识到自己有责任给下一代留下一个更美好的世界。这些思想和意识正是我们今天所需要的。

但我们应该做些什么，才能让这片广袤的被烧毁的土地重新焕发生机？

森林火灾是巨大的灾难，但同时也是一个巨大的机遇。它为果树混交林的种植提供了前提条件，而且不必翻耕土地，也不必再施肥了，因为那些被丛生的杂草像毡子一样盖住的土地表面，通过火灾一下子就被清理干净了。生物质燃烧后产生的灰也是优良的土壤肥料。要想利用这些条件，我们就必须在下一次融雪之前迅速在被烧毁的地方种植植被，最好的方法是直接在灰烬中播种混交林：坚果树、栗子树、樱桃树、栎树、苹果树、香柏、瑞士五叶松、榉树等。针对陡坡，也必须采取紧急的防冲刷措施，我们可以在上面建设梯田和堆畦。这一点很重要，因为如果大量的灰烬被冲入河流，次生灾害会很快发生：灰会污染水域并导致鱼类死亡。

如果我们迅速果断地采取了行动，这种规模性的火灾就变成了一个很好的机会。大面积的土地也可以采用飞机或直升机播种，这样种子就可以在下一次融雪之前长出来了。这种情况下，我们不需要对土地进行额外的耕作，因为地面上厚厚的草皮已经被火烧得撕裂开了。冬天的水分也可以借助种子的力量渗入那些富含营养物质的灰烬中。

如果我们错过了这个机会，野草的种子就会再次被风吹落到这些被冲刷过的土地上，并且很快会再次高耸于一切之上。

但在火灾刚过的这个时候,野草的种子和根都被烧焦了,所以农耕作物和经济作物就获得了领先一段时间的机会。当然,我们也可以通过这种方式建设起梦境般美好的朴门永续农业,残留的木材和灰肥正好可以用于堆畦及其他景观元素的建设。如此看来,如果从自然的角度思考问题,我们就能从巨大的损失中获得可利用的东西。

森林火灾地区的修复
——以葡萄牙为例

森林火灾频发的另一个地区是南欧。即便在那里,森林火灾的发生也不是自然规律所致。让我们来看看葡萄牙的例子。

如果你从里斯本开车到波尔图,会看到高速公路两侧几乎全是单一种植的桉树和松树,延绵近 300 千米。在过去的几年里,这里大面积森林被烧毁,但随后人们又用松树和桉树重新造林。为了造林,人们开着拥有巨型轮胎的大型卡特彼勒工程车进入山区,开辟梯田,并在上面栽种上排列整齐的树木。但他们这时本应该立即去做的,是用其他树木、灌木和药草等进行混合种植。为了防火,人们把现存的生物质聚集起来烧掉,而没有利用它们来形成腐殖质。人们就这样制造了新的火灾源头,至于森林为什么会干燥到着火的地步却不去探究原因。

在一个以自然的方式思考的人来看,这些措施都是荒谬的,它们不是用来解决问题的,而是用来加剧问题的。在过去的几十年里,葡萄牙一再发生重大森林火灾。2009 年,大火甚至蔓延到了葡萄牙古老的大学城科英布拉市中心。这些情景让人想到战争的场面。如果这个国家最大的大学也因火灾受损,我们是不是可以这样认为:这件事该引起科学界思考了。

单一种植的地方往往靠近村庄和居民区,几乎看不到池塘、湖泊或湿地。看到这样的情景，我会感觉很恐怖，因为无论是自燃、纵火、闪电，还是有人投机破坏，都会引发下一次大火，这只是个时间问题。居住在这样一个被单一植被包围的地方，我们不得不担心自己有一天会被活生生地炙烤。

混播造林

现有的树木，即使生病了，对于新生植物来说还具有母体的功能

这样的事情怎么可以发生在欧洲，而且还是发生在一个欧盟国家？为什么不采取保护措施？到目前为止，这个问题既没有在欧盟范围内得到正确认识，也没有引起本国政治家或当地人的足够重视。我认为这是愚蠢和失职的行为。

这种情况下该怎么做？我只能一再重复：必须根据等高线，将所有地势低的区域尽可能地建设成水景，并建设相应的滞蓄水空间来聚积雨水。如果生机勃勃的池塘里蓄满水，如果土壤中水分充足，就可以保护村庄，保护居住在那里的人。一棵水灵灵的树，下面也生长着水灵灵的草，自然就不会燃烧。就算当地一旦发生了火灾，如果到处都有可以灭火的池塘，那么每个居民就能自己扑灭小火。另外，水景还可以生成发展各种各样的动植物群落，进而成为人类和动物的美好家园。建设水景的费用也相对较低，而且通过农民、养鱼户和园丁在经济及生态方面的收益也很快能收回这些成本。

这样的景观也具有相应的审美价值，能对当地人和外地游客产生吸引力，吸引那些有生活乐趣的人。这样，这个地区就可以很快恢复自给自足，人们可以再次依靠自己的土地生活。在这个国家的相关负责人束手无策时，欧盟本应有责任给以援助，但事实恰恰相反：正是欧盟的政策使他们陷入了这种境地。有关人士告诉我们，葡萄牙在加入欧盟后立即被迫进行单一树种的种植。因为欧盟认为葡萄牙不应该生产粮食，而应该成为欧洲范围内通过快生林和纸张生产赚钱的国家。在东欧开放之前，葡萄牙一直是全球集装箱贸易中所用货板的主要生产商。因为进口的蔬菜很廉价，使得葡萄牙本国的食品生产越来越没有赢利空间,这也导致了越来越多的农民退出。

这里的情况基本与俄罗斯相似。在这样的国家里,人们应该把土地提供给新定居下来的人和逃离城市的人使用,以便他们学会以合乎自然的方式耕种经营土地。

▶ 火灾后的森林建设

许多地区都面临着和葡萄牙一样的问题:如何处理已经被烧毁的土地?如果在地下几米深的根系死了,并且干枯了,那么水就会像过筛子一样透过土壤渗走。

即使到了这个时候,也还有挽救的可能。我已经为里斯本附近的一个500公顷的项目起草了提案。那里原本就是沙质地,土壤缺水,而且又发生了一场森林火灾。那些烧毁的树木被业主砍伐后堆放在一边。当地人告诉我,这些东西将被集中

烧焦的树木是珍贵的生物质

到一起焚烧,因为它们有火灾隐患,所以必须马上处理掉。然后他们将尽力重新去造林。

我认为这些措施太外行了。有价值的生物质都被烧掉了,只留下一片沙漠,然后再花大价钱安装灌溉系统、种植树木。这要花很多钱,而且幼小的植株几乎没有机会存活。

确实是这样。但除此之外我们又能做什么?业主们这样问。他们共邀请了 18 名专家,包括生物学家、地质学家和绿色和平组织的一名代表。没人知道该怎么办。然后我提出了我的建议:我要挖沟,从北到南逆风挖。我可以先用挖掘机在沙子地里挖出很深的犁沟,然后再把那些堆在那里准备要烧掉的木材,从沟的左右两侧用挖掘机推到沟里,埋 1—2 米深。

之后我会在沟的两边堆起 1 米高的土丘——用挖掘机施工很快就能完成。堆好后,它的形状就像大海上的波浪。最后我才播种树木种子。最好的方法是直接跟在挖掘机后面把种子撒出去,全部混合到一起播撒。这样,种子就被撒在了下面埋有枯树等生物质的土地之上,而左右两边的波浪形土丘则起到防风作用。这里就形成了一种特殊的、有遮挡保护的小气候区。埋在下面的木材开始慢慢腐烂、吸收水分。一旦有雨水渗入,这些发腐的木材就会储存这些水分,再将它们持续、均匀、缓慢地释放出去。腐烂产生的热量向上升,我撒下的种子就会在里面发芽,继而混杂着钻出地面,五颜六色。它们会生长得很快,因为下面有湿气和热量,侧面有防风保护。而且风会把细土、腐殖质颗粒等营养丰富的土壤带到地势低的地方,让它们在那里沉积下来。

通过这种方式,我可以在低耗能的前提下修复问题区域,并使植被自然再生。当时我们一整天都在深入地交流。那天晚上开车往回走的时候,我问所有专家,如果土地所有者提交有关这些措施的申请,他们是否会支持我。结果 18 名专家,包括那些最初反对的专家,无一例外承诺,他们将尽全力来协助实现这一目标。但可惜,我们到如今还一直在等。

和猪一起造林

想要修复景观、重新造林的人经常会遇到一些极端的条件:极陡的坡地,岩质、沙质或潮湿的土壤,以及长在地面上的单一植被等。那经常是些杂乱丛生的灌木,也许是茂密的黑莓灌木丛,杜松或各种过量的先锋植物,也许还有一些原来的树木。在重新造林时,地面上如果覆盖了一层毛毡似的植被也很成问题。

在这种情况下,我要怎样尽可能建设自然混交林呢?与建经济林不同,我会把原来的树木留下来,即便它们已经死了。这些老树仍有母体的功能,它们会保护和遮蔽生长的幼树。如果没有它们,小树的生长会艰难得多。

抛撒诱饵饲料

倒下的树也完全可以被留在原地——它可以是家、是庇护所，也可以是许多动物和微生物的食物。这里将会是一个小型的群落生境，生存着各种各样的生命体。枯木对这里的其他生物来说可是珍贵材料，不管它们是䴓鸟、啄木鸟、林蚁、真菌，还是其他生物。枯木也能为幼树提供一定程度的保护，防止它们被野生动物啃咬。最后，枯树腐烂，成了森林土壤中的腐殖质。

在那些植物呈现多样化的地方，应该尽可能地通过被风吹过来的种子实现自然的再生。在那些不能自然再生的地方，我可以通过播种来支持实现，而且种子的种类要多，混合得越乱越好。这样播种和自然的再生相似，而且首先比移栽要便宜得多，其次，和从苗圃中移植过来的树木相比，由实生苗在原地直接长成的树木要更健壮、更有活力，它们的自适应能力更强，根长得更快更深，抗干旱和霜冻能力也更强，所以在竞争中也更容易存活下来。

外行人经常会问：干脆把种子撒播在地上，不就行了吗？大自然不也是这么做的吗？

大自然在播种时用量是很阔绰的，总会有一些种子找到可以供它们发芽的开放的土壤。但是作为一个耕种土地的人，我的种子是采集或购买来的，我要为这些种子创造最好的条件。所以，我要先把表土破开，以便种子与土壤直接接触。如果森林地表上覆有毡化的杂草，当然可以用中耕机和其他机器除草翻耕。但这种方法会对现有植物的根系、现有幼苗的生长和土壤生命造成损害。

播种或移栽植物用的孔穴，也可以用地钻来打。但如果面积较大的话，工作量就太大了。其实对于土地所有者来说，要想大面积地"破开"表土，使土壤开放，以便给种子创造发芽的条件，是有其他方法的。现在我们就来谈谈那些愿意承担这项工作的员工：猪。几十年来，我和它们进行了出色的合作。

▶ 我怎样和猪一起工作？

猪的身体前面有一个天生的犁，后面有一个天生的施肥器。它们把长嘴巴插到泥土里用力翻拱，觅食蛴螬、毛虫、种子和其他喜欢吃的东西。猪还吃老鼠、蜗牛、五月甲虫、六月甲虫、叶蜂和卷蛾的幼虫、象鼻虫、树皮甲虫等，从而可以为森林调节过度种群。

我怎样来使用猪呢？怎样引导它们正确发力呢？它们又是如何成为我最具价值的员工的呢？我用一个简单的电围栏，给猪划定了场地：这块地就是它们应该工作一段时间的地方，几天或几周。我会在森林的地面上撒些粗粒的食物，像蚕豆、豌豆和玉米都比较合适，让猪在那里翻拱。如果我再把这些粗粒食物和厨余垃圾混合在一起，放一整夜让它们膨胀一点，这些食物就会散发出猪非常喜欢的香味。猪的嗅觉是非常出色的。现在，我可以把膨胀后的混合饲料扔到森林地面上的灌木丛里了，扔到黑莓、覆盆子或者杜松等这些我要清理的灌木丛里。猪开始在那里觅食，它们对这样的食物异常贪恋，以至能翻开任何挡路的灌木丛。食物的香味也传到了地上，猪会不停地翻土。即使已经找到了食物，它们也会继续翻拱，因为它们闻到了泥土里的食物香味,认为那里还可以找到一些东西。在这个过程中,猪还会吃掉蛴螬、蜗牛、老鼠及许多它们喜欢的东西。

在户外出生和长大的猪自己就会做这些,它们什么都不需要我教。但是那些圈养的猪需要我引导一下。我只需在地里多找些地方,到处埋些谷物,这样它们就会兴奋起来,开始翻地了。另外,我还可以用棍子插入埋谷物的洞穴里。

菊芋是最好的猪饲料,对人类来说也是极好的蔬菜
——即使在贫瘠的土地上种植也能高产

当然,我不能把食物放到它们的饲槽里。那样猪自己吃饱了就会躺下睡觉,就成了一头懒惰的猪了。但如果像我上文中所说的,把食物大范围地撒播给它们,那么我就有了一只勤劳的猪,它会在自己的围场里翻个遍。而且猪也非常喜欢这么做。翻拱耕地对它们来说如鱼得水,这正是它们想要的自然的生活方式。所以,它们会把灌木丛掘出来,把地也犁个遍,而我呢,得到了一片翻耕好的土地,只需要在上面播种就可以了。

在猪第一次把土地翻遍了之后，我会播下各种各样的林木种子。这时猪可以留在围场里继续干活儿。当然，它们会吃掉一些种子，但这并不重要，因为它们会再把种子排泄出来。许多种子都要先经动物的胃消化（相当于对种子做层积处理），然后才能更好地发芽。如果猪的活儿干完了，它们就会到下一个围场，在第一个围场种下的种子就可以茁壮成长了。就这样，整个区域的土地一块接一块地被翻耕、得到修复、通过猪粪得到施肥，还可以将树叶、腐殖质原料以及所有可用的东西混合到土壤中。

猪翻拱之后留下了构造粗糙的大颗粒土壤，这是一个很大的优势，因为这样就形成了千差万别的迷你群落生境，它们具有完全不同的小气候。这种多样性可以让更多的物种在这里生长。

在森林里播种时，我们还可以混入各种野菜种子，如胡萝卜、菊苣、甜菜、萝卜、沙拉菜、三叶草和谷类。这样，野兽们就能找到可吃的草料了，幼树被啃咬的概率也会降低。在条件适宜的地方，蔬菜还经常会有好收成，可以满足我们自己的需求。

如果野菜长得太密，可以再把猪放回围场，来进行短暂的调节。

我们可以更密集或更广泛地使用猪。它们可以在任何一种土地上工作，无论地是硬的还是干的，软的还是湿的，沙质的还是黏土的。当然，我们不能过度使用土壤。如果让猪在同一

菊芋是最好的猪饲料，对人类来说也是极好的蔬菜
——即使在贫瘠的土地上种植也能高产

块地上停留的时间过长，或者太多的猪同时待在一块太小的土地上，土壤就会对猪产生疲惫。猪只需转动一下石头就能找到下面的蜗牛或蛴螬，但土壤还是需要休息的，否则它会变硬变酸。当土地被过度使用时会出现一个明显的迹象，即那里会长出过量的喜氮植物，如酸模或荨麻。

一块地是翻耕到100%，还是翻耕到50%，这一点由作为农场主的我说了算：我用撒出的饲料来引导猪，我还可以决定围场什么时候翻耕完毕。

我们要为猪提供必要的饮用水，这一点很重要。只要能找到一些湿的地方，猪就能自己造出小泥坑。如果地表面原本没有水，我们可以引水过来，或者必要时把水倒在地上。猪得到了这点儿水，就可以营造自己的湿地了。它们通过打滚儿来压实密封地面，然后雨水就能滞留在地面上了。逐渐地，这里就

与自然合力造林

会发展出多样化的动植物群落，即使这块土地以前是非生产性的。通过与猪的合作可以诞生出一片美丽的食物森林，一片美妙的混合植被，即使是在通常情况下很难修复的地区。在极限条件下，在陡峭的山坡上，以及在沼泽地上，用机器翻耕土地是不可能的，这时猪就特别有用了。

与猪合作造林分四步：1.播撒诱饵；2.猪在土里拱；3.猪去了另一个围场，第一批蔬菜正在生长；4.果树混交林诞生

▶ **在围场播种森林**

播种造林的工作，我是从一桶林木种子开始的：这里有栎树、榉树、栗子树、樱桃树、梨树、冷杉、白蜡树，还有各种水果、榛子、浆果灌木等各种各样的种子。我把它们混合在一

起，然后播种下去。播种不应该距离很远、排列整齐，而是要五六个放在一起，就像在自然界中一样。我们可以用棍子在地上挖个洞，或者干脆在猪拱过的大颗粒土壤上播种。种在地里的种子被雨水淋湿了，这时它们就要等待大自然的召唤了，等到所有合适的条件都出现。种子何时发芽取决于天气、热量和湿度。通过这种播种方式长出的植物强壮，有自适应能力，所以浇水施肥也不是必需的。但我必须保护幼树不受野兽、山羊和绵羊的伤害，否则这些动物会啃咬它们。播下去的种子长出了各种各样的植物。然后会发生什么？它们相互之间会不会争夺彼此的空间、光线和营养？这是林业专家经常问的。但在自然界中它们这样做吗？事实恰恰相反：它们互相支持。在一起总比孤独好。环顾森林，你会看到各种不同的小树和灌木，它们彼此生长在一起。弱一些的树，会围绕生长在一棵稍强些的树四周，形成一个防护共同体，这样每一棵树才能渡过难关。当有野兽来的时候，外层植被就充当了被啃咬的树木，它们越密集，核心的那棵树就被保护得越好。混合种植促生了营养物质的相互供应。因为每棵树在不同的时间需要的养分是不同的，它们可以通过根部腐烂向另一棵树提供自己不需要的养分。但如果我们按林业通常的做法砍掉小树，让每一棵树都单独站立，就会无情地使它暴露在阳光下，暴露在被啃咬的危险之中。我们必须仔细研究自然的运作，然后才能看明白，大自然的自助方式是多么奇妙。当我们意识到这一点时，我们就开始领悟自然了，而不是与自然作斗争。通过以上方式，我们可以在消耗很低的前提下修复问题土地，并建成一片天然的混交林。

随记：以前的养猪业

过去即使在没有围场养殖的情况下，我们也是把猪养在露天，甚至就像所有其他动物一样放养在牧场上。大面积的土地上没有围场，只是用栅栏围起来。

那是绵羊、牛、马、山羊和猪的混合牧场。人们偶尔会用林木种子来播种被猪翻遍的林地。当然，这时猪就不能继续留在这个地方了。这种耕种方法有力地证明了它的价值。过去的农民不像今天这样生活在竞争中。今天农民搞专业化，在同一个地区生产相同的产品，从而自己摧毁了产品价格。与之相反，过去的农民会顾及其他，也会尊重自然，他们知道自己的土地适合哪些动物。

所以当时一个农民更专注于养猪，而另一个则专注于养牛、羊或鹅。有些小村落的老名字就是这样来的。

当时的克拉米特霍夫农场和其他四个农户同属一个村落，被称为 Saudorf（猪村），因为他们在养猪方面成绩不俗，他们的土地也特别适合养猪。

我们邻近的小村庄叫鸡岗（Hühnerbühl），另一个叫鹅山（Ganslberg）。这些名字仍然可以在旧文献中查阅到。非常遗憾的是，这种尊重土地、顾及邻里的耕种经营方式已经大范围消失了。当时的农民不得不考虑和注意的事情很多，但他们仍然可以在没有补贴和补偿的情况下生活得很好。

生物多样性始于土壤

天然林是生物多样性的守护者，这也是我们保护森林和再造林的另一个原因。因为如此多的动物物种灭绝是当今悲剧的一部分。人类消灭自己这些同伴的速度比认识它们的速度要快得多。

生物多样性能恢复吗？我能做什么呢？大自然告诉了我什么？

答案是肯定的——生物多样性可以自我恢复。它几乎是自发的，我们只需要允许它发生，让它有可能发生，并且停止错误的干预。生物多样性始于土壤，始于土壤中的生命、水分和细菌菌群。在那里，植物多样性处于小规模的准备阶段。然后，在土壤生命和植物之间共生的基础上，相应的动物群落建立起来。最小的生物体是上一级的动物和昆虫的食物。就这样，从底部到顶部，从最小到最大，一个越来越大、越来越丰富的动物群落就发展起来了，这是一个生命的共同体。

几个例子：蝴蝶离不开特定的寄主植物，小狐狸身上的毛虫只吃大荨麻。如果我喷药把荨麻除掉了，小狐狸也不见了。当某些植物消失时，有一些动物也跟着消失，所以我们必须允许植物多样性的存在，也必须让它有存在的可能。如果我们想要小狐狸，就要有荨麻，所以也就必须停止破坏荨麻。

另一个例子是红背伯劳鸟。它需要有树篱和灌木作为栖息地，但随着土地归并的推进，树篱和灌木变得越来越少了。它吃的是像蝗虫这样的大昆虫，但这类昆虫的数量也越来越少。随着杀虫剂的使用和草的单一种植，蝗虫先不见了，随后红背伯劳鸟也消失了。

多样性必须从最微小的生命开始，即从土壤生物开始。如果土壤中的生物是多种多样的，那么更大一些的动物也会具有多样性。如果田地或森林是单一种植的，那么在动物的世界里我们也会看到这种单一性。单一种植会使动物种群的物种变得贫乏，然后变得贫穷的就是人类了。

▶ 物种多样性的再生力

大自然有强大的自愈能力，这一点也确保了由气候及人为错误引发的重大波动能得到缓冲和平衡。即便是之前长时间贫瘠的土地，也能出现更加丰富多样的生物。

大自然是怎样做到这一点的呢？它创造出了一些能够存活很久的生命形式：有些植物的种子在历经几年、几十年，甚至几千年之后仍然能够发芽。有些昆虫的卵可以保存很久，它们在经过休眠期之后，在最佳条件出现时，会再次苏醒。当合适的条件再次出现时，它们的发芽能力忽然之间又完全恢复了。所以说，当一个农民从工业耕作转向自然耕作时，那些已经被取代了几十年的植物、药草和昆虫，是可能会突然出现的。

自然系统就是通过上述方式建立起自我修复机制的。它能够自我修复，是因为消失物种有坚固的外形，但也是因为风等天气元素不断地把种子、孢子和卵从外部带入进来。如果这些种子找到了可以生长的群落生境，例如有的地方集约化种植所造成的毒害减轻了，它们就会再次栖息在那里，并且数量也会逐渐恢复。所以，尽管有些生物被认为早就灭绝了，但今天人们却再次发现了它们。大自然的这种再生力还没有得到相应的研究，但我对这种现象已经观察几十年了。

和邻近的集约化耕作土地相比，克拉米特霍夫农场的生物多样性要高出许多倍。维也纳人类生态研究所的施特凡·罗特（Stefan Rotter）在其毕业论文中也论证了这一点。这种多样性不仅体现在昆虫、两栖动物及爬行动物的种类方面，也体现在整个鸟类世界里，于是天堂出现了。这个自然复苏的过程，在我的其他项目中也可以观察到。

有些农民会说：我究竟为什么需要生物多样性呢？这对我有什么好处呢？

作为一个从自然角度思考的农民，我们不能只想着那些有可见收益的东西。蜂蜜、肉、羊毛，这些只是生产链上的最终产品。在收获这些之前还有很长的路要走，我们还要考虑很多东西，例如土壤、蚯蚓、蜜蜂和大黄蜂等，因为有了这些东西，一种动物才能活下去，才能产出健康的产品。

察知自然的人都知道，是植物和动物共同创造出了我们人类真正需要的、对我们有益的产品。例如要生产出健康的草本植物或可口的甜菜，就需要一个完整的植物群落。

有人作过如下分析：药用植物要想获得其作为草药的全部成分，就必须在相应的植物群落中生长。这样它们才能通过互利共生获得最佳的成分组合。这是大自然的完美杰作,是人工肥料输送的养分无法替代的。

丰富多样的物种是美好且令人着迷的,而且这对于农民或土地所有者来说,也是一个巨大的优势。最终,我们会从经济收益中体会到生物多样性的好处。其中的原理是:一个完整的系统才能正常运转。与部分开发和集约化种植相比,整体开发经营总是能让我们获益更多。

当一棵自然纪念物正濒临死亡：
我怎样才能救活一棵树？

植树

未雨绸缪，为曾孙们种树，这就是你的责任和使命。如果你这样做了，那么现在你就能看到这些树在成长，能在它们枝繁叶茂时感受喜悦。然后，你的孩子们能收获果实，你的孙子们能再回到食物森林，而你的曾孙们则又可以回到自然天堂。虽然它曾毁于我们的先辈之手。

真正的自然纪念物：葡萄牙，一棵有 2000 年树龄的橄榄树

另一棵自然纪念物：土耳其的一棵梧桐树

有些树木是名副其实的自然纪念物。让自己沉浸在这些自然和造物主的杰作之中，是一种非常特别的感觉。这是一种灵感，是所有想在地球上重建天堂的人所需要的灵感。这样的自然纪念物就是能量场，我们应该认识到它们的价值，进行相应的保护，并尽可能让它们长久存活。如果一个人拥有土地，而他的土地上又恰好有这样的能量场，那么他就有责任让它们活下来。如果这样的一棵树生病了，我们应该不吝付出来救治它。

当然，随着时间的推移，这样的树已经有洞了，受伤了。各种事件都有可能对它造成过损害，动物啃咬、雷击或野火等。它有伤口，但都结疤了。它以前肯定过得不错，否则不会活这么久，也不会从所有的伤病中恢复过来。

当我看到这样一棵树正在承受病痛时，当我决定帮它时，我首先要弄清楚：为什么是这棵树病了？它为什么病了？在回溯至大约 150 年前的这段时间里，人们在这块土地上做了什么？

几乎什么都没做。是大自然让这棵树活了下来，而它生长得好极了。如果在 100 年或 200 年前就有今天这样的际遇，那它今天就什么都剩不下了。但这样的一棵树是有巨大的能量和力量的，所以没有什么能让它如此快速地脱轨。它承受了很多，而且一定是发生了很多真正伤害到它的事情。

它生病的原因可能要回溯至五六十年前。所以我必须看看在这段时间里是否发生了大的变化，包括较近范围内和周围较远的地方。可能是排水设施或一条新的道路破坏了水分平衡，或伤到了它的根部。也可能是高压线或手机信号塔，我必须考虑辐射的负面影响。有些人不相信病因在很久以前就出现了。但是对于一棵这么古老的树来说，因土壤变化、水平衡失调或植被退化而引发的症状，往往要几十年才能显现出来。

一旦找到了原因我就能帮助它，有时也能治好它。一般来说，激活土壤对所有生病的树都有很大帮助，也就是说要激活土壤微生物、建立植物群落。如果有机会，我会到这个地区某个粗放管理的森林里看一看，因为在那里我能看到大自然是怎么做的，在同样的树附近生长着哪些有治疗作用的植物。这样我总能看会并学到一些东西。

如果我发现周围的植物种群因为集约化种植已经开始退化，那么我就会在相应的范围内调整土壤养分和水分平衡。而且调节的范围必须比根或冠所能达到的范围大得多。

这个过程中最重要的一点，是要确保树周围的植被再生。

这一点我可以通过重新种植合适的植物来实现。救治一棵树时,最简单的方法就是用小型地钻在树的周围钻洞。洞钻好之后看起来就像鼹鼠窝。在树周围钻好多个大小不一的洞后,将深根植物的种子放到里面,如三叶草、苜蓿或羽扇豆等三叶草属植物。并且应同时选用有毒的植物,因为它们对土壤生物和整个生物群落具有刺激和治愈的作用:如乌头、洋地黄、羽扇豆等。当然,我们必须使用适合当地的植物,而不是外来植物。

种植深根植物可以使土壤生物复苏,因为它们生活在根部。土壤的整体健康情况取决于根部的腐烂过程和更新过程。根系的多样性也使土壤的蓄水功能得以修复。土壤再次吸收水分,并再次向上输送树所需要的营养物质,这些都是通过互利共生实现的。这样,土壤生物也恢复健康了。

与树交流

这样我就能帮上这棵树的大忙了。但这种治疗的效果可能需要几年的时间才能显现出来。同时还必须停止或减少密集放牧，以及能导致树木病害的一贯情况。灌溉、浇水或施肥是一种对症治疗方法，效果很难持久，但如果使用得当，也能产生积极的影响。例如我们可以根据树的年龄，将堆肥和有机物质添加到土壤中，并稍微松动土壤，使水分渗入，使自然植物群落能够再生。但这种做法的效果是短暂的。如果我想真正地帮到这棵树，就必须找出树生病的原因，然后从病因入手。

世界粮食战略

世界粮食话题
——地球上任何一个地方都可以实现自给自足

如果格陵兰岛的因纽特人也和非洲的布须曼人一样，因为跟着资助政策走而使自己产生依赖性，那么他们这两个民族都饿肚子也只是时间问题。

每7秒钟就有一个孩子死于饥饿。真不敢相信我们会任由这一切发生。饥荒是人为造成的。尽管饥荒有时也源于干旱，但更多时候，饥荒是由错误的全球化农业政策造成的，它让数百万农民失去了自己的根基；饥荒是由工业化农业造成的，它让数不尽的土地被过度开发和破坏；饥荒是由肆无忌惮的大公司造成的，它们利用粮食分配不公来作交易。是的，我想说，饥饿是被人有意控制的，就像其他许多事情一样，让少数人从中牟取暴利。就在我写下这段话的时候，南美洲、北非和欧洲的数百万人走上街头：全世界青年起义的导火索是粮食价格上涨了70%！而这是发生在年度粮食产量创纪录之后！如果不是全球大公司和它们在政府中的傀儡，还有谁会这样做呢？

对于这种明显的政治错误，我能从生态方面提出解决方案吗？是的，我能。当所有地区的人民重新学会如何实现粮食的自给自足时，他们就会变得独立和自主，粮食工业的腐败也就不会再对他们产生影响。

我相信，如果人类能够尊重与我们共存的生命，并能精打细算地使用大自然的巨大资源，包括阳光、雨水和土地，那么地球就能轻松养活目前3倍的人口，也就是说不是70亿，而是210亿。持有这一观点的并非只有我一人，许多人都认同这一点，包括维也纳人类生态研究所的伯哈德·洛奇（Bernd Lotsch）教授，他也是我最尊敬的人。

在世界上的任何地区，在所有气候带，都有可能生产出足够的、健康的食品。是的，粮食的区域供应比全球供应更可取，这一点仅从运输道路对环境的影响上就可以看出来。但最重要的是为了使人们能够实现自给自足，为了不依赖大公司的那些做法和不公正的分配，也不依赖进口和出口规则：所有的农村都陷入了不幸之中，因为那些廉价的、享受补贴的过剩产品，往往是有严重化学污染的，它们被送往第三世界国家，充斥着那里的市场，与其国内产品竞争。于是本国产品销售不出去，因为农民无法跟随倾销的价格，他们也因此失去了全部家业。这是不负责任的，也是不道德的。只有在粮食供应方面保持自给自足或恢复自给自足，才能抵御这种依赖。每个地区的人民都应该靠自己脚下的土地养活自己，并出售剩余的粮食。

我对一些特定产品的全球化没有任何反对意见，但也应该有限度。比如香蕉或咖啡等产品的全球化，是为了满足人们对这些特定产品的偏爱。但这些只应作为补充，作为一种特殊的奢侈品，而不是作为主食。一旦一种农产品成了大量生产的商品，就会遭受严重污染。它的果实在未成熟时就会被收获，并进行化学处理。最大的胡闹行为，是在第三世界生产动物饲

温室栽培消耗了太多的资源，这使人们对水和能源产生依赖，而且出产的是低质的、有化学污染的食物

料，并将其出口到欧洲。从生态、经济和道德的角度来看，这是一种完全错误和不负责任的粮食供给方式。大自然会为每个人着想，为每件事着想，所以人们没有必要从南美洲或非洲去进口农产品。

当我听说联合国粮食及农业组织（联合国粮农组织，FAO）建议使用更多的化肥，并建议农业进一步工业化时，我震惊了。我认为这是一群误入歧途的专家。农业工业化通过其过度开发，在世界范围内摧毁耕地。人工肥料破坏了土壤生物和地下水，而土壤生物和地下水才是可持续肥力的真正保证。我不需要通过使用化肥来赚取收益，我只需要确保有共生关系，就能大大提高产量。如果真的想让所有人都有足够的食物和干净的饮用水,我们要做的正好相反:放弃化学制品,恢复土地、植物、动物和人的独立性。我们需要一场变革,在农业领域、在人类居住地建设方面,也包括在城市。

运动场上的草坪和长着灌木丛的交通岛是不能吃的。今天,如果城市地区的休耕土地上不仅仅种植观赏树木,也种植果树,如果城市附近的土地变成有产出的混交林、可食用森林,并成为公用财产,这样就可以为贫困阶层提供各种各样的食物了。

土地是足够的,但人们必须先获得自力更生的能力。我们可以从儿童农场和景观花园开始。在这样的地方,人们要重新学习知识,如某些植物,从草莓到萝卜再到树木和谷物,它们生长在哪里,它们是怎样繁茂生长的。下一步人们要学习收获和加工,这可以在任何土地上进行,甚至在垃圾场上。当所有的土地都被利用起来时,其他生物也会从中受益。通过在全球范围内建设自己的生活环境,我们可以在生态系统崩溃中生存下来。

我在很多国家间奔忙,建设项目和典型范例,来展示这种可能性。经验表明:这是有效的,这一点科学界、农业协会和政治界必须认识到。经济和生态不是对立的。当我听从自然时,我得到了回报,不管在哪里。我在垃圾场、小花园直至大型地产的那些试验中发现,即使是所谓的非生产性土地,也可以正确地加以利用来生产各种食物:从蔬菜到果树再到谷物,以及各种畜类产品。从乌拉巴(Uraba)海拔 9 米的香蕉地,到约旦的沙漠,再到冰川,所有的土壤都适合粮食生产。

健康的水分平衡，是为全世界所有人种植足够的粮食的先决条件。
水太多或太少总是由人类的错误造成的

我们不应该过分担心如何创造就业机会，或者从哪里去获得土地，这两样东西都足够了。我更担心的是，那些关于食品生产、播种、农产品加工及精细加工的知识正在消失。以下是我关于为人类提供更好的食物方面的 10 项建议。这是一个针对世界饥饿问题的反饥饿计划。

▶ 1. 恢复水分平衡

恢复水分平衡是第一步，也是最重要的一步。完成这一步也就完成了 70% 的工作。人的身体和地球表面都是由 70% 的水组成的。没有水就没有生命，也没有肥沃的土壤。水分平衡健康的情况下我们能种植所有的食物，不需要额外施肥。健康的水分平衡可以促进生物多样性和以此为基础的互利共生，并可以防止因荒漠化和洪水而失去更多的土地。在改建及新建滞蓄水区和梯田时，我们不应该畏避使用机械。

▶ **2. 废止工厂化畜牧业**

我不反对肉类消费，如果这些肉是源自自然畜牧业和经过人道屠宰的动物。肉类和其他动物产品的大规模工业生产不仅是不道德的，而且在很大程度上破坏了气候和环境。如果我们把所有因素都计算在内，这也是极不经济的。那些用来种植饲料的大片土地，必须用来为所有生物和大自然服务，必须用来为人类生产食物。在永续农业和共生农业的循环过程中，动物的地位不可取代。在那里它们是快乐的合作者，最后也会允许我杀掉它们。

根据"世界农业报告"，生态破坏、单一种植和工业化农业，已经让全世界失去了1/4的肥沃土地。图片中内容：拉帕尔马岛上的火灾

▶ 3. 开发更多土地

全世界到处都有可耕地在休耕或转变为单一种植的土地。据世界救济饥饿组织（Welthungerhilfe）报道，每年有 500 万至 700 万公顷的农业用地因侵蚀、盐碱化、干涸或被占用而消失。20 年间有超过 100 万平方千米的可耕地被破坏，这相当于中欧地区的面积。根据世界农业报告中的分析，工业化的耕作方法应该对土地被破坏的很多情况承担责任。如果使用自然耕作方法，许多地区可以重新开垦。受污染的田地可以进行修复和杀菌。濒临沙漠化土地、被烧毁的土地、干涸或被洪水淹没的地区，以及边缘地带，如果因自身的坡度或湿度条件不能使用机器耕种的，可以通过霍尔泽朴门农业的方法进行开发利用。

▶ 4. 拓展可耕种面积

通过火山口花园（参见第 274 页及之后几页）、堆畦和梯田等形式构建耕地，以及通过城市园艺的方法，都可以拓展土地的可耕种面积，从而提高单位面积产量。在人口稠密的大都市及城市地区，可以通过旁路程序在房屋墙壁、电线杆、桥墩和大墙的旁边种植蔬菜和药用植物（见第 286 页及之后几页）。即使在贫民窟和垃圾场，我也可以教会那些没有土地的地球公民，如何通过建设花园塔楼和垃圾堆畦的方式实现食物自主。在屋墙旁边、在平屋顶上，蔬菜、药用植物和调味植物都可以繁茂生长。

▶ 5. 提高生产力

如果我们与大自然合作，并能注意一些简单的知识，如互利共生和分层级种植，以及利用动物，特别是猪和鸡，来耕种极端条件下的土地和不可机械耕种的土地，那么每块地的生产力都能显著提高。通过克拉米特霍夫农场的例子，我让人们看到了以前的边缘土地是如何转变为高产的耕地、花园和混交林的。

▶ 6. 用区域化替代全球化

粮食的区域供应比全球供应更可取。一个地区或乡镇区域应该能够实现必需品的自给自足，然后用自己剩余的产品或区域特产进行贸易。如果人们能与自然合作，这一点在任何气候区都是可以做到的。不管是非洲的布须曼人还是格陵兰岛的因纽特人，他们以前也都过得不错。现在那些可以利用技术手段的地方，耕种会变得容易很多。

▶ 7. 土地改革

地球上的每一个公民都有土地权。我认为不可以在一些人没有土地的同时，另一些人却拥有数千公顷土地。相应的土地改革早就应该进行了。每个人允许拥有的土地数量，应该和自己能耕种的土地数量相同。在我看来，土地的价值只取决于它的主人耕种它的能力。土地所有者应该（自愿）将其 10% 的土地提供给非土地所有者耕种：可以作为实验用地和教学用地，也可以用于保证自给自足和孩子学习农业知识。在可能的情况下，他们应该获得租金作为合理的补偿，或许也可以通过给付当地天然产品的方式获得补偿。这样，所有感兴趣的人都可以实现自给自足，孩子们也可以和大自然一起成长。这样，土地的主人就可以结交朋友，而不必武装自己，也不必用狗来保护自己。

▶ 8. 邻里援助和社区构建

面对整个系统濒临崩溃的危险，那些与自然联系紧密的人应该向那些正在寻求建议的人提供帮助。通过邻里间的互助和相互支持，将逐步出现大小不一的社区。在一次梦中，我看到了一个地方，在那里人们可以从一个社区旅行到另一个社区，每个社区都和前一个不同，也有完全不同的名字。有"自给自足社区"、"为你为我社区"，也有"与阳光、水、土地合作社区"。

▶ 9. 保存和传授古老的知识：如关于封存方法的知识

关于怎样通过简单的天然方法长期保存食物，怎样封存、干燥和精加工食物等方面的知识，必须得以恢复和保存。有些保存方法无须冰箱和冰柜，也不使用电力和技术手段，这包括风干肉类、烟熏、盐腌制、压榨或木灰腌制，这些方法现在几乎已经很少为人所知了。除干燥或蒸煮后装瓶密封等古老的保存方法外，还有现代的保存方法，如太阳能干燥器。同样重要的还有调料蔬菜和药用植物的相关知识，以及野生植物作为蔬菜使用的相关知识，因为野生药材的价值和培植药材相比，可高达后者的百倍。

▶ 10. 教育体系转型

从长远来看，解决世界粮食问题最重要的措施，是重新教会尽可能多的人去观察和认知自然。这应该从孩子们开始，每个孩子都是一个潜在的研究者。无论是孩子、退休的老者还是年轻人，每个人都应该能够将所学知识立即付诸实践。这样，生活的乐趣和那些培养独立性的实践经验才会逐渐发展形成。

霍尔泽朴门农业：自给自足式园地和迷你农场

在我的培训中，我经常和学生们一起做以下练习：如果你发现1公顷杂草丛生的低产土地，那里贫瘠、酸碱度低、在山坡上，但是你和你的家人必须尽快靠这里的收成生活，你会怎么做？你会怎样使这片土地恢复生机、激活土壤生物、修复植被的多样性？如果你清楚，几个月后必须靠这块土地来养活全家，你会怎么做？

首先要清楚一点：在任何地方，人类都有可能与大自然合作，我们可依靠任何土地生活，没有什么不利条件。一旦我在困难的条件下成功了，我就可以在任何地方做到这一点。然后我成功的事儿会在这个地方传播开来，成为榜样，这可以说服很多人。

以下是我的方法，根据多年的经验来看，我认为这是最有效的方法。我先养2—3头猪。小猪也可以，最好是1头公猪和2头母猪。然后我把这块地每2000—3000平方米用格栅或围栏围起来，这样在总面积1公顷的土地上就形成了4个围场。

此后，我就按照本书第223页及之后几页描述的那样来进行管理。我并不用花大力气去翻耕和犁开这片被交织的杂草覆盖的土地。

当围场里的土壤变得疏松，没有了蛴螬、金龟子和田鼠，猪也用粪便给它施好了肥时，我就播种沙拉菜、萝卜、香草、土豆等蔬菜和谷类。

这时猪已经去了下一个围场，第一个围场里的蔬菜自己长大。我用混合播种激活了土壤里的微生物和菌群。5 到 6 周后，我吃到了第一份沙拉和小萝卜，之后不久，我又吃到了豌豆和豆角。我的第一轮收获还不会达到最大，但这才开始，而且情况正在迅速改善。

其间，猪已经在接下来的几个围场里干活儿了。几个月后，这 1 公顷的土地就被耕种了一遍，以前那块非生产性的土地，这时已经变成了一个土壤生物活跃、长满了各种植物的田园。这样，循环经济出现了：当我在第一个围场收获完了生活所需以后，在第四个围场工作完的猪又回到了第一个围场这里，它们可以吃我留下的东西：杂草或根茎，还有那些我觉得太小的水果和蔬菜。在这里，它们可以同时翻耕和施肥，这一次循环又开始了。

同时我也开始下一步：在蔬菜混合作物之间种植浆果灌木和果树。它们的第一次收获当然会需要较长的时间，要经过 2—3 年。但是水果的产量再加上蔬菜的产量，所以整体产量每年都在提高。如果我管理得当，首先可以满足自己的需求，而且很快就可以供应全家人了。一个食物景观就这样产生了，它也是进一步多样化经营的基础。

▶ **实践部分：建立自给自足的园地或迷你农场**

假设你、你的家人或你的社区有一块土地，你想来建设并

路边生长着丰富的植物：浆果灌木

按照自然模式进行耕种经营，用这里的产出部分或者全部地养活自己。你怎样着手做这项工作呢？

第一步：从整体上观察感知土地
- 这块地面积有多大？
- 这块地的方位朝向是什么样的？
- 它的地势是平坦的，还是丘陵或斜坡？
- 这里有多种小气候吗？
- 这块地的土质怎么样？是沙质土、壤土还是腐殖质土？
- 在这里和周围都有哪些植物和动物？植被可以提供土壤养分状况的相关信息；它就像一本翻开的书，可以告诉你过去几年的土地使用情况。
- 土壤生物体系是否完整？有蠕虫、潮虫、小蜗牛和腐殖质吗？
- 害虫种群是否过剩？
- 风从哪个方向吹过来？强度如何？
- 这块地以前是休耕还是在耕种？是如何耕种的：是生态耕作还是使用化肥和农药？
- 现在向你内在的感知力量敞开心扉：你梦想中这个地方是什么样的？如果这里没有人，也没有街道、小路和房子，那会是什么样子？
- 与生活在这里的生物交流：它们生活得好吗？它们健康吗？如果不健康，问题是什么？

这时会出现一系列的问题。

其中一个关键问题就是水资源的情况。没有水就没有生命。

• 这里的年降水量是多少,降水主要发生在什么时候?是否有地表水源或水井?地下水位有多深?有没有可能收集到雨水?是在屋顶上收集,还是在地面上即可?降水的集水区有多大?

• 另一个重要问题是可用的设备或机械。挖掘机在创建不同的小气候区时能帮上大忙,但不是每个园地的主人都能买得起。我们也可以租用挖掘机和挖掘机司机,或者与其他土地所有者合用。

实用小贴士:园艺工具

俄罗斯发明了一种很出色的园林工具,即福金(Fokin,俄文姓)平面修剪机及其衍生产品。它取代了许多其他园艺工具,老年人也可以轻松操控,所有花园都不应该没有。它是除杂草、松土和其他所有花园畦床工作不可缺少的工具;有了它我用1小时能完成平时3小时的工作。

和土地所有者的愿望相关的重要问题如下:

• 主要是为了自给自足吗?
• 是否要建设一个休闲或疗养园林?
• 你想生产一些可以用来与邻居交换或者在市场上出售的产品吗?

- 是否需要畜牧业，比如养蜜蜂、鸡、山羊，甚至几头猪？

素食者也可以从与动物的合作中获益良多，因为动物是最好的员工：鸡和猪可以翻耕土地，生产肥料；鱼吃蚊子幼虫；鸭子、鹧鸪、珍珠鸡和鹌鹑吃蜗牛及金龟子的幼虫。所以，养殖这些动物，并为它们提供一个适宜的群落生境，是非常值得的（更多关于动物的内容，请参阅本书第341页及之后几页）。

福金平面修剪机：修整堆畦的最佳工具

在石堆上种植药草：创造最优小气候区

混合种植，植物枝繁叶茂

在石头之间种植草药创造了许多小气候区,这是真正的草药田园

实践练习:设计一个总体方案

拿一张大纸,在上面画出地块的边界和现有的建筑物,现在把你的愿望、创意、梦想都画在这张蓝图里。你可以单独完成,也可以和家人、集体或团队一起完成。去改变它吧,直到所有的东西都合心意,也都互相匹配。以下这些问题是启发性的建议:

- 房屋的位置应该在哪儿?窗户应该朝哪个方向,你是想让傍晚的阳光照进来,还是早晨的阳光?
- 香料植物的畦床应该在哪儿?最好就在厨房前面,从灶台处就能看到,穿着拖鞋就能走过去;如果路太远,这些调料就很少能出现在汤里了。
- 路应该是什么走向?弯曲的路总是比直的更和谐。连续不断的、没有死胡同的小路可以吸引你在整块土地上穿行,自

然也就能看到整个花园。

● 入口处应该如何设计？访客的第一印象总是最重要的。那么为什么不在入口附近规划一个最华丽的花坛呢？

● 我应该怎样创建，以及在哪里创建不同的小气候区、阳光和热量陷落带以及防风带呢？

● 怎样对潮湿和干燥区域进行最优利用？

● 蔬菜应该长在哪儿，水果应该长在哪儿，休闲区应该设在哪儿？

● 在哪儿聚集水以及如何聚集水？

每块土地都是不一样的，所以不存在统一的方案。下文将述及一些基本元素，这些元素可以通过文中的方法或相似的方法来实现或进行组合。

乌克兰，在沙质土地上建造堆畦

▶ **修建高畦来围成地块的边界**

在多数情况下，较大的地块需要有围栏来作为防风、防噪声和隐私保护的设施。下文述及的高畦，它的作用甚至更多：作为种植区域，它拥有不同的小气候。它是向上堆起的，所以使现有的可种植面积增加了一倍多。

修建高畦作为围栏，需要在地块周围向上堆土，总高度为3米，形成一个有两层阶地的土坝。与堆畦不同的是，围栏应该是持久存在的，而不应坍塌下沉。因此它的内部是土壤，而不是像堆畦那样内部由生物质组成。

修好的高畦，每层阶地高度应该为1.5米，因为这个高度对大多数人来说容易耕种。（如果你身高不到1.60米，建议每层阶地高为1米。）

每层阶地的宽度不应小于1米，这样你就可以在上面轻松自如地推着独轮车通过。如果你想使用中耕机，那么阶地宽度至少应该在1.50—2米。斜坡的倾斜度应在65°—80°之间，畦床自身应略微向外倾斜（3°—4°），以便水可以向外流出。

斜坡可以用绿树枝来稳定，就跟修建普通的堆畦一样。如果以45°角在斜坡上种植浆果，可以进一步加固斜坡。

绿化：根据不同的风、阳光、湿度及土质等条件，侧面是种植水果和蔬菜的好地方。我只能建议你保持好奇心，先多样播种，然后观察结果：什么植物长得好，就是适合这里的。

再向上，即在坝顶上，适合生长喜干植物。在温带地区，可以种植百里香、唇形草、墨角兰或者草莓、蜡菊及其他植物。

在南部地区，可以种植花生或叶片肥厚的植物，如芦荟。

这里也可以种植果树，它们可以加强防风效果，例如樱桃树、梨树、坚果树和板栗树等。但这里只适合栽种深根系植物。苹果树属于浅根系，经不起这里的暴风雨。

按照克雷恩墙（Krainer Wand，一种护土墙）的方法来加固斜坡，用于种植草药

种植蘑菇

混合种植中丰富的植物

在高畦围栏的底部会聚集水分，适合生长像甜瓜和黄瓜这样的喜水植物。在顶部和底部之间，可以种植所有想要的蔬菜。白三叶草、半灌木三叶草，特别是羽扇豆等植物的深根系，有输送营养和水分的作用，可以逐步改善土壤。

在许多地块上，如果能补充腐殖质土会更理想。形成腐殖质土所需要的生物质可以有不同的来源：它可以是最近的城市所排放垃圾中的树叶，餐馆的厨余垃圾、稻草，或农民赠送的牛粪、马粪。睁大眼睛仔细观察，可能性通常比你想到的更多，而且很多时候，农民会很高兴能把堆积的粪便弄走。

在最开始的几年，这个土坝是需要灌溉的。一旦腐殖质层形成了，地下水可以通过毛细作用向上传送，以后就可以减少灌溉了。这里最开始也需要额外施肥。药草液体肥料是理想的选择。

包含高畦围栏和火山口花园的土地规划方案。该方案已经在俄罗斯开始实施
（图：Henry Baumann）

实用小贴士：药草液体肥料

把荨麻、草，甚至树叶和厨余垃圾，以及任何你可能缺少的有机物质，放在一个桶里，或者放进一桶水里，盖上盖子静置一到两周。成品液体肥料可以按 1∶3—1∶5 的比例稀释后用来浇水：这不仅是在施肥，还能防治啃食类昆虫和一些疾病。

实用小贴士：蚯蚓

在腐殖质形成过程中，最有价值的员工就是蚯蚓了，它可以将生物质转化为有生命力的土壤。等足类昆虫也能这样做。即使是把一块石头平放在畦床上，凝结的水滴就会在它的下面聚集起来，起到保护蚯蚓和等足类昆虫的作用，进而促进腐殖质的形成。

如果情况允许，高畦围栏的走向应该是弯曲的，因为这样可以形成更多的小气候区，例如阳光陷落带和防风带。

与笔直的造型相比，弯曲的形状更能营造和谐的环境。所以，如果能与邻居一起建造围栏是非常有利的。

然后作为邻里还可以一起租用挖掘机。两家可以各自利用土坝的一侧。

两家的边界可以设在土坝围栏的顶部，用一排果树来做标记。

在挖土用来建围栏的地方，会形成一个地穴，这里是一个能聚集热量的陷落带，防风效果更好，也经常能汇聚水分。

如果地下水位很高的话，甚至可以形成一个天然池塘。

克拉米特霍夫农场，土地覆盖物和改善性植物使果树健康高产

▶ **堆畦**

堆畦是霍尔泽朴门农业的基本要素，它有令人信服的优势：它增加了可种植的面积，创造了不同的小气候，它的高度耕作起来很舒适，因为修建加入了生物质，它也增加了土壤中腐殖质的比例。

在潮湿地区，堆畦往往是唯一可以耕种的地方，因为首先它变得干燥了。

如果逆风修建，堆畦也可以对风起到抑制作用。

堆畦因为其结构是松散的，各面都能扎根和通风。这能促进生物质的腐烂，这个过程释放的养分也可供给植物使用。这样，土壤生命也就被激活了。

几年后，堆畦会因生物质腐烂而下沉，出现这一现象的时间取决于其内部木材的种类。杨树类的软木 3—5 年后就会腐烂，而橡树或刺槐这样的硬木腐烂，最长可能需要 15 年。到那时你可以重新堆积抬高堆畦，也可以对它进行平整：堆畦的内部是珍贵的腐殖质土壤，可以分撒在花园中。

假设园丁身高为平均值，则堆畦的最佳高度是 1.50 米，并沿 65°—80° 的斜坡向上逐渐收窄。它的顶部最适合生长喜干植物。在堆畦最底部，水和多产的泥浆聚集在一起，这里是最多产的地带，适宜生长黄瓜和甜瓜这样的高营养喜水蔬菜。

堆畦在旱季必须进行灌溉。灌溉时依旧不应该淋洒，而应该从底部在根部区域浇水，用软管引水浇灌。

堆畦的这些优点，可以通过建设多条平行延伸的堆畦来加倍。它们之间会形成一个热量陷落带：一个受到特别保护的、温暖和潮湿的气候。因此，特别是在那些经常暴露于强风之中的土地上，堆畦始终应该逆主风向修建，这样它们就能起到防风的作用。如果它们顺着风向，两条堆畦之间的地带就会产生烟囱效应，会增加风的强度。

修建堆畦可以使用小型挖掘机，也可以使用铁锹或铁铲。

堆畦修建指南

● 挖一条任意长、宽约1.50米，一铁铲深的沟，将草皮和泥土分开放在旁边。

特殊情况下的注意事项：在沙质地面上，沟应该挖得更深一些，大约70厘米。在潮湿的地面上不要挖沟，直接在生荒地上修建堆畦，否则可能会导致发生霉烂。

● 用树木枝条和其他生物质（甚至旧衣服、纸板、纸张都可以）填充挖好的沟，填充材料层厚度大约为1米。粗细材质应该加以混合后使用。然后把之前挖出的草皮铺在上面，根部向上。

● 在草皮层上方加盖土壤，直到堆畦的高度达到1.50米。如果沟里挖出的土壤不够，也可以从堆畦的周围取土。在干燥或沙质土壤的情况下，如果堆畦周围的土层稍低是非常有利的，因为这样水分就会在这里积聚起来。但是在潮湿的土壤中，要避免产生这样的沟渠。这种情况下，堆畦必须直接修建在生荒地上，否则会积聚水分，进而导致土壤酸化。

● 覆盖层：用生物质覆盖堆畦。使用你现有的生物质即可：稻草、草、树叶都可以。材料不够的情况下也可以用

■■■ 永续农业

以下规则适用于所有花园：创造小气候区，利用利基、共生带来高产

纸板。

- 用新鲜树枝加固斜坡：将1.50米长的新鲜枝条放在斜坡上，顶部朝上，并用木钉固定。木钉可以用树枝杈自己做。在稍后会腐烂的枝条和小枝之间，将形成许多小的气候区，在那里水分会聚集。
- 栽种植物：顶部栽种喜干植物，底部栽种如甜瓜、黄瓜等喜水植物。斜坡上以45°角栽种浆果。

在陡坡上修建的堆畦

- 播种：在有降雨预期和覆盖层松散的情况下，可以在覆盖层上直接播种，因为雨水会把种子冲刷进去。在没有降雨预期的情况下，要在铺设覆盖层之前播种，这样种子在遮掩下就可以发芽，随后植株会穿透覆盖层长出来。

- 堆畦适合所有类型的蔬菜，即使是高消耗的蔬菜。我建议播种大量的沙拉菜和萝卜，可以反复播种和收获。用不完的蔬菜可以留在地里，腐烂并激活土壤生命。

带有攀爬架的堆畦，可以用来种植豆类及其他攀缘植物

乌克兰，在沙质土地上修建堆畦：挖一条 50 厘米深的沟；用木材和树枝填满；
将生物质和土壤在上面堆起；用稻草覆盖并用木头加固。
在左右两侧还可以挖些更小的沟，并用树枝填满，这样可以吸收更多的水分

▶ 火山口花园

火山口花园具有与堆畦相似的优点：它增加了土地的可耕种面积，有防风作用，可以形成热量陷落带。在火山口花园中，温暖潮湿的小气候很快就会出现：这是喜热植物和对生长条件要求苛刻的蔬菜的理想条件。

火山口花园是向下深挖建成的，它接近地下水位，可以利用那里较大的土壤湿度。这使得火山口花园特别适合干燥的地区。根据地下水位的不同，随着时间的推移，有的火山口花园甚至可能在中心位置形成一个池塘。火山口花园有防风效果，冬天这里的雪保存得更久，可以起到防冻作用。所以，这里的植物也较少受到结冰和解冻的不良影响。

规划和施工：

火山口花园应该建在一块地上最低的地方，水从地上和地下都可以流入这里。根据不同的规模，火山口花园可以人工建造，也可以使用挖掘机，在指定的场地上，一层一层、一个台阶一个台阶地除去土壤。像所有畦床一样，火山口花园绝对不应该是方形或圆形的，而一定是弓形弯曲的，因为只有这样才能产生自然的和谐：形成多种小气候和微气候。如果这里也能形成池塘，弓形造型还能促进水的运动。使用挖掘机从外向内以螺旋形挖土，最容易形成弧形，就像蜗牛壳的形状一样。

建造火山口花园

重要提示：

施工时一定要把最上面的腐殖质层保存好，可以暂时把它放在中间位置，以后用它来覆盖畦床，因为畦床表面需要这种活性土壤。

所有阶地的平均高度应为 1.50 米，坡度可高达 60°—70°。阶地的宽度可以自己选择，这取决于你想用机器耕种还是人工耕种。一定要在每层阶地上规划好耕种路线。不要忘了设置走路的台阶，方便你从上向下直接穿行过去。

在施工的同时，你可以用挖出来的土建设坡面和外侧的阶地。

火山口花园的深度取决于它占地的大小、地下水的深度和气候条件。我们建造过深达 8—10 米的火山口花园。

> **实用技巧：水联万物**
>
> 各居住区和乡镇的居民可以联合起来，在他们的土地上合建一个大型的、蜿蜒绵长的、穿过整个地块的火山口花园。如果在其地势最低的地方形成一个池塘，它就可以成为联系整个社区的要素，而且各方都可以共享。

▶ **植物的分层级种植**

在一起总比孤独的好，这一点对于人类、动物和植物都同样适用。

在混合种植中，植物之间是相互支持和保护的。这种情况下水和养分的利用更好，因为它们能到达所有的土层。我称这种相互影响的共同体为"互利共生"，详细内容见本书第 27 页及之后几页。通过分层级的植物布局，我还加强了这种互利共生的效果。这种布局我是通过播种或移栽植株大小不同的植物来实现的。

分层级种植：向日葵可以保护在它下面生长的所有植物

分层级种植时，高大的植物可以保护矮小的植物免受风和冰雹的侵害，以及阳光的过度照射。比如向日葵的作用就像一把伞，能遮住其他植物。这样就不会再像炎热的夏季里或南方国家那样经常发生日照损伤。我在克拉米特霍夫农场种植的老向日葵品种高可达4米，冠径可达50厘米。

我经常看到一个花园或一块田地在一场强冰雹之后的样子。一整块地的向日葵、玉米或蔬菜毁于一旦。如果分层级种植情况就不同了。向日葵可能毁掉了，玉米也可能毁掉了，但

■ ■ ■ 永续农业

克拉米特霍夫农场古老的向日葵品种：
它们能高达 4 米；花盘直径可达 50 厘米

如果我用刀或弯刀将地里被毁的叶子和茎秆都砍掉，就能看到下面的植物几乎是完好的。一两周后，几乎就看不到任何遭损坏的迹象了。但只种植向日葵的邻居会颗粒无收。

在分层级种植中，那些矮小的植物覆盖着地面，可以保护土壤不干燥，土壤中的根系分布和透气方式都是多样的；土壤生命也是多产的。所有植物会形成一个植物群落，并以最优的方式为对方提供所需的一切养分。让人惊叹的效果不断显现：所有植物长势良好，因为它们既能相互补偿，又能相互促进。如果其中的一种作物减产或绝收，其他品种我会收获到更多。

层级布局实例：

最底层：甜瓜（可栽种在阳光陷落带）、南瓜、白菜、沙拉菜和萝卜

第二层：西红柿、豌豆、矮豆角

第三层：玉米、高株白菜、架豆角

第四层：向日葵

实践技巧：阳光陷落带

如果有的地方阳光不太热，而这时我们又想充分利用光照，那么就应该让菜畦形成一个阳光陷落带，即一个向南开放的微U形。前面种植较矮小的植物，后面种植较高大的植物。

永续农业

收获的果蔬

城市园艺：霍尔泽朴门农业和没有土地的地球公民

即便在大城市，我们依然有很多可能性。只要你愿意，你就会找到方法，也会抽出时间。那些说"我没有时间"的人，就是没有时间生活的人，他们是在狠狠地惩罚自己。

地球上的每个人都有土地权。每个人都应该有机会耕种一块土地，为自己提供健康的食物。当今世界上的土地所有权分配（仍然）很不公平，所以有数以百万计的人缺少最必要的东西，也没有土地为自己生产这些东西。但这个问题也是有办法解决的。大自然总是会帮你，只要你求助于它。即便在特大城市，也没有人必须挨饿，或一定吃不到新鲜蔬菜。公园、屋顶、阳台、露台和屋前的花园都可以利用起来，而且也应该更多地利用起来。

如果连这些都没有，而是住在摩天大楼里，住在高层建筑里，那该怎么办？房屋的墙、电话线杆和桥墩旁边，也可以成为种植区域。

我在这里描述的这些内容也被称为城市园艺，即在城市里搞园艺。在世界各地的很多城市中，都有这样的个人和团体，他们在巨大的城市中耕种着一丁点儿的土地，要么是为了满足自己与自然接触的渴望，要么是为了给自己提供食物。在里斯本，贫民区的居民在高速公路边的斜坡上种卷心菜；在莫斯科，人们在公园里种土豆；在墨西哥城，人们在排雨水的沟渠里收获了沙拉菜；在东京，摩天大楼的屋顶和墙壁也被栽种上了植物；在英国一些城市，人们在"游击园艺"的口号下，趁夜色蒙着面在交通岛和公园里种花、种菜。所有这些行动都是创造性的，将自然带回城市的创意是无限的。

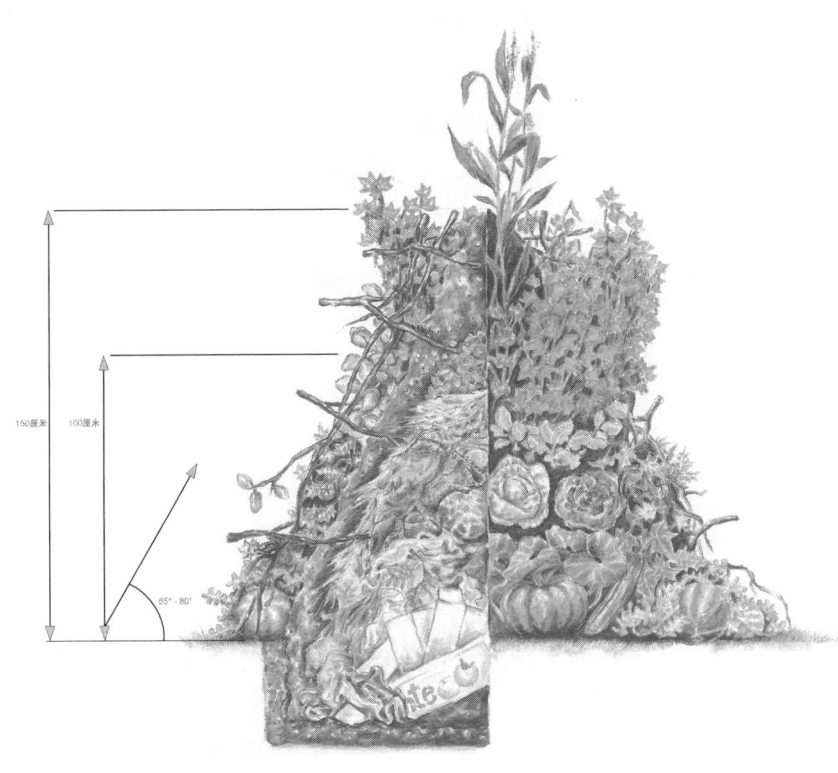

垃圾堆畦用有机废物填充——衣服、纸、纸板等（左）；
有机废料发生腐烂，植物可以从中获得大量的营养物质，生长茂盛（右）

我也非常关注垃圾填埋场的情况。我在圣保罗、麦德林和曼谷看到过生活在垃圾场的人，他们只靠垃圾生活，或者那里的一些老人，他们自己也像垃圾一样被遗弃了。这时我就问自己，我能做点儿什么来帮助他们。接下来几页上的图片来自不同的项目，这些项目有一部分是我在贫民窟做的，有的是在垃圾场和孩子们一起完成的。当人们能够切切实实地收获丰富的蔬菜和水果时，他们的喜悦让我动容。但生活有时是如此艰辛，以至萝卜和沙拉菜还没成熟就被偷走了，他们最后不得不日夜守护着自己的菜畦。在这种情况下，切实的长期帮助当然需要一个更全面的、考虑他们整体生活状况的方案。

▶ **垃圾堆畦**

下页上的图片是在塔梅拉的一个研讨课过程中拍摄的。课程参与者来自 14 个国家，包括巴勒斯坦被占领土、哥伦比亚的一个和平村、厄瓜多尔、拉脱维亚、巴西圣保罗的贫民窟和肯尼亚的一个贫民窟。他们以极大的热情和行动力参与项目，所以我相信，他们会把从这里学到的东西在家付诸实践。

垃圾堆畦的结构与普通堆畦的结构相同（见第 268 页及之后几页）。只是我们没有用灌木丛、木头和稻草来填满堆畦，而是去了废料场，找了找那里有些什么：纸板、旧布料和旧衣服、半腐烂的木箱、厨房垃圾。随意在哪儿找到的一些有机物，它们在堆畦里面也会腐烂。有些太大的东西我们弄碎了，但大部分东西都没动，因为粗糙的构造正是我们想要的。我们把所有东西都扔进去，松散地堆在一起，一层一层地浇水，再用泥土覆盖。当然，我也会使用一些能找到的东西，像沙子、稻草或者草。

垃圾堆畦施工步骤

旁路法

有人问我，是否害怕里面有被污染的材料。的确，如果我知道材料的来源就更好了。但当一个人住在垃圾场的时候，他已经被太多的毒素包围着，那么这些也就无足轻重了。毕竟腐烂的过程中也在发生分解和解毒反应。但最主要的原因，是我很清楚自己在贫民窟和垃圾场见到这些苦难，和那些正在遭受如此苦难的人，他们只要有口吃的东西就已经心存感激了。而且和饥饿比起来，可能的食物污染所带来的弊端要小得多。我们在塔梅拉修建的垃圾堆畦取得了成功，这让我们所有人都很振奋：2个月后当我再次回到那里，西红柿、甜瓜、南瓜、卷心菜、萝卜和沙拉菜等种类繁多的蔬菜已经长得非常茂盛了。

▶ 旁路食物软管

这个创意是在一个垃圾场时产生的。当时我四处观察，然后问自己：这里有什么我们可以利用的材料呢？比如有几包纱类材料，用它们和其他废弃材料一起可以缝制成直径约30厘米粗的软管。然后我们在缝好的粗管里装进一根同样长度的有孔细软管，用于施肥和浇水。最后再用泥土、厨余垃圾、树叶和稻草等填充粗管。

浇水和施肥：在粗管开口上方悬挂一个水桶，水桶底部开一个口，将滴水软管安装在开口中。在它的上面罩上一层挡蝇网，这样软管就不会被树叶堵塞。将荨麻、滨藜及其他药草植物的叶子装在这个水桶里。当水桶里聚积雨水时，就会产生一种药草汁液，这种液体会通过滴水管渗入基底材料中，使其饱和。通过水桶下面的关闭装置，我可以控制营养液的流入。这里有一个细节：滴水软管的底部应该对折一下，这样营养液就不会流出去。如果管道堵塞，可以将对折的地方打开进行冲洗。

在（外部）粗软管上钻一些小洞，把种子或植物秧苗塞或插进去，萝卜、卷心菜或生菜，任何我们想要的东西都可以。

旁路法施工，托木斯克农业大学研讨班现场教学

现在，可以将管子围绕在废弃的电线杆上，固定在桥墩上，或悬挂到窗外。不久以后，种子开始发芽和生长，这些软管就变成了有生命的能提供营养的艺术品。

现在这一系统也在城市的阳台上使用，效果很好。它也可以用来种植调味植物和蔬菜。

如果将旁路软管靠房屋墙壁悬挂，则必须用塑料薄膜保护房屋的墙壁，防止其因潮湿和形成苔藓而变成绿色。如果是木质墙壁，加一块隔板就可以防潮了。

▶ 垃圾塔

垃圾塔是我们在塔梅拉的一次研讨课程中建造的。我们在废品站找到了需要的一切东西。还有三根用不上的金属棒，我们把它们敲打进地里，立成三脚金字塔型。在建好后大约 3 米高的塔里，我们安装了一根排水软管，用于施肥和灌溉。现在塔已经用废纱料缠绕包裹起来。我们站在梯子上，从上方向里面填充有机材料：土壤、稻草、树叶、厨余垃圾等。然后我们在塔的侧壁上打了小洞，塞进去种子，还栽进去甜瓜、卷心菜、西红柿和许多其他蔬菜。

给垃圾塔浇水是通过安装在里面的排水软管进行的，比如可以借助梯子将药材汁液倾倒进去。也可以把装有药草汁液的容器放置在底部，用手动泵将其泵入。

随着时间的推移，材料会因自身重量和腐烂而下沉。这时可以很容易地从上面重新填充土壤和有机物质。

垃圾塔的施工步骤

长满了植物的垃圾堆畦和垃圾塔

永续农业

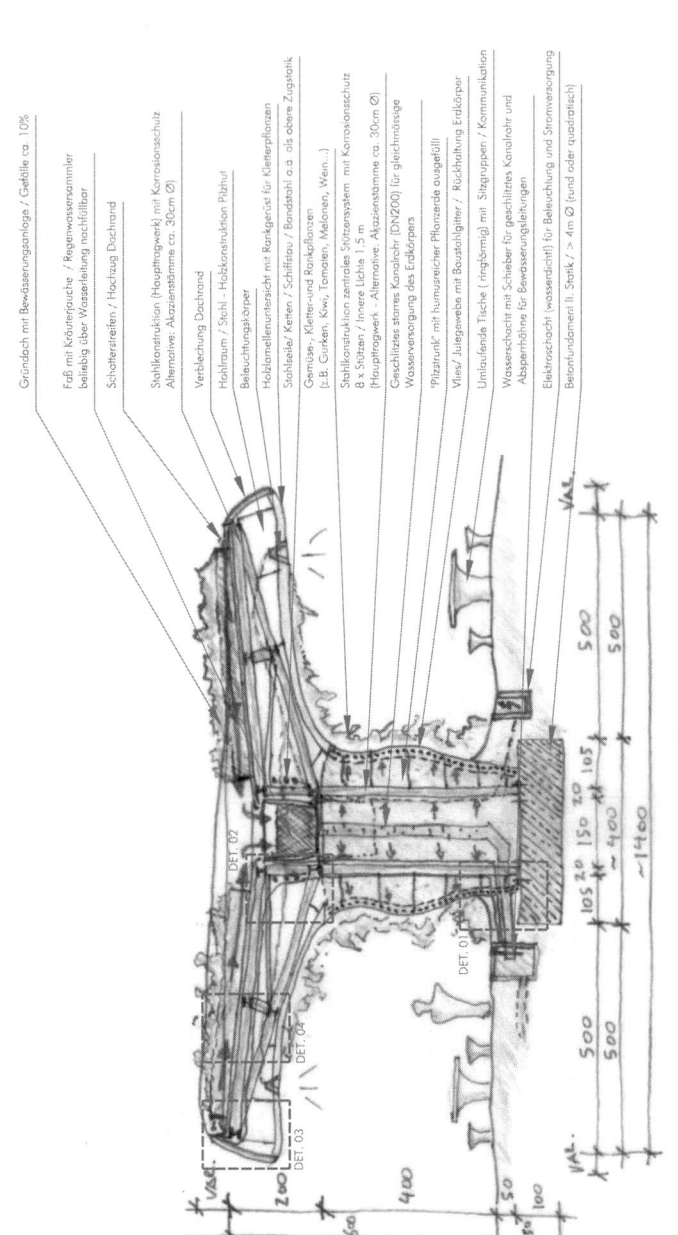

梦幻蘑菇的建筑图纸（图：Jens Kalkhof）

朴门设计——梦幻蘑菇：艺术、交流和丰富多彩（图：Jens Kalkhof）

▶ 梦幻蘑菇

梦幻蘑菇是一个从梦中开始的幻象。

它是一个多功能复合体：既是一件艺术品，也是一个交流场所，同时也是景观和花园设计的试验场。

作为一个典型范例，梦幻蘑菇将在葡萄牙建成，那里的气候特点是夏季酷热和干旱，冬季有时降雨量很大。该项目涉及水资源问题的各个方面，包括稳定可持续供水这一难题，以及与此相关的蓄水和缓冲问题。

同时，梦幻蘑菇也是一个景观设计元素。它的规模大小（蘑菇盖的直径约14米，总高度约7米，蘑菇茎直径约4米）不但令人印象深刻，吸引眼球，而且也能为人遮阴、邀人驻足。如果在蘑菇的下方放上桌椅，它会成为一个交流聚会的中心。

梦幻梦菇也是一个垂直的花园：一方面，它的顶部作为绿化区域可以用来种植浆果灌木、草药或花卉。另一方面，蘑菇的茎高约 5 米，是用土壤填充的，能进行可控灌溉。所以像黄瓜、西红柿、甜瓜、猕猴桃和葡萄这样的攀爬植物可以从这个蘑菇茎中长出来，然后通过爬藤架子覆盖整个蘑菇的底部。蘑菇盖底下的区域也可以用来种草。所以，有效的种植面积增加近 3 倍。蘑菇下方是一个有阴凉的温和小气候，在这里植物和人都会感到舒适。

▶ **梦想金字塔**

梦想金字塔的创意同样来自我的一个梦，那是在我去过美国之后。在美国，我看到了人们对地震和森林火灾的恐惧。很多次在做咨询时，我都看到了出于这种恐惧而建造的地下房屋。我一点儿也不喜欢这些地堡式的建筑，我也不觉得它们能抗震。像以往一样，在我没能给出一个有说服力的答案前，我开始全神贯注地思考这件事。就这样，答案又一次出现在了我的梦里。

梦想金字塔是一座抗震的住宅建筑，建成后浮动在混凝土浇筑的碎石上。它自成一个完整统一的系统：如果发生地震，整个房子会摇晃，但不会破裂。金字塔的大小和变化形式可以有很多种，可作为独户或多户住宅。

其内部空间可以进行自主的艺术设计。我们可以把石头放到不同的模具里，如动物或花卉模具，然后镶嵌到护壁板上。在这里，创意有自由发挥的空间。我还可以使用不同颜色和形

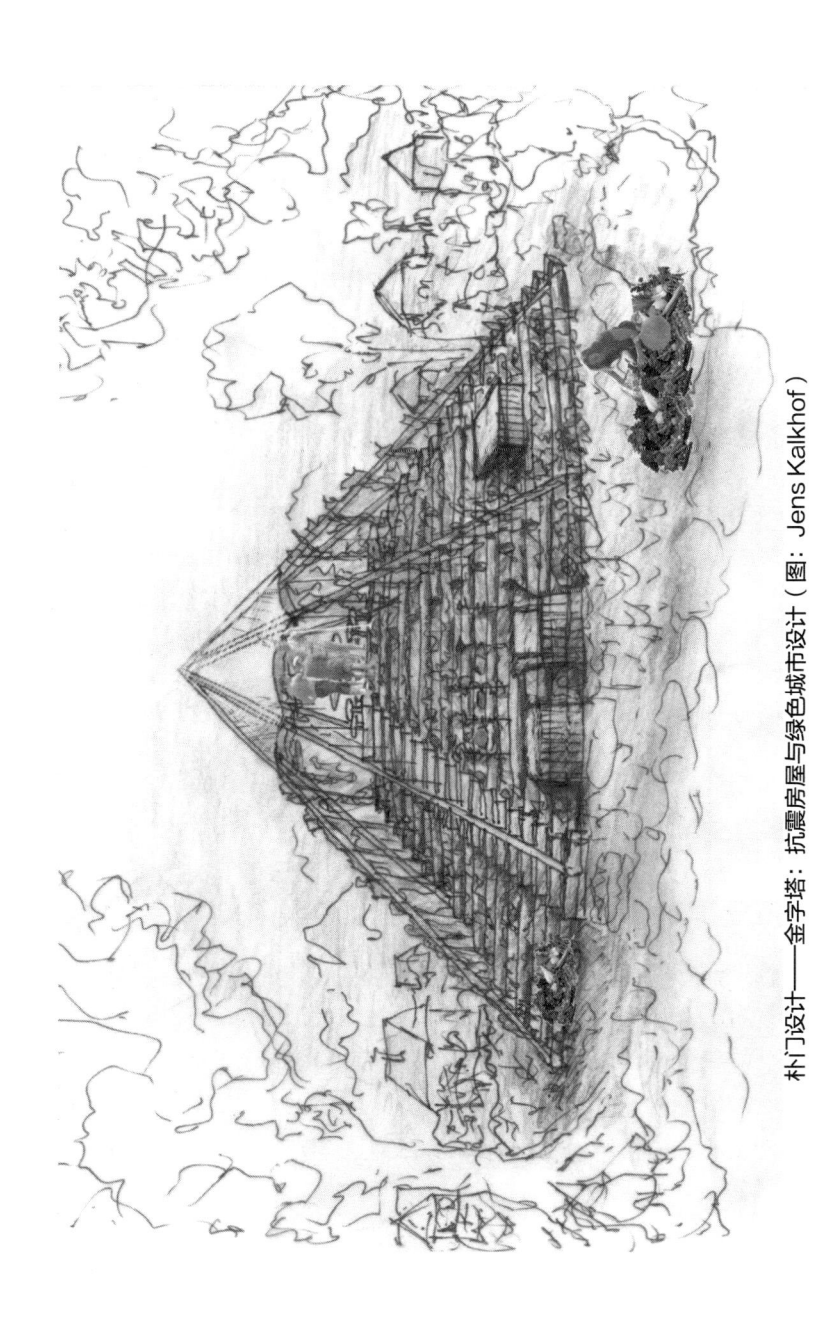

朴门设计——金字塔：抗震房屋与绿色城市设计（图：Jens Kalkhof）

状的熔岩，这些在美国那里的火山上就可以找到。在拆卸模板时，沙子会从接缝处掉下来，这时可以使用土色的黏土填充和造型。这样，将来客厅的墙壁上就有了像袋鼠、老虎和斑马等栩栩如生的动物形象。另外，熔岩还可以营造出舒适的室内温度和湿度。

从外观来看，我可以把房子设计成一个有阶地和台阶的金字塔形建筑，在上面建一个花园，或者在穹顶下建一个冬天可以用废气供热的温室。这样，我就在最小的面积上同时拥有了一件艺术品、一个舒适防震的生活空间，以及一个健康蔬菜的生产空间。

▶ 城市栽培的其他建议、实用技巧和创意

此处将简要叙述关于在最小的面积上实现种植的其他创意，这大多是一些非常容易实现的想法。创意在任何情况下都是无限的。我建议每个人都要亲自试验，在房子的墙边，在后院，在窗台上，或者在屋顶上。请记住：在任何土地上，在任何情况下，我们都有可能邀请自然到来，都有可能让鲜花开放，让食物丰盛。请不要马上就说："这是不可能的！"而是要想办法并且去尝试，如何才能做到。对此我有以下几点建议。

前花园的迷你高畦：迷你高畦和高畦（见本书第263页及之后几页）类似，可以修建成一大块地的围栏，比如可以用它来围起前花园。当然，它要比前文述及的高畦小很多，也窄很多。它的宽度为70—100厘米，高度可达2—3米，可用于保护

隐私、防风和增加种植面积。在修建高畦时，我们最好看看什么材料可以很容易找到。比如金属隔栅就很合适。迷你高畦的内部要填充腐殖质和生物质，要用草本汁液来浇水，可以在上面安装一个容器——就像在花园塔里一样。

屋顶花园和露台：平坦的屋顶和露台，不应该没有各种药草、香料植物和蔬菜在那里茁壮成长。调整桶和槽的填土深度，很多植物都是可以种植的。蘑菇也可以在城市栽培。

这些植物需要灌溉时，可以将雨水从屋顶排水沟引到菜畦和种植槽中。这需要在屋顶排水沟到种植槽之间安装进水管和出水管。一旦雨水太多，种植槽里多余的水就可以直接渗流回来，这样就没有被淹或浇水过度的危险了。

在任何情况下，都不要使用由污泥或泥炭制成的花土，来作为种植槽和桶里的基质土。现在很多地方都能买到经过生物处理的土壤。还是自己用生物质和厨余垃圾来制作土壤更好。我还有一个简单易行的建议：散步时带上袋子和铲子，随时留意寻找鼹鼠丘，然后把那儿的土挖回来。你很难弄到比这更细的种植土了，而且是完全免费的。

迷你火山口花园：对于火山口花园，我们已经在本书前文述及的内容中有所了解。它们能增加种植面积，起到防风和聚热的作用，因此即使是怕冷的植物也能在这里很好地生长。这在露台、后院或前院也是可能实现的。迷你火山口花园当然不能挖土来建造，而是要用木材、石头、砖块、金属或混凝土块来建成框架，然后用土壤和腐殖质填充。外侧建成斜坡，内侧是凹形坑，植物在这样温暖又有遮挡的小气候中生长会很舒适。

悬空花园和廊道： 空中花园的梦想可以在许多地方轻松实现：我们可以将金属架或木架直接用作攀爬植物的架子或悬挂在各种容器中，然后靠在屋墙上或用螺丝固定在上面。在花园里同样也可以这样做：我们可以用圆木或绳子连接两棵树，然后把花盆放置上去。这里需要注意，不要让绳子勒到树皮，要在相应的位置垫放覆盖物或薄木片。金属架或木架同样可以用来搭建一个上面覆盖着葡萄、水果或攀缘植物的廊道。在城市中，这种廊道可以作为花园围栏或用来遮挡视线。能漫步在鲜花盛开、果实累累的廊道下，对每个人来说都是美好的经历。

沿房屋墙壁种植： 沿墙种植时，需将黏土或木制容器装满土，并用销钉、螺钉或钩子安装到墙上。像葡萄、铁线莲、攀缘草莓或猕猴桃等爬藤植物，可以从一个容器攀爬到另一个容器，并在那里扎根，然后继续生长。通过这样的方式，你可以使整座房子都得到绿化和遮阴，也可以从所有窗口（或借助梯子）采摘到水果。

对霜冻敏感的植物也可以沿房屋墙壁进行种植。为此你需要一个能放置种植器皿的室内空间，如储藏室、空厕所或类似的空间。将瓷、塑料或黏土器皿装满土，栽种上铁线莲、猕猴桃或葡萄等植物。这些植物的枝条我们可以通过插入墙中的陶管或窗户缝隙向外引导。这样，它们的根在温暖的室内，而叶子、花和果实则生长在外面的阳光中，冬天也可以避免霜冻。

小面积花园，在廊道里种植的蔬菜和葡萄

任何地方都有可能：沿屋墙种植的水果和鲜花

公园中的凉亭设计建议

后院的光照调节： 如果你生活在城市，想在后院建个花园，通常会遇到光照不足的问题。但这一点是可以通过铝箔来弥补的。就像摄影师用铝箔纸来给照片的取景补光一样，城市园丁们也可以用铝箔纸来给自己的植物补光。我们可以将铝箔粘在一块木板上，再将木板钉在墙上适当的位置，使阳光对植物照射达到最佳效果。铝箔的形状也可以进行艺术设计，例如做成一个大的飞舞的蝴蝶形状。通过这样的方式，大城市的幼儿园也有可能变成一个真正意义上的园地，成为孩子们第一次体验种植萝卜和豆类植物的地方。

后院的分层级种植： 即使是最狭小的空间也可以万物生

长：葡萄、猕猴桃、黑莓、爬高达 15—20 米的结果野玫瑰、铁线莲以及百香果等攀缘植物，可以在架子和凉棚上生长，或直接沿房屋墙壁生长。我们可以种植自己喜欢的水果，如杏子、桃子、苹果、梨和樱桃都可以。如果选择高达 15 米的高杆果树，它们就可以在封闭的后院里互相支撑、不发生倒伏。当树木长成之后，可以在它们之间连接起绳子，挂上罐子和花盆，形成空中花园：蔬菜、鲜花和药草等都可以种植在这里。

城市公园设计建议，在代根多夫（Gut Aiderbichl，地名）。照片中左边是彼得·斯特芬，《赛普·霍尔泽，农业反叛者和他在全世界的项目》一书的作者。（出版：格拉茨，2007 年）

在客厅里观察蜜蜂：对孩子们来说，即使生活在城市，也应该与自然保持联系。我们可以为孩子设置昆虫或鸟类的观察点，甚至可以设在屋子里。 做法如下：在房屋墙壁内侧安装一个蜂箱,并在墙壁上向外开一个小孔,这样蜜蜂就可以通过一根直径2厘米的管道飞进飞出。蜂箱的一侧可以替换成玻璃材质。很难想象还有比这更好的生物观察课了。以上所有这些建议,都可供你自己进一步发展完善。当然,在采取这些行动之前,你还必须与邻居及房主协商好。要向养蜂人进行咨询,他们一般都会很乐意用自己的专业知识帮助别人。还要看看你周围的环境,是否有足够的植物供蜜蜂采蜜。

用霍尔泽朴门农业理念建立示范农场

普遍适用的自然种植原则

1. 你应该接纳利用大自然的能量，而不是抑制它、对抗它。

2. 你应该让水资源尽可能长时间地滞蓄在你的土地上。

3. 在一起总比孤独好。所以要混合种植，不要单一种植。因为在混合种植中，植物之间会相互支持和保护。

4. 永远不要把任何东西强加给大自然。如果一切都很和谐舒适，那么你作为土地的主人，它们就会为你而工作。

农民是最美的职业。但这必须是在他们重新学会与自然交流时，在他们不与自然斗争，而是引导自然时。未来的农场应该是多样性的农场，那里的人类、动物和植物都能舒适地生活、生长。那里应该生产人们生活需要的粮食，而不仅仅是果腹的食物。农产品单一对任何人都没有好处，既不环保，又不经济。因为供应量越大，相对需求就越小，农民可以获得的收益也就越少。农民只有在提供邻里没有的产品时，才能获得真正的利润。而且这样一来，农业多样化也就产生了。这不仅对大自然有好处，对自己的钱包也有好处。因为到最后还是钱包说了算，这一点我们农民从小就明白：如果没有经济上的收益，即使你对自然和动物万般热爱，最终也不得不放弃。

在下文中，我将对农业多样性的基本要素和思想进行阐述。当然，每一片土地都是不同的。我所阐述的是一些有代表性的要素和方法，它们也已经在许多地方得以实施。感兴趣的土地所有者可以酌情重新考虑自己的情况。

▶ 耕种经营建议：多样化农场

要建立多样化农业，最好事先了解和评估相关地块的所有特有条件：地质和土壤条件、周围环境、坡度、水资源状况，以及周围地区的动植物群落。该地区的市场供求状况也是一个重要的因素：什么产品是什么样的价格？哪些产品市场上还没有供应？

▶ 生产和营销

除了生产自给自足的健康食品外，农民还要专门生产几种可销售或深加工的农产品，以获取收益。最好选择邻里不出产的。作为农民，如果我能发现别人从未想过的市场利基，我就有了最大的利润前景。

在西欧和中欧，有机农场是为数不多的仍在赢利的农业企业。但在健康食品市场仍不够发达的国家，有机农场主不得不通过合作社销售自己通过混合种植生产的健康产品，所以他们无法获得令人满意的收益。常规农产品是要经过包装后按计量出售的，而不是按照鲜活健康等标准来选择培育的，所以这些地方的有机农场主处于不利地位。因为他们的产品的最大亮

克拉米特霍夫农场的森林谷物种植：耕种和收获都由猪负责

点，即产品的鲜活性，在那里是不值钱的。

这种情况下，有机农场主必须另辟营销渠道。现在越来越多的城市居民对健康食品有需求，并愿意为此支付更高的价格、走更远的路。

▶ **合作机会： 筹备中的自有品牌**

我们正在与生产商和农民合作，为霍尔泽朴门农业的产品建立自有品牌。生产、产品控制和销售各个环节都在筹备中，目前正在寻找国际合作伙伴：寻找希望按照霍尔泽朴门农法进行种植并共同销售其产品的农民。

另一个销售方案，是通过农场商店和/或收获地直销：如果在半径 100 千米范围内有大城市，可以将有机农场建设成示范农场、主题农场，让有孩子的家庭可以在周末到这里参观，了解大自然，知道新鲜事儿，以及在付费的前提下自助收获。以下是此类农场的几个基本要素。

▶ **顾客和游客的收获之地： 梯田和堆畦上的果蔬**

还有什么能比自己收获的草莓、樱桃、胡萝卜、萝卜和沙拉菜更好、更值得信赖、更新鲜、更健康呢！如果收获能让全家人的周末充满乐趣，那么总是想要再来的恰恰是孩子，而且他们会说服父母。这样的农庄根据其规模不同可以为许多人提供工作。

销售：收获地要有固定的开放时间（周末！）和好的围栏（天然荆棘树篱），要在醒目位置张贴注意事项，并为第一次来的客人发放介绍品。

付款可在出口处，收获的商品也在这里称重。这里还应该有一个农场商店，人们可以买到其他不能自己收获的产品，如蜂蜜、奶制品、肉类、谷物和面包、罐头、植物种子等。

渐渐地，邻居和朋友也可以在这里供应他们自己的产品：自制的果酱、油、草药、化妆品，甚至手工艺品，都可以在这里成功销售。

建设布局：为了收获方便，可以用挖掘机在整块地上成排修建和种植长堆畦。这些堆畦的宽度取决于耕种它们时使用的机器，高度最低应为1.50米。

这里可以种植任何东西，品种越多越好，不同季节生长的植物越多越好。

几个实例：可全年反复播种沙拉菜、萝卜、胡萝卜及其他蔬菜。未收获的作物可留在地里作为猪饲料，或翻耕到地下用以改善土壤生物状况。考虑进行分层级种植（第276页及之后几页）。

水果和苗圃：我们经常看到周围的小树林和灌木丛长满了野生水果，如野生梨、苹果或李子等品种。这里有嫁接水果作物用的最好的砧木。在这里，农民可以在不造成损害的情况下利用大自然，以很低的成本就可以嫁接整个果园的果树。嫁接的果树也可以作为幼苗出售，卖出好价钱。

谷物：谷物可以在高畦上种植，也可以在平坦的土地上种植。我认为使用古老的本地品种是很重要的，因为它们适应当地条件，所以可以在很大程度上避免施肥和喷洒农药。作为间作作物，我要么播种低矮的白三叶草（因为它有固氮的作用），要么就是将蔬菜、沙拉、萝卜、胡萝卜等各色种子混合到一起播种，这也是一种非常好的方法。在自产种子的情况下，我有

永续农业

足够的蔬菜种子可以使用。间作作物由于被遮挡，开始一直都很低矮，它们还抑制了杂草的生长。在收割时，我当然不会把秸秆一起收割了。我会把收割机调得很高，把蔬菜留在下面。谷物收割后，蔬菜就获得了阳光和空气，真正地开始生长。这些蔬菜我们可以收获后自用，可以翻耕到地下以激活土壤生物，也可以留在地里给猪吃。因为在当年的晚些时候，当我把猪放进田地里时，它们会把留在地里的东西翻拱到下面。

每个地区都可以逐渐自发地培育出最优品种；这是印第安人的小麦

播种未来，收获多彩：为大家提供免费种子

▶ 通过种子自主保存古老的物种

各地的人们都在谈论生物多样性，但只要我们看看超市的货架，就会发现事实恰恰相反：那里充斥着单调和乏味。全世界销售的都是同样的品种：用同一种小麦做的吐司和意大利面，用同一种西红柿做的番茄酱，从格陵兰到中国，从智利到南非，卖的是同一种苹果、同一种猕猴桃。90%的人吃的食物仅有 20 种。人们在种植蔬菜和谷物时，注重的是品种的可销售性、易工业加工和包装、外观的均匀和无瑕，以及它与化肥和杀虫剂的相容性等，而品种的味道、成分的多样性、抗病虫害能力、对本地气候的适应性，以及健壮和活力等因素都不再被看重了。

全球种子生产的垄断和私有化，是造成多样性逐渐丧失的原因。自己生产和售卖种子，是农民自古以来就拥有的权利，但如今他们的这一权利今天在世界范围内被剥夺，并被移交给了农业康采恩。这是一场人为的灾难。一方面，它致使农民产生了依赖性：他们不得不每年重新购买种子和相应的肥料、除草剂。如果我们信赖的不再是农民创造的多样性，而是全球化的工业产业，那么我们失去的将不仅仅是区域物种的独特性，

我们还将失去能够保障未来食品安全的遗传物质。地球上的区域性物种消失和灭绝现象令人震惊：在今天，全世界的蔬菜水果品种比 1900 年减少了 97%；印度的 3 万种稻米现存 12 种；菲律宾的几千种稻米现仅存 2 种；中国的 8000 种稻米现仅存 50 种，1 万种谷物也仅存 1000 种。多样性的丧失使我们在面对各种疾病时毫无抵抗能力，因为对这些疾病我们已经不能产生免疫力了。

对于自然农业来说，适合本地的物种及其变种是不可或缺的。它们能很好地适应当地的自然条件，在不使用杀虫剂和人工肥料的情况下产量也很好。在传统的农业生产中，每个地区都有自己的特色土豆、特别的草药和谷物。例如在我们那里，从前有隆高陶恩黑麦（Lungauer Tauernroggen）、布兰登黑麦（Brandroggen）和施莱格尔黑麦（Schlegelroggen）等品种。小谷粒的布兰登黑麦可以播种在那些树枝被耙成堆烧掉的地方。它的耐抗性和对这种情况的适应能力非常强，即使在隆高的土地上也会有收成，即使是在极寒冷有霜冻的地区也能种植。布兰登黑麦在第二年的 9 月份成熟，即使夏天时多次被雪覆盖，它的产量也能让人满意。而现在呢？人们几乎已经分不清黑麦和小麦了。

全球交易的小麦、土豆和西红柿等品种，不仅容易受到疾病的影响，还依赖化学制品。凭借种子及相应的化肥、杀虫剂的组合合同，国际康采恩们就可以进行可怕的交易。在这个领域里，政治、工业和贸易可谓携手了。

如果农民收获的本地作物，因不符合工业标准而无法在经

向日葵田

销商那里售出，那么他就别无选择，只能与工业界签订对自己不利的合同。孟山都公司建立了一个监视侦探系统，来确保农民不违反合同、不秘密生产种子。而秘密生产种子这件事，由于杂交种子的使用或物种被植入的不育性，其实农民们已经很难做到了：杂交种子只在第一年有收成，第二年就因退化而不能再使用。

此外，转基因种子的使用也在增加：这是一条一旦选择了就无法再回头的路，是一颗定时炸弹，我们几乎还无法估量它对自然的影响。转基因种子对我们周围的生物，如蝴蝶、蜜蜂、大黄蜂或土壤生物等，所产生的影响，目前几乎还是未知的。

来自德国沃尔弗斯海姆（Wölfersheim）的农民戈弗雷·格律克纳（Gottfried Glöckner）的例子，说明了转基因饲料对家畜的致命影响。他给他大农场里的奶牛喂食转基因玉米，先正达公司的Bt176。一开始，这些奶牛的产奶量异常多，但后来它们疲惫、生病，最后只能躺在草地上死去。在它们还活着的时候乳房就腐烂掉了。像这样的东西被研发、批准和使用是一种犯罪行为。那些批准这种东西的政客们不应该从政，而应该被先行拘留。

现行的农业政策有片面性：康采恩们得到了很大的特权。例如自1995年世界贸易组织臭名昭著的"与贸易有关的知识产权协定（TRIPs）"以来，康采恩们被允许为物种的基因特性申请生物专利。他们也竭尽全力地利用了这一条例，所作所为就好像西蓝花或巴斯马蒂米不是在自然界中进化出来的，而是在孟山都、先锋或先正达的实验室里发明出来的一样。

另一方面，那些希望像以往一样自己生产种子的农民，得到的则是各种限制条件，这使他们几乎不可能自己生产种子。在欧盟，种植传统的当地品种受到越来越多的管制，不仅种植区域受到限制，种植面积也要局限在小范围。农民不得出售未经认证的种子，也不得出售由未经认证的种子所产出的作物。这里的有机农场主也受到越来越严格的条件限制。

这些农业政策的受益者，是全球性的农业康采恩，也是他们使世界各地的小农阶层陷入贫困。种子和农用化学制品的价格在上涨，而农产品的收益却在下降。农民正在悄无声息地死去。根据印度政府的报道，2009年仅在印度就有17368名农民自杀。他们的家人最常提到的自杀原因是巨额债务，而这些债务正是由于不得不购买工业生产的种子和农用化学制品而产生的。

如果了解了农业领域正在发生的事情及其后果，全世界的人们就会挺身而出反对这些行为，捍卫自己的权益。农民和消费者必须进行抵制。我们必须重新赢得种子自主权，以自然、粮食健康和生物多样性之名。种子繁育权必须保留在农民手中。

为了恢复种子的多样性，一场全球性的抵制运动已经拉开帷幕。小农阶层、和平村、自给自足的居住区、有机农业农场，以及小型园林主们都参与其中，并肩负起了保护当地古老物种和通过反向繁殖重新生产种子的任务。很多时候，这些事情比预想的要容易，因为大自然也在帮忙。

个人可以做什么

- 你要去获取相关信息！并随时随地提及种子这个问题，让它广为人知。信息是有影响力的。

- 成为种子交换市场的成员。这些市场正在很多国家诞生。因为未经认证的种子是被禁止销售的,所以种子交换市场将它们免费分发给其成员,由其成员进行繁育和保管。任何有花园或哪怕只有一个阳台的人都可以参与。

- 请不要使用杂交种子。但是在今天,这些种子甚至不必再进行标识。所以你要向经销商询问他们是否有天然种子,以此激励他们进行销售。

- 如果你有年长的邻居和亲戚,而且他们依然还有花园或小农场,那么就问问他们是否还有一些老品种,是否可以给你一些种子。

- 如果你有天然种子,那么就播种、收集这些种子,并在冬季进行干燥储存,以便第二年再播种,然后传给其他园丁。

▶ 自用种子的生产

自己生产种子是一门艺术。在这个过程中,一个从自然角度思考的人会总结出自己的经验,并做很多尝试。我的经验是:在最差的土地上能生长得最好的植物,会为你带来最好的种子。这条经验是合乎逻辑的,因为那些即使在恶劣条件下也能有好产量的作物,它们的遗传基因也是最好的。这些作物的种子我会继续使用,并在尽可能多的、不同的地方播种:在好的土地上,也在坏的土地上,在阳光充足的地方,也在阴凉的地方。这些来自不利环境的种子,在任何土地上都会有所产出。我的那些萝卜和生菜,它们来自气候条件恶劣的阿尔卑斯山区，所以总是可以随处生长，在路边、在坡地上，甚至是在路中间。这当中的一些植物，它们在视觉上并不总是符合标准或习惯，但在最重要的方面都是符合标准的，如生物活性、新鲜度、成分和味道等。

驱赶鸟和野兽的稻草人，设计富有想象力

那些收集和重新播种卷心菜、萝卜、胡萝卜、西红柿和土豆种子的人，在最初的几年里会遇到一些惊喜：在某些植物生长的旺季，会突然出现大量的不同品种，如黄色的番茄、紫色的马铃薯、绿色的花椰菜、像萝卜一样辣的大头菜和像大头菜一样口感温和的萝卜，以及大自然的其他种种小把戏。

这些突变的品种，虽然在口感和健康方面要比市场上的常见品种好得多，却往往不符合视觉习惯。但这些所谓的习惯，也只是通过广告训练出来的，所以我们才会认为每个番茄都应该是又圆又红的，每个土豆都应该是黄的。我们的头脑也被剥夺了多样性。把这些习惯抛在脑后吧，然后我们才有机会发现，大自然还准备了些完全不同的东西，它们不但看起来不同，味道也很新颖。

但是，批发商肯定不会收购这种蔬菜，所以，为了销售我们必须想些办法。在种子繁育的这个阶段，我建议采取直销的形式，因为这样可以让顾客了解产品。根据我的经验，当顾客了解了其中的关联，也听说了有些适应自然的品种含有高达百倍的健康成分时，大多数人都喜欢这种销售形式。甚至有几次，有些爱好者买了这些质朴的水果，然后付给了我一个特别的价格。

上述的这种多稳态，即准备突变阶段，会持续几个生长期，但最终会优胜出一个本地品种，一个最适合我这里的环境、土壤和气候的品种。这就是"在当地条件下的抗性和品质"特征的自然回归。这一特征的形成，我可以通过一直选择味道最好、产量最好的植物来进行控制。几年后，我会得到一个适合在我这里的土壤和气候条件中生长的品种，它也会保持稳定，因为它的特征是占主导地位的。这时它的花就会被其他各种植物授粉，它的基因组会发生混合，但不会再改变：它的种子会长出与母株相似的植物。

一个地区的原始品种也是以上述方式发展起来的。现在，我已经培育出了自己的品种，我可以继续种植了。如果我愿意，我甚至可以给它起个名字。但我却不愿意卖掉它：它是一个只属于我那块土地的变种。

如果每个地区的人都能以这样的方式重新培育出当地的最佳品种，那么世界上的食物会是多么丰富多彩啊。那时，旅行也会重新变得有吸引力，因为每个地方的土豆、樱桃或南瓜都是当地特有的。

▶ 西伯利亚原始谷物的例子

一个物种在条件不利的地方发展的时间越长，它对环境的适应能力就越强，也会变得越来越好、越来越强壮。从 20 世纪 50 年代开始，我一直在种植向日葵，现在它们在克拉米特霍夫农场可以长到 3 米高。一旦有了更好的条件，它们就会变得更加高大，它们会发生变化，也会发生多头突变。

最成功的经验是我种植的西伯利亚原始谷物。1957 年，我从一名归乡的囚房那里得到了一些这种特殊黑麦的种子。我买了这些种子进行播种，然后年复一年地繁育，取得了非常成功的经验。它可以制作出最好的面包，也是理想的饲料和秸秆作物，它可以生长在任何地方，产量很好，也不需要任何化学制剂。

我在世界各地都播种过西伯利亚原始谷物的种子，并取得了最成功的经验。它在任何地方都有很好的收成，在任何地方也都有不同的发展：

在苏格兰，它的麦秆可长达 2.5 米。在哥伦比亚或西班牙这样温暖的国家里，它只长到1.2—1.5米高。

当然，它也不再是原来的古老谷物了：通过风授粉，不同的地方每年都会有不同的遗传物质混合进来。也正是由于各自不同的混合，才产生了高质量的区域适应品种。

自己繁育和使用种子是违反欧盟规定的。由于奥地利农产品市场（Agrar Markt Austria，缩写 AMA）和欧盟的诸多控制和要求，我停止了生产种子，并扔掉了所有不同种类的种子。而且扔得到处都是，随处丢弃在整块土地上。当我的访客们采集茎秆用来制作干花束时，我也没有异议。

法律应该服务于生活。如果不能，那么我认为我的职责不是遵守它们，而是抵抗。这当然需要刚直不阿的勇气。每个人都应该挺身而出，站到他的大自然和他的动物们前面去捍卫它们，不让它们毫无保护地暴露在官僚机构的那些理论残废面前。

西伯利亚原始谷物的秸秆——长秸秆用途很多

世界粮食战略

在苏格兰高地种植的西伯利亚原始谷物

永续农业

为了播撒均匀,可用手大面积抛撒播种,这需要一点练习

实用技巧：白菜、卷心菜、萝卜、甜菜、胡萝卜等两年生植物的种子生产

我从最差的土地上选择长势最好的植物来生产种子。秋天，我会小心地把整株植物连根一起挖出，移植到一个温度适中的暗地窖里（不是有暖气的地下室），在那里我已经修好了沙畦。我把整个植株重新栽到沙畦里，让它在那里过冬。

如果移植的是卷心菜和白菜，过些时候我还可以把叶球顶部砍下来，到圣诞节时在厨房里用，但茎和根要留在沙子里。甜菜、萝卜和胡萝卜整个都要留在沙子里。它们的叶子很快就会腐烂。到了春天，我就把那些植株中剩下来的东西，即木质化的根茎和茎秆，栽到花园里。这时，萝卜和甜菜会长出新鲜的根、向上发出新芽，并很快开花。白菜和卷心菜在侧面发芽，长成一株大灌木状，高达1—2米，开满黄色的花，这些花后来会结荚留种。

当第一批豆荚裂开时，我就把整个茎秆都剪掉，把它和上面所有的种子及豆荚一起放到一个大麻袋里。我会把麻袋挂在阴凉处、谷仓里，或者用一根长金属线把它挂在棚子里。如果直接用绳子挂，老鼠会把它吃掉，因为种子是它们最喜欢的食物。而且装在袋子里，那些未成熟的豆荚也会变熟。

当我需要种子的时候，就把麻袋取下来，整个地在地上摔打。这样，壳和荚就从种子上剥离开了。

除此之外，我还可以使用脱粒机，这样也可以使种子和豆荚分离。但如果是为了自用，对着它们吹一吹就足够了，豆荚也会飞走。

重要提示：如果两年生植物在第一年就开花，也会结出种子，但这些种子是不能用的。如果我用它们播种，将不会再长出萝卜，而是直接就开花了。

如何更有效地向有机农业转型：受污染农田的修复、超大种群的调节和酸性土壤的治理

如果一个农民决心自主耕种经营，他会尽其所能与大自然合作，尽心竭力地去耕种分给他的土地，去生产能使人健康有活力的食品。如果这时他发现，田地因为几十年来的施肥和喷药已经被污染了，他一定会去修复它。从常规农业到有机农业的转换时间，在每个国家都是有法律规定的。那么，一个农民怎样才能更好更有效地利用这段时间？怎样在这段时间内也能有所收获并赚到钱？这里我将借助乌克兰的例子来进行阐述。

乌克兰曾经是欧洲粮仓。但现在，那里的土地状况，甚至整个农业的状况都令人特别痛苦，可以说是切肤之痛。那里是一望无际的世界著名的黑土地，黑色疏松的腐殖土厚度可达几米。每个农民都梦想着拥有这样的土地。在这样的土地上，任何作物都可以茁壮成长，而且不需要任何化肥。但长达几十年的过度开发和滥用农药，即使是这样的土地也会疲劳衰退。于是产量越来越少，土壤生命受到严重破坏，仍在生长的作物也都受到了化学污染。当土壤不能再吸收这些毒药时，它们会去哪儿？当然是进入了地下水中。

如果一个农民的土地也是这么好，却受到了严重的污染，那么他就得花几年的时间来修复它。他必须将这一过渡期考虑

在内，即直到这里能重新种植健康有机食品之前的这段时期。一旦他认识到了土地修复的必要性，就会觉得没开始修复之前的每一天都是浪费。

土壤中有毒物质的分解需要氧气、活跃的土壤生物和根系的深入穿透。如果只是简单地放弃使用化学制品，即放弃施肥和喷洒农药，土壤再生的速度会非常缓慢，并且只是发生在最上面有根系穿透的一薄层土壤中。我们可以通过对自然力的正确引导来加速土壤再生。

两条基本原则：

- 土壤结构越粗糙（例如通过修建堆畦可使土壤结构粗糙），换气就越好，土壤生命就越活跃，修复速度也就越快。

- 植物的种类越多，能被根系穿透、通风和排毒的土层也就越多。

实用技巧：紧急排毒措施

第一年：在混合种植情况下，播种有改善土壤作用的深根植物。如果是松散开放的土壤，犁地后可以直接在表土上播种，不需要再耕作土地。如果是致密的黏土，应该在冬天之前犁地，这样霜冻就能影响表土，相当于耕作了；然后到了春天就可以播种了。

播种有改善作用的植物，如三叶草和羽扇豆，可以使受污染的土壤再生。
如果能修建构造粗糙的堆畦来种植这些植物，效果会更好

多年生苦羽扇豆特别适合土壤修复，它的根可深达几米。作为多年生的植物，它从第二年开始就会有很大的产量，可以机械收割，可以作为种子销售。苦羽扇豆是多年生植物，并且通过种子自我繁殖，所以在接下来的几年里不需要继续播种。

其他非常适合的植物还有多年生三叶草、草木樨等。这些三叶草属植物可以长到 3 米高，是非常好的饲料植物，也可以作为放蜂场。

它们属于豆科植物，有固氮功效；豆科植物根部的根瘤菌可将空气中的氮引入土壤，从而促进植物和根系的生长。生长良好的根系可以使几米深的土壤透气，土壤生命被激活了，它们可以分解掉化学毒素。

蔬菜种子应该作为共播种子添加进来，特别是像萝卜、胡萝卜和菊芋等根茎蔬菜。本地豆科种类也值得推荐。在开始的几年里，这些植物以及其根茎和果实都应该混合到田地里腐烂掉。它们对土壤生命有促进作用。

通过这样的方式，土壤修复的过渡期可以减少到 6—7 年，当然这也取决于污染的程度。土壤的质量应定期进行化学检测，并将检测结果公之于众。这样做是值得的，可以证明这种耕作方式清除污染的速度更快：根据我的经验，这种方式修复土壤的速度比通常使用的方法快得多。

如果昆虫种群过大怎么办？

昆虫种群过大是耕种方式错误的突出表现，主要是由于使用农用化学制品引起的。当金龟子吞噬整片庄稼，当马铃薯瓢虫完全毁掉了收成，当果虫使水果变得衰弱，或者当甲虫啃光了整个种植园可以孕育果实的花朵时,表明大自然的平衡和自我调节功能已经失灵了。所以有害的并不是昆虫,而是那些对自然横加干涉的人。

当吃花的虫子将果树的花朵吃光……

在刚刚出现虫害迹象时就喷洒杀虫剂,是一种非常短期的、只针对症状的抑制手段。这么几只甲虫,这些植物也许能自己对付,因为它们的数量可以通过其天敌进行调节和限制。但是这些害虫的天敌,如瓢虫和耳夹子虫,它们处于食物链的末端,农药会在其体内积聚,最终导致它们死亡。而那时,我们想除掉的害虫却已经产生了抗药性,并且比实验室研发新药的速度更快。到那时,它们的天敌已经消失了,杀虫剂也不能再伤害它们了,寄主植物仍然是单一种植的。那么接下来会发生什么?昆虫会爆发式地繁殖,很快毁掉正在生长的作物。

■ ■ ■ 永续农业

……那么大自然就失去了平衡：收成全部损失了。在乌克兰

为了对这些作物形成长期的保护，只有一个对策：放弃单一栽培，为那些益虫重建栖息环境。我们可以通过对所谓的害虫进行有针对性的观察和实验性繁育，找出它们的天敌。有时我们对一些成年昆虫是没有办法的，例如那些令人眼花缭乱的象鼻虫，但它的卵却很容易被瓢虫或耳夹子虫吃掉。所以，最好的办法就是保护这些益虫的生存空间来吸引它们，并为它们提供良好的初始条件。剩下的就是大自然的工作了。

实用技巧：瓢虫、耳夹子虫及类似益虫的繁育

瓢虫是最著名的益虫之一。其幼虫一天可以吃掉400只蚜虫，成年瓢虫每天仍然可以吃掉200只蚜虫。耳夹子虫的相关数据与之大致相似。这两种益虫都可以人工繁育。你可以在一个旧花盆里装满木棉或稻草，用金属丝缠绕好后反过来放置，开口朝下挂在有虫害的树上。你也可以用一片树皮代替花盆，同样把它开口朝下放置在树下。瓢虫或耳夹子虫就会找到那里并在那里繁殖，而且不会受到鸟类的伤害。这时大自然的力量就会发挥作用了：因为害虫数量过多，所以就会有特别多的瓢虫孵化出来。这是一种科学尚未探索的自然界的自平衡机制。瓢虫和耳夹子虫将会减少蚜虫和蛀食作物类昆虫的数量，使其达到平衡。当然，它们不会完全消灭这些害虫，因为这样一来它们自己也就没有食物了。作为一个农民或园丁，在有少量的、数量可控的昆虫的情况下，我也可以很好地生活。

▶ 遇到酸性土壤怎么办？

土壤对于想要种植的作物来说太酸了，每当农民或园丁遇到这样的情况时，就会使用石灰。在我看来这种做法是纯粹的治标：费工夫又花钱，而且必须定期重复。这不是一种自然的思维和工作方式。施加化学制品，无论是化肥还是有机制剂，总归是一种违背自然的行为。所以，每个人都应该做的不是这些，而是要问自己，什么导致了这种情况的发生。

土壤酸化的原因是缺氧，例如因为土地积水内涝。如果你自己站在那里，你的土地会告诉你些什么？也许这里根本就不应该是一块田地？也许正好是这里更适合建个池塘？也许你需要开辟出口，让水更快更好地流出去？如果我给水一个可以积聚的空间，其周围环境中就可以实现水平衡，我也就可以在梯田和周围地带种植蔬菜或谷物了。

酸化也可能是过度施肥和过度利用的一个信号。如果我只是耕作土地的表层，并且为了达到期待的产量一再施加粪肥、堆肥，甚至化肥，那么最终土壤就会过饱和。这就像如果我每天只吃培根而不吃面包一样，胃是忍受不了的。对土地来说也是这样：它已经不能再利用这些养分了。随后花园里的草本植物或胡萝卜会开始腐烂，因为土壤中的氮太多了。如果有人在这时投入石灰，是可以像以前一样继续耕种的，但问题的根源并没有消除。而这样做的人，从此走上了一条迫使自己不断投入更多化学制剂的道路。

防治土壤酸化最主要的措施是对土壤进行通风，让植物的根系在其中穿行生长。例如我可以翻松土壤至 50 厘米深（最好使用小型挖掘机），然后把所有的材料都打乱：土壤、沙子、腐殖质、石头，也可以是更粗糙的材料。这样，未受污染的底土和之前一直被耕作的土层就混合在了一起。

如果你没有堆肥或粪肥，也可以不施肥，而是种植适合酸性土壤的植物：白三叶草、杂种车轴草、酢浆草、羽扇豆、洋地黄，以及多年生三叶草都可以，因为它们的根很深，或者聚合草也可以。如果我把这些植物保留在土地里，它们的根部就会持续改善土壤。

除此之外，我还可以播种蔬菜：胡萝卜、萝卜、豌豆、灌木豆、生菜和卷心菜等，尤其是根茎类蔬菜。有了适合它们的植物群落，植物之间就可以互相提供所需要的一切。它们的根系深度不同，所以能从土壤的整个深度获取养分并使其通风。我只收获自己需要的东西，剩下的就留在地里腐烂。这样就可以激活土壤生命，形成一个生机勃勃的腐殖质层。最终的收益会让人为之惊叹。

关于灌溉

面对灌溉问题，我首先会问自己：大自然是如何进行灌溉的？植物，比如森林，是怎样获得足够的水分的？

健康的阔叶混交林作为一个整体，它的作用就像海绵。森林中的土壤、树叶、树根、池塘和水洼都是充满水的。充分吸水的土壤从下方为地面覆盖的植被提供足够的水分。这些植被反过来也保护着土壤，它们的根部可以给各土层换气，激活土壤生命，并使土壤中的蓄水空间保持完好。落叶层覆盖在地面上，可以防止其干燥。那些在地面和泥土中的木头及枯死的根茎，它们在腐烂时会吸水，就像海绵一样吸足水，并逐渐将水分输送到根部。

土壤、植物和空气，处于一种持续的相互作用关系之中。至于植物什么时候会把吸收的水分蒸发出去，以及这些水分能利用多久，这在很大程度上取决于温度、气压和湿度。

森林的地表四季阴凉。只有土壤温度低于雨水温度时，土壤才会吸收雨水。反之，如果地面又热又干，雨水就不能渗入，而是会像珍珠一样从地表滚落。这一点每个人都应该验证一下，这是一条普遍适用的自然规律。未生长植物、未被覆盖的地表会形成一层干硬的外壳，以保护土壤不干涸，并使水分保留在土壤中。在大自然中，下雨之前空气的湿度会大大增

用滴水软管浇水节约了大量的水

加。这是向土壤发出的信号，让地表开放，这样它就可以吸收水分了。当降雨再次消退，空气湿度会逐渐下降，地表会关闭，水分也就保留在了土壤中。

如果我认识并且考虑到了所有这些过程，就可以在自然种植过程中运用这些知识。只要遵循基本的规律，我就能充分利用现有的水资源，最大限度满足植物的需要。

灌溉的基本原则

- 使水分达到健康平衡比任何灌溉都更重要，也更有效。

水分平衡了，我就有了足够的露水和适合的植被。植被可以防止地面干燥。我在前文已经详细描述了如何恢复水分平衡。

- 总的来说，我建议少浇水。大多数园丁和农民浇水太多、太频繁，这样会使植物上瘾，产生依赖性。出于适应的目的，种植后我可以给它们浇足水，但之后就要减少浇水，这样植物才能变得独立。根是追随水分生长的，所以少浇水植物的根才能生长得更深，可以从更广泛的深度中获取营养。通过这种方式，植物自己也参与到了土壤修复当中：布满根系、透气、潮湿且有活力的土壤就这样形成了，这也正是植物需要的。

- 如果全年都有植被覆盖，我就可以减少对水的需求。分层级种植是最好的方式，这样植物可以相互遮阴和支持（参见本书第276页及之后几页）。

- 假定你的土地上还没有植被覆盖，那么覆盖物就是你保护土壤不干燥的绝佳选择。树叶、谷草或任何有机材料都可以用来覆盖，甚至是纸板和易腐烂的、不含合成纤维的旧衣服。果树的根部周围应该用一层厚厚的覆盖物包围起来。覆盖畦床的最佳时间是在播种或种植后立即进行覆盖。这样的话，覆盖物也能压住杂草，使种子在有保护的状态下发芽，胚芽也会很容易钻过一层薄薄的覆盖物生长。但发芽后不应该再进行覆盖。

- 切勿从上方向植物上面浇水。尽管人工降雨装置和洒水装置很常见，但购买这些灌溉设备却是一项错误的投入。为什么？假设我们用灌溉装置给植物和土壤浇水，地表处于急切吸水状态。但这时喷水器却定时关闭了，在关闭期间土壤仍然是开放的，水分蒸发，土壤又变干了。洒水也会对叶片造成损害，并会促生霉菌。另外，在灌溉过程中，水的消耗量太高了。浇水太频繁还有一个缺点：土壤中的养分被溶解掉了，被从根部冲走，渗到根部无法到达的地方。就这样，最好的土壤因洒水灌溉被耗干了养分，而养分却污染了地下水。

基于以上原因，我们应该总是直接在地面进行灌溉：通过传统的沟渠系统，直接给植物的主干部分浇水或进行滴灌。滴水管可以安装在地下，也可以在地上，并且只应该在晚上打开。

• 浇水只能在日落以后，不要在白天进行。因为白天温暖高湿度低，浇的水不能被植物充分吸收，却使植物体内的导管开放了，致使水分会在很短的时间内蒸发掉。但到了晚上，温度较低而湿度较高，水分能被植物和土壤保持更长的时间，也能更好地被利用。

• 即使植物看起来有些打蔫儿，也不必惊慌。让叶子下垂是植物的一种保护机制，这样可以减少蒸发。如果这时我急急忙忙地往上面喷洒水，然后又关掉喷水软管，让阳光照射在上面，就会达到完全相反的效果：由于事先没有"湿度增加"的信号，所以在我浇水时植物的导管还是关闭的，浇的水会流失掉。当植物最终打开导管时，我却已经带着浇水管离开了。但是太阳依然在那里，这样叶子甚至会蒸发掉它们原本想要保留住的水分。

• 除极端干旱的地区外，谷物是不需要灌溉的。地被植物

（例如白三叶草）作为间作作物，可以保护土壤免受阳光的烘烤，而且它作为深根植物也可以改良土壤。

● 极端干旱地区、易受破坏地区和沙质土的例子：埋在泥土中的木头可以吸收水分。我可以挖沟，然后把木头和树枝放进去，再把土回填，并在上面或旁边播种或栽种作物。我也可以在堆畦的底侧挖沟，在里面堆放木头让它们腐烂。木材腐烂时会吸收水分，就像海绵一样把水分吸附聚积在一起，这些水分对生长在上面的植物有益。

预防霜冻

构建不同的小气候区是霍尔泽朴门农业的一个重要原则。有了多种小气候区,植物就可以找到一个通常在本地很难找到的小生境,如此,一个具备多样性的花园也就诞生了。如果我自己的园子里有各种各样的蔬菜、药草和水果,这对于自给自足来说价值是巨大的。但那些对霜冻敏感的植物特别需要保护。我应该怎么才能让它们度过冬天?

生长在高山牧场上的柠檬

预防霜冻的基本原则

● 避开早晨的阳光:一天中最冷的时刻,就是早晨的第一缕阳光即将出现之前。如果此时的阳光照射到那些对霜冻敏感的植物上面，其花朵和细枝上的筛管就会爆裂。因为在解冻的那一刻，冰会再膨胀一次。举一个例子：如果我在冰柜里冷冻一玻璃杯水，开始什么都不会发生。现在我把玻璃杯从冰柜里拿出来，放到温暖的地方，玻璃杯会炸裂。但如果我把它放到冷藏室里，让水慢慢解冻，它就会化开，玻璃杯却不会炸裂。相同的过程也发生在开花的植物身上。如果能保护它们不受早晨阳光的照射，让周围空气先升温，花朵和枝条就能慢慢解冻，植物也就不会受到任何损害。所以，保护对霜冻敏感的植物和树木，不让它们受到早晨阳光的照射，这一点是很重要的。我们可以在它们前面种植一些植物，也可以将它们种植在房子的西侧，而不是东侧。

●建设滞蓄水池：水景的热辐射对温度有补偿作用，因为水在白天吸收热量，在晚上又能释放热量。水景也能促生较高的空气湿度，进而起到促进植物生长、平衡温度的作用。

未经修剪的果树枝具有弹簧一样的作用，在积雪中不易折断，因为它们支撑自己

群落生境中的石头，可以将白天吸收的热量释放出来

- 石头的妙用：石头在白天吸收热量，晚上又会将其慢慢释放出来。这一点我们可以自己验证一下，在晚上找一块石头摸一摸。这时的石头是温暖的，直到早晨才会变冷。通过这种瓷砖炉效应，石头对附近的所有东西都有补偿作用，因此夜间的霜冻不会对石头周围的植物造成太大损害。所以，我可以在石头之间种植那些较为敏感且更需要热量的植物，以保护它们免受霜冻的伤害。

- 覆盖物：对于土壤来说，一层厚厚的稻草或树叶可以起到很好的防冻作用。如果你想省去这些覆盖物，可以在那些对霜冻敏感的植物旁边种植一棵落叶树木。

这样，秋天的落叶就可以覆盖在地面上，保护这些植物。

我就是用这种方式在克拉米特霍夫农场种植葡萄和柠檬的。

霜冻最严重时，植物的顶部会结冰，但由于地面不结冰，它们会从底部再次发芽。

在西班牙或葡萄牙等南方国家,利用好石头可以扩展种植的可能性,所以在那里我能种植喜热植物,比如杧果或木瓜,甚至是耐抗性较好的香蕉品种和牛油果。

水景的热辐射对温度有补偿作用

动物是员工，不是商品

动物是员工，不是商品

人们正在为动物建造监狱，并称之为进步，因为这样农业企业就可以做生意了。

工业化畜牧业在全球蔓延是人类和地球的灾难。如果不从根本上结束这种畜牧业形式，人类也无法在即将到来的生态系统崩溃中幸存下来：今后不应该再有鸡或猪的集中营，不应该再有中央屠宰场，不应该再为了生产饲料而破坏雨林，也不应该再有养殖数量补贴。人类以令人发指的残暴对待动物，这种情况我在世界各地都目睹过。动物不是被看作和人类共存的生命，而是被视为工业产品，它们的功能只是应该带来最大的利润。这种不人道的畜类养殖方式伤害的首先是人类自己。因为很明显，在使用残忍的手段对待动物并看着这些动物受苦的过程中，人类变得野蛮了。另外，这些不幸的动物的肉是有污染的，因为动物在被屠宰过程中释放了大量的肾上腺素而具有致癌性。所以，动物的痛苦会变成人类的痛苦。

人类还有其他选择，也不会因此而牺牲我们的生活质量。而且恰恰相反，我们将从生态友好型家庭畜牧业中获得巨大的收益：在食品质量、景观丰富性、生物多样性和友谊等方面。动物是和我们共存的生命，是有感觉的生命。它们能感觉疼痛和喜悦，它们可以感受到痛苦、恐惧，也懂得关心自己的孩子。在经过一定的训练后，每个人都可以通过动物的表情和姿势来确定它们的感受，无论它是狗还是猫，是猪还是牛，甚至是鸡或者鲤鱼。马是特别敏感的动物。通过触摸和感情交流，我可以让严重受惊的马再次变得温顺。我也养过野生动物，如棕熊，甚至养过一头美洲狮。那时我有很多经历，所以我知道和动物交流必须靠感觉和接触。动物是有灵魂的。如果我没有灵魂，也就看不到动物身上的灵魂。

通过推广工厂化畜牧业，全世界的农民都变成了使大量动物痛苦的人。但动物不是商品。工业化畜牧业不仅是对动物的犯罪，也是对自然和人类的犯罪：肉类和牛奶的生产消耗了太多的能源和土地，导致很大一部分人没有足够的食物。过量的畜牧业再加上过度放牧破坏了水分平衡，进而加速了沙漠化和森林死亡。片面发展养牛业会导致大量的二氧化碳排放，因此是最大的气候罪人之一。

欧洲、美国和俄罗斯的工厂化畜牧业与非洲、亚洲和拉丁美洲不同。在这些工业化国家里，工业化养殖是在非常有限的空间内进行的。从小鸡直到牛、猪和羊这样的大型动物，成千只甚至是上百万只动物被关进栏里。它们的每一步和每一克饲料在这里都是经过计算的。动物的需要根本没人考虑。在这种巨大的压力和狭小的空间中，动物之间自相残杀是正常的。猪会互相争斗，羊和小牛会互相啃咬。这些可怜的动物不得不在工厂化畜牧业中煎熬，人们通过疼痛感和致残来限制它们的自然行为：它们必须以最便于自动化管理的方式进行走动和进食。猪的尾巴会被剪掉，耳朵也经常被剪掉。小牛的鼻子被穿入鼻环，母鸡的喙被砍掉。奶牛在排便时通常会后退，但在工厂化养殖中，训练师会通过电击的方式来确保它们待在一个狭小的空间范围内，因为自动清除粪便的设备只在那里运行。猪和牛不得不在自己的粪便中蹚过，浊水深及脚踝。这样的情形也会让它们痛苦，就像我们一样。

动物是员工，不是商品

牛在幼小的时候就被切割或烧掉角，是很常见的做法。但这是一种愚蠢的行为，因为根据我的实际经验和观察，我认为角相当于动物的天线。角被削掉的动物会变得迟钝，失去方向感。我经常看到那些没有角的奶牛被赶到牧场上之后，意识不到天气即将发生变化，例如要下雪了。正常的奶牛在这种情况下早就会自动跑到森林中的风雨棚里，或者马上跑去地势更低的地方。但那些被去角的动物则笨拙地留在原地或者躺在那里，所以它们才会被雪突然袭击。

我还有这样一个印象：无角奶牛的牛奶质量会受到影响。对于这种现象我是这样理解的：长着角的牛形成了更强更好的直觉，所以能选出最健康的草来吃。另外，我认为角和蹄是动物身体的储藏器官，可以储存和排泄任何种类的有害物质，而且动物们可以通过磨角和磨蹄把这些有害物质排出体外。

所有这些现象本应该都是科学研究的范围。但科学界对此并不感兴趣，因为他们已经对化学和技术手段产生了广泛的依赖，所以关注的只是最终产品：一千克肉。其他的一切都不值得关注。世界上任何科学家都不能质疑自然的完美。科学已知的只是一个朦胧的池塘，科学未知的则是一个浩瀚的海洋。

工厂化畜牧业对动物的虐待，使许多人不再吃肉，对这样的结果我并不感到惊讶。因为动物的这种不幸是一个为大自然考虑的人无法忍受的。不仅如此，这还会对健康构成威胁。

牛戴鼻环是很疼的：想象一下，如果有人强迫你戴鼻环

牛角起着天线的作用，无论如何都不应被割掉

我做过多次试验来比较不同动物的肉：有些动物一生都在自然环境中生活，最后也是在没有死亡恐惧的情况下被人类宰杀。这种情形，我觉得吃肉没有任何负面影响。吃完之后我的幸福感、良好的睡眠、有意义的梦境和有序的思维仍然还在。但是如果我吃了那些一直生活在压力之下、肾上腺素分泌高的动物的肉，事后我就会感觉不舒服。这种情况下，我的梦也是完全混乱的，毫无用处和建设性。

▶ **露天的大规模动物饲养**

在非洲、巴西或阿根廷，大规模的动物饲养是以不同的方式进行的。在那里，大群的成千上万的动物是被养在露天的。对动物来说这更适合它们的物种，但对自然的破坏特别大。为了建设牧场，灌木丛和原始森林被大规模清理。人们钻深井来供应动物的饮水。这些农场有数千公顷的面积，牛群的规模在1万—1.5万之间，肉类主要出口到欧洲或美国，价格非常低。这里的一切都是经过计算的，并且完全是自动化的：因为只有规模才能带来利润。

饲料的生产是更加严重的生态灾难和更加愚蠢的全球性错误：为了种植大豆、谷物或甘蔗，大面积的雨林被烧掉。一队一队的人在森林里做标记圈划出要清理的地方，然后从外到内把森林烧掉，每天要烧数千公顷。野生动物几乎没有逃脱的机会，经常被活活烧死。我见过很多动物烧焦的尸体。就连在这些森林里生活的人也不能逃脱厄运。与印第安部落一起消失的，还有那些我们根本没来得及学习的关于自然和药用植物的宝贵的知识。这是一种无法辩解的罪恶行径。

然后人们开始在这些地区播种，当然是单一种植。灌溉设施也建好了。在巴西，我看到了能灌溉 100 公顷土地的灌溉系统。人们用飞机给大片的土地施肥、喷药。这些超大型的农场不会顾及原住民或小农定居区。他们被笼罩在浓重的有毒汁液中，无法保护自己。特别是那些在田地里干活儿的儿童，他们会受到伤害。农村居民被剥夺了权利，被驱逐。小农们不得不放弃一切逃离这里，如果他们能活下来的话。

这些地区的土壤腐殖质非常贫乏，没有了雨林的保护，土壤就会被冲走和侵蚀。所以大约 4 年以后，这里的腐殖质就会被消耗殆尽，只剩下一片石质或沙质的荒漠。那时，整个土地会严重枯竭，即便灌溉也不会有再有收成。那时，土地会被废弃，灌溉设施也会被拆除并在其他地方重建。这种形式的农业就像是满世界飞的蝗群，将最后的热带雨林一点一点地摧毁，留下的只有遍地狼藉。

这些清理工作的速度和规模令人震惊。我从飞机上看到，巴西、哥伦比亚和阿根廷的多个地方都有大片森林在燃烧。恢复这些被破坏的地区格外困难，因为现在阳光可以不受任何阻挡地照射进来，这会使土壤干燥，土壤生命死亡，然后风会把剩下的一点东西都带走。那里几乎已经没有像金合欢树这样的抗旱植物了。恢复几乎是不可能的，或者需要巨大的投入。

欧洲也有露天工厂化畜牧业。欧盟对畜牧业发放扩容补贴，来促使农民尽可能多地饲养动物。例如在葡萄牙和西班牙，牧场的绵羊和山羊存栏过多。由于过度放牧，供这些动物在炎热的夏季里躲藏和遮阴的地方太少了，供绵羊和山羊吃的

动物是员工，不是商品

小树、树叶和花蕾也太少了。大规模过度放牧的后果是土地被过度利用、植物群落出现退化，害虫种群过度繁殖，以及出现真菌和跳蚤引发的疾病。例如腐蹄病是一种绵羊中的常见疾病，但更换牧场的次数过少加剧了这一问题。这导致疾病的流行，致使羊的蹄在活着的时候就已经在腐烂。

为什么动物们要被关起来或用铁链锁住？它们又没做错什么

干旱会导致牲畜的大量死亡。所以欧盟制定了一项条款，规定在发生灾害时对牲畜的非正常死亡给予补偿。但我认为这是完全错误的。是过度放牧才导致了旱灾。农民非但没有去改变这一点，还因为自己的错误决策而得到奖励。如果他只需要出示耳标就能因为每只死去的动物获得补贴，那么他就会经常直接把它们的耳朵割下来，然后把尸体扔进垃圾堆。在拉帕尔马，我看到死去的羊和将死的羊一起被扔进了一个火山口。在火山口旁边，人们还可以看到被铁链锁在那里死去的狗的骨架。

在其他一些地方，这些尸体会被送到动物身体回收利用企业，加工成肉粉并作为蛋白质饲料出售。这种异类蛋白饲料所导致的后果，在疯牛病的丑闻中已经被揭开了。这些就是工厂化畜牧业和错误的农业政策引诱农民陷入的噩梦和深渊。摆脱这种疯狂是绝对必要的。

大自然的话语：我的小羊

在日子过得好的时候，我经常没有时间。但有时候生活迫使我给自己时间。比如我生病了，被迫躺在床上，这是生活在告诉我：太多了！这时我会想起母亲。因为过去不管怎么样，她都会站在我身边，如果我有哪儿不对劲了，她就会马上注意到。即使在今天，每当我生病的时候，我还是会感觉好像妈妈在对我说：稍停一下吧，做事不要那么着急，想一想，别忘了这个或那个。在这样的时候，我时而会想起我的小羊。

我8岁的时候养了一只小羊羔。这在当时可不是一件想当然的事，而是一件大事。邻居的孩子们都没有。我乞求和商量了很长时间，直到父亲同意我这样做。母亲是支持我的。哎呀，真是太高兴了，一只小羊羔，它是我的。一开始我是用瓶子喂它的。当所有的羔羊都在一起的时候，我总是看着，喊道：看，左边的那只，那是我的，那是我的小羊佩尔。

有一次它在岩石上摔断了一条腿。我当时在考虑这种情况下我能做些什么。后来妈妈教我怎么给它绑上夹板。于是我用薄木片在断腿的周围夹紧，然后用从旧衬衫上撕下的布条把它们绑牢固。为了治好它的腿，我使用了一种用松油做成的软膏。有一段时间，小羊用三条健康的腿和一条绑着高跷的腿走路，最后，它终于完全好了。它又健健康康地到处蹦跳了，哈哈，我当时的喜悦，没有人能够想象得出来。

然后秋季拍卖会就到了。那正是卖羊羔的时候。这在当时很正常，因为只有种畜才会被喂养过冬，它们的后代则被卖掉。这样做也是必要的，否则我们有限的空间里牲畜就太多了。商人们开着卡车来了，所有的邻居都赶着自家的羊到山谷里去卖，当然也包括我们家。

我到的时候，看到商人们已经在抓羊羔了！下一只下一只，唰的一下，羊被从主人那里扯开、抓住，随即绳子挂在它肚子上称重。47千克、53千克、68千克、42千克，然后又唰的一下，被丢到了一边。它们的背上多了个记号，然后又开始下一只。现在轮到我的小羊了，它被从我手中扯开，用绳子挂在肚子上，48千克。然后，砰的一声，它被扔到了卡车上，不见了。

你可以想象一下，你是一个8岁的男孩，养了一只羊羔，照顾得很好，但现在它必须被卖掉。你对此太投入了。你不知道它现在怎么样了，想象着发生了最坏的情况，你不在旁边，也帮不了它，它就这么消失了。这种对待动物的粗暴伤害到了我的内心。但另一方面，我口袋里有了钱，这让我很自豪。

没有人能告诉我是什么让我心烦意乱，甚至连妈妈也没有。她没有时间管这些小事儿，牲畜离开了毕竟也是常事。而且作为一个男孩我也不应该哭。但我当时得先平复这件事儿。直到今天，我有时还会在梦中看到我小时候养的那只小羊羔。我想，如果现在我能把它找回来，那将是我最大的快乐。

类似的经历深深影响着我。今天，每当有动物遭受苦难时，我都会挺身而出。我会说些什么或者做些什么，因为我忍不住，我必须这样做。为什么我们总是要先经历病痛或低谷，才会有这样的思考？才会认真去考虑，我们对其他生命的不尊重和漠不关心？

难道我们不能把这种接触、这种亲密以及对此的记忆，带入日常生活中吗？这不就是自然的生活中该有的东西吗？难道我们不应该为此花点儿时间吗？为什么人们不能常聚在一起，谈谈那些真正触动大家思想的东西呢？我们怎么了？为什么我们如此粗鲁、如此愚蠢地对待彼此？我们应该从哪里开始？什么才是唤醒人类和阐明道理的那根杠杆：人类啊，你要明白，再这样下去不行了。因为你没有能力为自己的行为负责。而且你自己已经变成了自然生活的害虫。你为什么要这么做？如果我们谈论那些触动我们内心的东西，就会被认为懦弱，而我们想要的是变得强大。但实际上那些与自然隔绝的人才是弱者，他们的生活不能触及大自然这个内在的核心，所以也认识不到自然现象的意义。每个人都需要与同类交流，在这样的交流中，他们不必害怕被嘲笑或利用。利用别人的弱点不是人类自然的行为。自然的行为应该是设身处地为别人着想，反思自己，相互尊重。只为自己着想的一生，是与自然相互对立的一生，这也是一种破坏。不自然的生活方式惩罚最多的是自己。

以前，我们在农场屠宰牲畜。那时12岁的我必须抓住被宰杀的羊的腿。羊被吊起来，后腿拴在绳子上。然后它们被尖刀刺伤，也就是深深地刺进脖子里，这样血才能都流出来。流出来的血被收集在一个盆里，人们不停用力搅动它，以便用来制成血肠。那头羊也要经历这一切，直到流干最后一滴血。那是可怕的死亡的叫声。我无法忍受看着羊死去。那情景和叫声穿过了我的骨头、我的骨髓和我的腿。我跑回家,向妈妈抱怨这种虐待动物的事。

但整个社区的人都是这么做的,包括屠宰场的屠夫。我扯着嗓子抗议,斥责他们,要求父亲一定要先把羊打晕。但父亲当时认为,如果羊被打晕了,血就凝固了,也就流不出来了。而且邻居们也都是这么做的。

但我继续抗议。因为我没有理由继续争辩了,所以在接下来的那一次,在父亲还没来得及把羊绑住后腿挂起来之前,我用斧头的反面打了那只羊的后脑勺。它栽倒在地一动不动,完全昏过去了。然后父亲像往常一样把它挂起来刺死了。血流得很好,也没听到羊发出声音。这次的事说服了父亲,从那时起他就一直这么做。这样我也就平静下来了。

那时的我是强大还是懦弱呢?我只是不能看到羊这样受苦,所以才在事情没有改变的情况下,进行了一次恐怖谋杀。当然我也和邻居们讨论了这个方法,最后他们也这样做了。杀猪也一样。在那之前,如果邻里有人杀猪我们总是能听到。但从那时起,我们再也没有听到过任何叫声,不管是从邻居家还是从我们家传出的,不管是羊叫还是猪叫。

自然地生活不是懦弱,它是另一种形式的强大。谁说出自己的感受和想法,谁就可能有所作为,这一点我很早就明白了。说出我自己的感受,而不是说别人想听的话。那些话也可能是粗话,但它是自然的话语。

什么是生态友好型家庭畜牧业

当我看到有人虐待动物时,我觉得恶魔不在地狱里,而是在人类中间。我不会停止在世界各地为生态友好型畜牧业而努力,为反对工业对动物的剥削而努力。

许多人选择了纯素食或素食的生活方式,因为他们被工厂化饲养和屠宰吓跑了。这是可以理解的,当然也是每个人的权利。但是,如果我们不去证明别的方式也可行,就等于把这个场地留给了那些虐待动物的人。我们需要全面的替代方案,来证明尊重众生是可能的。从事畜牧业的人应该学习,在他们整个的管理过程中,怎样才能尊重其他生命,生产健康的食品和正确地饲养动物,以及自己如何以此为生,获取收益。这样,那些折磨动物的人就会逐渐没有论据了。

有人声称通过自然畜牧业不能确保或维持世界粮食供应。根据我的经验来看,这完全是无稽之谈。这些都是工业化农业和工厂化畜牧业者的借口,他们只想通过不负责任的工业生产来赚取利润。虐待动物者的联盟试图用养活世界这个理由来证明他们的愚蠢和贪婪是正当的。但正确的恰恰是他们的对立面:适合物种的、生态友好型的、自然的家庭畜牧业在世界各地都是可能实现的。是的,以这样的方式生产甚至要轻松得多,而且如果我把所有的因素都计算在内的话,这种方式收益也更高。通过综合养殖,我可以把所谓的不利地势或非生产性土地进行优化利用,并将其转变为高产土地,就像我在克拉米特霍夫农场和其他地方所证明的那样。

猪是家畜

让我们再回到吃肉的问题上:减少肉类消费,特别是在富裕社会,当然是正确的。每天都吃饱肉,同时还吃大量的奶制品和蛋类,而蔬菜和沙拉吃得极少,这当然不是理想的饮食方式。首先,这种片面的饮食对健康有害;其次,特别是在今天的特大城市,这样的饮食只能通过工业化生产和对环境造成巨大压力的情况下才能保证供应。而那些生存状态良好、人工宰杀的动物的肉、奶、蛋都是珍贵的食物,也有很好的市场。

▶ **动物是员工**

在整体性经营管理中,动物是员工。这意味着它们必须工作，可以为我工作，而不仅仅是吃东西。这适用于所有动物：牛、马、绵羊、山羊、鱼、家禽和猪，也包括昆虫在内的野生动物。在整个生物群落中，每种动物都有职责。如果人们对它们很好，所有动物都会乐意尽职尽责。与动物共同生活对我来说就是生活质量的体现。不仅是孩子，大人也非常喜欢与动物接触。

▶ 与动物合作的例子

驮畜：在我小时候，公牛、奶牛和马，自然是要来干所有的活儿，运输所有生产的东西，也要来犁地。即使在今天，当我走进马厩或围场，向马或牛发信号说要出去时，它们也会表现出兴奋和喜悦。所以我很清楚：牲畜是想合作的！如果我善待牲畜，它们就愿意并且也很容易学会干活儿。我需要知道的是它们能做什么，我不能让它们负担过重。殴打和粗暴对待完全是多余的，也是有害的。牲畜必须先信任你，然后就会对你友好。但是如果我加上去的东西超过了它能拉或驮的重量，然后再打它，它就恼怒了。这时它会开始踢蹬、咬人，或者从车里挣开，脱缰逃走。作为牲畜的主人我必须知道：一头牲畜，只有当它不能再忍受某些东西时才会爆发，那么这就是我错了。这样的牲畜需要花很长时间来安抚。安抚这件事不能由那个曾经对它做得不好的人来完成，必须由它信任的人来做。

参与森林建设：在农田轮作中，猪可以翻耕土地，调节各种土壤动物的种群数量，否则这些土壤动物可能会对森林造成巨大的破坏。在农林业中，与猪的合作可以让土地上长出一片丰富多样的食物森林。

绵羊和山羊是造林的好帮手。如果灌木太多，多年生植物阻碍了混交林的健康生长，可以用绵羊和山羊进行调节。山羊喜欢咬树枝。叶子和花蕾等含有单宁酸的粗纤维是绵羊最好的食物。长得稍高一点儿的小树枝、花蕾和叶子是牛的美味。而我要注意的，是必须把这些动物及时从围场带走，以保护成长中的小树不受它们的伤害。

调节过度扩张种群： 鱼类以蚊子幼虫为食，可以调节蚊子数量。家禽和猪能吃光蜗牛、蛞蝓等不受欢迎的土壤动物。诚实可靠的鸭子则非常适合用来避免蜗牛的侵扰。

家禽： 原则上说，所有的家禽种类都可以进行生态养殖。如果从自然角度考虑，我认为鹌鹑、鸡、鸭、鹅、雉鸡、野禽或观赏类家禽都适合。

另外，鸡是会给花园松土的有价值员工。但是如果它们在一片地上扒刨得太久，好处就会变成坏处：土壤会对鸡产生耐受、变硬，也会因粪便导致施肥过度而无法得到休养。所以我会把鸡、鹌鹑和兔子等围在一起养，最好是带有防雨或防晒的装置，而且能移动。在牧场上或三叶草播种时，我就可以每天把它们往前移动一点，这样动物们每天都可以在一片新的场地上。到最后，所有的蜗牛就都不见了。

如果生产规模更大，我会在鸡场周围设置通电的栅栏：这也能保护鸡不受狐狸的伤害。

动物是员工，不是商品

鸭子和鸡自己觅食，吃掉过多的蜗牛和毛毛虫

▶ 生态友好型家庭畜牧业指南

在自然中生活和觅食的动物,它们的很多本能会重新形成,比如它们会去自己觉得舒服的地方,寻找对自己有益的食物。这样的动物是快乐和健康的,这一点从它们出产产品的质量上可以发现。那么在这种养殖方式中我们需要注意些什么?

家庭畜牧业——在一起总比孤独好:动物是社会性生物,需要互相接触。我一向认为一个物种至少要有两只动物。单独一只动物会非常依赖与人类的接触。如果有人不能或不愿意与动物密切接触,就应该给动物一个有同类的同伴环境,否则它会不快乐,也会生病。在家庭畜牧业中,动物有可能会繁殖、养育和喂养自己的幼崽。所以它们必须能够自己筑巢用来栖息或产崽。如果不能,就必须为它们提供这样的地方。

土棚的入口

动物是员工，不是商品

克拉米特霍夫农场的养殖业：
即使在冬天，鸡、羊、牛和猪也健康地生活在户外……

行动自由和保护措施：每只动物必须能够自由行动，自己寻找阴凉或躲雨，并在适合自己的环境中舒适地生活。动物最清楚它自己需要和想要什么样的小环境。如果它的这些本能还是完好的，如果它的栖息地也有足够的材料，如树木、稻草、树

359

叶和树枝等,那么它就会给自己建一个庇护所。根据当地的植被和气候条件,我们也可以给它们提供庇护所或土棚。土棚适合养猪、绵羊、山羊和马。农民可以从这里开始进行农田轮作(围场经济),并以最简单的方式将动物引导到他想让它们去的地方,他只需要打开相应的大门。

如果动物们能够和同类抱团儿生活在一起,同时又能够自由行动,那么它们就能够经受住严寒:因为这种情况下它们会紧紧地挤在一起,彼此互相保护。另外,家禽和其他小动物需要合适的庇护场所来抵御狐狸、貂或猛禽的伤害。

牲畜棚:如果围场中间有个土棚,就特别适合自然饲养放牧动物。这个土棚就是一个近似天然的动物之家,它们在里面会感到舒适,也能免受阳光、雨水或寒冷的影响,并且可以自由活动。土棚适合所有的气候条件,它可以就地取材用木头建棚,上面覆盖泥土。这样,那里的地面温度就会夏天凉爽、冬天温暖。动物们可以在棚子里自由活动。它们在夏天不必忍受炎热和昆虫的叮咬,在冬天又可以抵御严寒,因为土棚里没有气流涌入,地热也可以使这里不上冻。如果动物们想要再暖和一点儿,可以随意地凑在一起,因为它们是可以自由活动的。(关于土棚的建造,在我的书《农业反叛者》和《霍尔泽朴门农业》中有详细的描述。)

天然食物:动物如果可以自由活动,就会在自己的群落生境中和栖息地内觅食。如果我能保证那里的物种足够多样化,动物就可以找到它维持健康所需要的一切东西。它也本能地认识一些能够预防疾病的天然药物。我经常观察到,生病的动物会吃有毒的植物：在蠕虫感染或胃部不适时，羽扇豆、鳞毛蕨或毛地黄等有毒植物是有治疗功效的。通过这种方式，有时可以不必看兽医或不用药物——前提是由动物自己决定进食的数量。如果我把有毒植物放在圈养动物的饲槽里，那它就会生病了。

如果它们有一个好的庇护所可以保护自己：土棚

我们必须放置饮水槽或以天然池塘的形式保证动物的饮用水充足，在许多情况下还要给它们提供盐。额外的食物我只有在引诱动物时才使用，以便与它们建立联系，对它们进行引导。这时我当然会选择它们特别喜欢的美味。

利用，但不要过度利用： 过度放牧是许多景观的压力源之

一些生长在天然牧场的有毒的植物，如这里的毛地黄、附子和羽扇豆，常常可以使你免于请兽医。

一。土地太少而动物太多，会造成土壤压实和有价值植物减少，过多粪便会使土壤酸化，并会增加病原体的密度。土地面积和动物数量的平衡是获得好收成的条件。

这一原则同样适用于水景及池塘中的鱼类和家禽。

多样性可以防止过度利用：如果一个围场总是放牧同一种动物，病原体就会不受阻碍地传播。这些病原体几乎总是专门攻击同一物种，所以在这种情况下总能找到宿主。但如果马、牛、羊等轮换着在一块地上出现，就可以中断病原体的传播，

克拉米特霍夫农场的畜牧业

那里也就不会出现和单一牧场上一样的情形,即患病牲畜的数量以流行病般惊人的速度增加。

屠宰:出于对动物的尊重和肉质的考虑,农民不应该把动物送到工业屠宰场进行屠宰。关于人道屠宰的更多内容请参阅下文。

物尽其用:将动物身上所有的东西加以利用,把它重新带入自然的循环之中,我认为这是对生命的尊重;这包括肉、骨头、皮、角、内脏等。可惜的是，很多人已经再也不会烹饪这些东西了，所以也无从了解古老的乡村烹饪艺术到底制作出了什么样的特色美味。但动物不仅仅是用来吃的：它的肌腱可以用来制作手工艺品和乐器；脏器的表层清洗干净之后可以用于制作香肠；角、脚趾和蹄被粉碎成屑状，用于施肥；胆汁可用于治疗疾病；猪鬃毛可以制成刷子。动物身上没有什么东西是要扔掉的。它胃肠里的东西还可以用来堆肥。我觉得这样做是我欠这只被屠宰的动物的，而且这也能带来经济方面的好处。

如果我们今天只用牛排或鸡腿，把剩下的都扔进垃圾桶，这不是我们对有情众生应有的尊重。

克拉米特霍夫农场的烟熏室

动物是员工，不是商品

克拉米特霍夫农场的畜牧业

人道屠宰

我内心所理解的人类向来都是一个杂食动物和猎手，一直在杀死、烹饪和吃动物。今天仍然如此。在我看来，这没有什么可以反对的。我的职责是保证动物在活着的时候过得很好，能够生活在一个自然的群落生境中，组成家庭、繁衍生息。

当我要除掉，也就是屠宰一只动物的时候，我会确保它没有意识到这些，它会在没有恐惧和压力的情况下死去。死亡不疼，可怕的只是对死亡的恐惧。狩猎也是如此：在现代林业中，对野生动物的数量进行一定的调节是绝对必要的。兔子、野猪、马鹿以及所有其他动物的过大种群只会造成巨大的破坏，包括引发流行病。调节干预是人类的责任，这一点对世界各地来说都是如此。因纽特人为了生存也有权杀死海豹或鲸鱼。对海洋动物进行可怕的大屠杀的不是他们，而是工业利用。

我们应该学会怎样用人道的方式杀死一只动物，因为可能也会发生这样的情况：我们为了帮助而不得不杀死。前段时间我开车出行，遇到了交通堵塞，因为前面有马车发生了事故。当我来到前面的时候，我看到一匹马躺在自己的血泊之中，下颌骨碎了，前腿也断了。它痛苦得眼睛几乎要从眼窝里迸出来了。

在周围站着的所有人当中，没有人能处理这种情况。他们紧张地对着手机说话，试着联系兽医。但这匹马已经不需要兽医了，它必须尽快从痛苦中解脱出来。我环顾了一下四周，找到一根栅栏杆，我从后面靠近这只动物，让它看不见我，然后猛地打到了它的头骨上。那匹马当时就晕过去了，抽搐了几下然后死了。这是一种善举，也是一个人能为这匹马做的最后一件事了。

但接下来发生了什么呢？当时人们都责骂我杀了那匹马。后来赶到的警察很理智，他和我握手并感谢我说："你做了唯一正确的选择。"

大多数人都不会合乎自然规律地去应对一件事；今天已经几乎没有人能处理这样的情况，任何学校或大学都不会教你，在不让它疼痛的情况下杀死一只动物。但这比让它在痛苦中慢慢死去要好得多，也更人道。动物有权人道地死去，对我来说就是人道地杀生，我认为我有责任这样做。所以我思考的问题并不是：我可以杀死它吗？而是：什么才是人道的、充满尊重的屠宰方式呢？如何以人道的方式杀死动物，这一点我是直接从自然界的食肉动物那里学到的。有人说大自然是残酷的。但如果我们仔细观察，这种说法是站不住脚的。如果一只动物被捕食者追赶，它会逃命。然后它会在全速奔跑时受到攻击。等到疼痛开始的时候，动物已经死了，因为狮子、鹰或蛇抓住的位置正好都是要害。大自然似乎已经预先规定了这样一种方式，即由于休克而使产生的疼痛不再被感知。但是只有野生动物才会对准要害扑咬，驯养的动物往往不会。

在与动物共同生活了几十年之后，我观察到：死亡其实并不可怕，也不疼。令其疼痛和感到可怕的，是对死亡的恐惧。如今在现代化屠宰中正发生着什么？动物被从正常的环境中拉出来，经常要在狭小的运输车中待几天才被带到中央屠宰场。那里散发着恐惧、鲜血和死亡的臭气。在大型屠宰场，动物被挂到流水线上，看到并听到它前面的动物的嚎叫和死亡。如果你看看这样一只动物的脸，你就会明白什么是对死亡的恐惧。这对于一个有同情心的人来说是难以忍受的，也是不必要的。

更可怕的是屠宰环节，动物必须活着忍受流血。这是对动物的虐待，没有任何文化或宗教可以为之辩护，这应该被完全禁止。

人道的屠宰可能比工业化屠宰更费时间，但这些时间我必须花，只有这样我的行事方式才是人道的，同时也能获得健康的产品。最重要的是让动物免受死亡恐惧和疼痛带来的紧张煎熬。

人道屠宰应该在动物生活过的地方进行，没有长途的运输，没有陌生的环境。每天与动物打交道的农民是最合适的人选。遗憾的是农业立法对自己屠宰进行了严格的限制。另外，移动屠宰场也是一个很好的选择。

因为我与自家动物的亲密接触，我经常能知道什么时候一只动物同意死去。到那时，我会像往常一样叫着那头猪或那只羊，用手抚摸它的背部，用平静的声音和它说话，直到它放松下来。然后我拿着螺栓枪，精准地射出去。在痛苦和恐惧开始之前，动物已经死了。

即使是猎人也应该让动物免于紧张和对死亡的恐惧。猎人不应该为了欲望和战利品而猎杀，而是应该为了调节种群、循环和共生关系。我反对狩猎以及狩猎带来的恐惧和恐怖，因为这些仅仅是满足了猎人的射击癖好。伺猎，进行观察和仔细的探测，找到合适的方式和地点动手除掉一只猎物，我感觉到了什么，大自然又告诉了我什么，这些行为我觉得是允许的。有时就会有一只动物站在我面前，是的，就好像它允许我杀死它似的。思想的运转、深度的接触，以及作为一个猎人我在何时何地感觉到自己得到了动物的允许，可惜这些东西还很少被研究。

我在不同国家的原住民中看到过他们的畜牧业和屠宰过程。印第安人与动物的关系非常密切，所以他们会举行仪式询问动物，是否可以杀死它们。我觉得这是一种尊重和负责任的做法。通过这种方式，大自然和我的内在意识告诉我，什么时候我可以也有责任这样去做；什么时候动物同意被杀死或被吃掉。

如果蜜蜂灭绝了，人类也难再生存

▶ **养蜂人实用技巧**

对于蜜蜂，我想在这里详细地进行论述。因为它们是最重要的昆虫。如果蜜蜂灭绝了，人类也将不能幸存。这不仅是因为我们珍贵的食物蜂蜜以及由蜜蜂产出的各种药用产品，还因为它们在自然界和农业中的授粉活动。90%的作物是由蜜蜂授粉的。蜜蜂的特别之处在于它们对品种的忠诚：它们会一直留在开始授粉的植物品种那里，不停地朝那儿飞去，直到没有花粉为止。这可以让同一类植物全部受精，即使是那些隐蔽或不易接近的花朵。只有在一项工作完成后，蜜蜂才会飞去下一个地方采蜜。所以蜜蜂养殖对整个自然系统极为重要，在任何有人定居、有农业生产的地方，都不应该缺少这一产业。蜜蜂的养殖原则与所有养殖业相同，即当蜜蜂感觉愉悦时，养蜂人的收益才是最大的。

但许多国家的情况并非如此。例如在美国，蜜蜂大量死亡。有一些蜂种已经完全灭绝，另一些则减少到以前种群数量的4%。另根据英国养蜂人的报道，那里每四个蜂群中就有一个会死亡，如果这种情况持续，十年后就不会有蜜蜂了。我在美国为大型养蜂场做咨询时，他们向我提出了一个紧迫的问题：

动物是员工，不是商品

一个蜂群全部死亡的原因是什么？蜜蜂被冻死了吗？瓦螨要为大规模死亡负责吗？还是像有些人所说的那样，那真的是一种神秘的病毒？

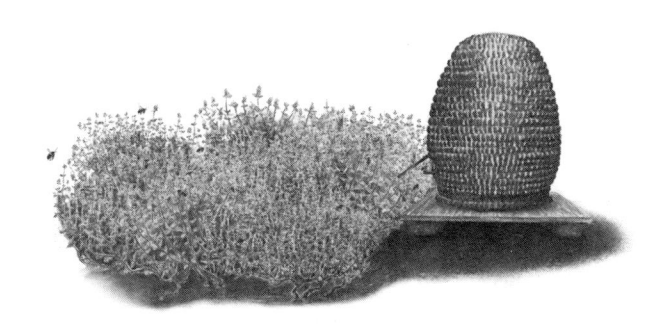

药草地毯上的精油具有消毒作用，它们浸染到了蜜蜂的翅膀上，可以防蜱螨和害虫。蜂巢入口孔前的倾斜挡板相当于飞行制动器，可以确保蜜蜂真的飞过草药（图：Henry Buamann）

传统的西伯利亚蜂箱在生态农业运动中被重新利用起来：不用添加糖水，也不使用框架，每个蜂群可收获 50—80 千克的蜂蜜

我的回答是：这些原因中的单独某一个，都不足以导致蜜蜂以这样的规模死亡。携带病毒的不是蜜蜂，而依旧是远离自然的人类。当然，蜜蜂死亡的一个主要原因是杀虫剂的大量使用，这破坏了蜜蜂赖以生存的植物多样性。特别是新烟碱，即使是少量，对整个蜂群来说也是致命的，因为它们破坏了蜂群高度发达的相互协调能力。这种蜜蜂杀手是拜耳公司在德国生产的，在制造国和许多欧洲国家是不允许使用的，却可以在国外生产和销售。这种行径在我看来是伪善的。我们必须在世界范围内禁止生产、销售和使用这些杀虫剂。

此外我也发现，养蜂业的情形和一般农业相同：养蜂人也试图从动物身上得到尽可能多的东西，蜜蜂被过度开发和利用。在建造蜂巢时，人们不会问：蜜蜂需要些什么才能感到舒适，而是在问：我怎样才能获得更多的利润？

为了使养蜂过程能更符合蜜蜂的天性，我们需要深入了解蜂巢中无限复杂的构造和相互协调的过程。蜜蜂是伟大的生存艺术家：它们几乎可以在任何气候区作为一个完整的种群度过冬天。为了过冬，蜜蜂通过特殊育肥，把一年中的最后一代养育成了较健壮的冬蜂，它们也构成了霜冻期间的蜂群。它们整个冬天都生活在一起，通过不停地扇动翅膀，将蜂巢的温度保持在25—27摄氏度。在春天，冬蜂又会死去，而幼小的、刚孵出来的夏蜂又开始工作了。

为了保护自己不受涌入气流的影响，蜜蜂用自产的胶状物粘住大大小小的缝隙。这些胶状物原材料是蜜蜂从树木和叶芽中获得的，并以此生产出一种新的物质——蜂胶。众所周知，蜂胶是一种非常有价值的治疗炎症和创伤的药物。

但大多数养蜂人都忘记了一个决定性的因素：蜂胶的黏合使蜂巢中的空气保持在恒定的温度。而至少同样重要的还有空气成分：蜂巢里的空气通过蜂胶和蜂蜡得到消毒并保持健康。这样的空气成分增强了蜜蜂的免疫力，保护它们免受螨虫和其他病原体的侵害。

有的养蜂人不注意这一点，总是太过频繁地打开蜂箱朝里面看，这样就破坏了温度的恒定及蜂巢里的空气成分。这时蜜蜂就必须一次又一次地密封蜂巢。这会增加它们的负担，使它们更容易生病。

自然界中的蜜蜂会自己完成所有的工作。它们排出蜂蜡筑成蜂窝，使湿气和热量可以积聚在里面，这是最适合它们生活和工作的环境。筑巢这个活动能使它们保持健康，这是它们身体机能的一部分。另外，它们也需要蜂蜡中的抗菌成分。

在片面追求利润的养蜂场，人们想要从蜜蜂手中拿走所有的工作，好让它们把全部精力投入到生产蜂蜜上，从而尽可能高产。这样做是错误且短视的。这样的成功只能是暂时的，从长远来看它太昂贵、用工量太高了，而且对蜜蜂也有害。

使用塑料甚至金属材料搭建蜂窝是完全错误的，但却有大型养蜂场越来越频繁地这样做。因为塑料不透气，也没有像蜂蜡这样的抗菌成分，这会导致蜂箱中发霉，特别是在湿度高的地区。

为了避免发霉，许多养蜂人就在蜂巢的顶部开大槽口，这样空气就可以被排出。但这样会有气流涌入：这正是蜜蜂最关心的,也是它们想要避免的。所以它们会把这个缝隙重新粘上,而养蜂人就又把它一遍遍刮开。人和自然就是这样相互对抗的。由于这样形成不了恒定的温度和消毒的蜂巢空气,所以好的状态只能持续一段时间。我认为,除了农药和生物多样性的丧失以外,这种理解力的缺失也是导致我在美国所见到的蜂群集体死亡的原因。现在是改变想法的时候了。

传统的蜂箱比现代的更合乎自然规律,所以从长远来看可以达到收益最大化。到不同的地区四处看看,了解一下当地养蜂人的传统工作方式,这可能会给我们带来很多启发和灵感。从蜜蜂自然的建筑方式中我们也可以学到很多东西。因为没有人的帮助蜜蜂依然可以生存,它们蜂拥而至,在空心树干或废弃建筑物的空隙中筑巢,并在那里过冬,连续数年。

在克拉米特霍夫农场,我们用长谷草建造了不同的蜂箱,西伯利亚原始谷物的草是最合适的。

在葡萄牙,栓皮栎的硬树皮经常被用来建造蜂箱。

我特别喜欢乌克兰和俄罗斯的养蜂场:在那里,人们把一个大约1.20米长的新鲜树干在中间劈开、挖空,然后再重新组装起来。软木适合做这个,例如杨树或柳树。人们把树干的前后两端用木头封好,然后倾斜放置,这样水分就可以排出去。因为有厚实的密封层,蜂箱里的温度可以保持恒定。在这样的蜂箱里,我们不必安装人造蜂巢,蜜蜂会建造它们自己的天然蜂巢。这样的系统简单、自然、便宜,而且适合蜜蜂。这种设计也适用于极端条件,无论是冷的还是热的,因为它具有调节作用。这样做的结果是:蜜蜂感觉舒适,它们很健康,养蜂人的收益高。所有养蜂人都应该这样工作，也就不会有那么多的蜜蜂死亡了。

自然养蜂：需要注意些什么？

● 要尽可能合乎自然地构建它们的住处：蜂箱应该使用未经处理的天然木材制成，并具有良好的密封性。不需要消毒，因为这项工作蜜蜂会自己完成。木头必须透气。建议使用双层板，因为它们可以缓冲冷热的变化。

● 内部构造也要尽可能设计得自然。有棱角的形状只是为了养蜂人的方便，而不是为了蜜蜂，因为棱角是死角。必要时蜜蜂也会接受框架型小蜂窝，但我个人更偏爱完全自然的造型。

● 蜜蜂需要恒定、平衡的温度。如果周围环境尽可能接近自然界，那么蜜蜂自己会创造出这样的温度。塑料在蜂巢里没有任何作用。

● 蜂巢的出入口不能太大，以免老鼠或黄蜂通过。

● 如果尽可能地让蜜蜂自己去做很多种工作，它们就会保持健康。

● 打开蜂箱的次数要尽量少。

● 让蜜蜂吃足够的天然食物。它们离不开蜂蜜，糖水里没有同样的能量。养蜂人想获得最好的收益，不能靠蜂蜜的最大数量，而是要让蜜蜂感到舒适。

● 确保均衡采蜜。在整个生长季节，可采的花粉和花蜜必须尽可能多样化和均衡。采的蜜种类越多，蜂群就越健康。类似由单一种植引起的采蜜期波动的情况必须避免，在单一种植的地方，你可能已经找到了茂盛的油菜田和向日葵花海，但第二天所有的东西都被收割了。这样会使蜜蜂紧张不安。

● 采蜜的地方不能离得太远。如果距离超过2千米，蜜蜂会因工作而累死，而且会耗光它采到的东西，这样它们的幼虫也会被饿死。

● 将有毒和药用植物作为补充放蜂场，这一点很重要，因为蜜蜂可以将它们转化为有价值的药用蜂蜜。

● 瓦螨会给蜜蜂造成很大的麻烦。为了防止瓦螨和其他寄生虫，我会在蜂箱前种植药用植物，而且要尽量多、尽量密。百里香、唇形草、墨角兰和其他芳香、香料和药用植物，会产生气味强烈的精油。这就相当于在蜂群面前铺上了一块由草本植物和花朵织成的地毯。在蜂巢出入口前面，蜜蜂们就可以直接采集花粉和花蜜了。它们在采蜜时会爬过这些药草，植物的精油也就附着在了它们的翅膀上。然后它们会将这些精油自动带入蜂箱里的育卵室。这些精油是对抗各种螨虫的最佳抗体。

● 我还可以强化这种方法：通过安装在蜂箱出入口上方的飞行制动器——一个木制小襟翼，引导蜜蜂，它们不能直上直下飞进飞出蜂箱，而是低平地飞向蜂箱入口。这样就使得它们每次都要爬过药草丛。如果我用割草机稍微修剪一下这片药草地毯的草尖儿，还可以提高防治螨虫的效果。因为这样精油就能从尖梢上排出，蜜蜂也就能采集到更多的精油。

最终理想：重现天堂

万物流转，生生不息，你对待周围世界的方式决定了你在其中的位置。

与所有生命和谐共生——对我来说，这就是天堂。作为人类的一员，恢复和保护这个天堂是我的使命。为了背负这个使命，我必须去感知它，了解它，对它敞开心扉。当感觉自己是这个和谐整体的一部分时，我就已经身处天堂。生命的千姿百态令人难以想象，更让人叹为观止。当我用心去感受、用手去触摸、用眼睛去观察这一切时，我就理解了自然的所行所欲，天堂的样子也诞生于我心。

这一切开始于我的孩提时代。当我手捧着一抔泥土，看到它、触摸到它、闻到它气味时，当我知道我的手中有数十亿个微小的生命时，当我能够理解我的双手之间的这些生命正在相互影响、相互依存时，我就已经置身天堂。

接下来，我就去观察在那些生长在我脚边方寸之地上的植物：从小到几乎看不见的苔藓和地衣，直到盛开的花冠。我脚边的这些植物，是各种昆虫的生息所依：蜜蜂、蜻蜓、蚊子……然后我的目光便追随着它们，从这块儿小小的地方转向了周围与之相联系的更广阔的空间。我看到了那些于日月更迭间不断上演的共生现象，赞叹不已。当我能够看到、感受和触摸到这一切，并开始思考的时候，我就拥有了一个更大的天堂。为此，我必须与生存在这里的生命交流。于是我学会了用眼睛去看、用手去触摸、用心去感受，学会了感知自然这个天堂。

如果我能理解一个花园中的生命世界，那这里就是一个让人难以置信的天堂。一个花园可以是一家人的药房。如果我能感知到自己身处何种生活环境，那么这个花园的整体价值就远比其中植物的简单总和要高得多。感知、理解、发现，与自然交流，这就是它的意义所在。香味、花朵、果实，在人类生活环境中，或森林中、水中、土壤中所发生的一切共生和循环，都属于这个范畴。我能感知到雨、风、雪和太阳，因此也能与它们交流。我们要从源头开始，去追随和感知生命。我们要把地球作为一个整体，去理解生命的根基，而不是径直从上面走过。所感所悟所见，就是天堂。

感觉很重要。当我与周围的环境交流时，我能感觉到动物和植物是有思想的。我能觉察到它们的想法或感觉，而且发现所有生物都有自己的思想。时间久了之后，每个人都能在这方面培养出一定的敏感性，并且学着把大自然看作一个整体、一个创造、一个奇迹。在这之后，我被大自然俘获了，融入其中，成为这个整体的一部分。我能知道我想知道的一切。我能观察到动物的表情，从而知道牛或猪舒不舒服。当我对动物说话或轻抚它一下时，我能从它的行为、表情甚至气味中觉察到它的反应。

天堂不在远方，它最先出现在我们心里，在我们的精神和思想里。最重要的应该是我们的内心，被精神包围，被思想引领。只有当我把自己也看成天堂的一部分，并真正以这样的方式生活时，我才能觉察到它，并去感知它、理解它。如果我只是观赏着自然，然后说：那就是天堂啊，我来了——那它很快就会被破坏了。因为如果这样，我就会去消费它，也会毁了它。但如果我是天堂的一部分，那它就会保存下来，并且会不断

从头开始追随和感知生命。把大地作为一个整体，去理解生命的本源，而不是径直从上面走过：这就是天堂

扩大。

发现内心、精神和思想中的天堂，是大自然赋予我们的使命。我们需要的所有信息、愿望和启发都来自直觉。它们会突然浮现在我们脑海中，出现在我们的梦境里。如果这样的念头忽然造访，我们应该把它们记录下来并付诸行动。

如果我们生活过得好，就去帮助别人，让每个人都过好。当我们喜悦时，就把快乐传递出去，让它像野火一样自动蔓延。我们不能孤立自我。生活在这样的天堂里就是如此简单：每个人都能给予，但每个人也都可以且应该从大自然、动物和植物那里获取。我们的需求也会随时随地得到满足。

当心中的天堂忽然出现，接纳它吧！让它走近你！别让自己被它放逐。这就是生命，这就是生命的内容和能量。它会让你保持健康，去工作，去行动，去过幸福的生活。

▶ **有元素精灵吗？**

当我穿过森林，看到岩石、老树或泉水这些自然纪念物时，我就能感觉到那里有一种特殊的力量或能量。当我停下来，坐或躺在那里，想象着自然运转过程时，我就能觉察到这种力量。

这种力量从何而来呢？没有人能给出答案。自然界中有些东西是研究不明白的，也是科学无法证实的。人类的大脑并不能理解自然界中存在的一切，那样的想法只是狂妄自大。自然奇迹太复杂、太庞大了，我们理解不了所有的东西。

我不能断言有元素精灵或元素生物，但也绝不想否认。我所知道的是，一个整体在某种形式上是有生命的。整体是一个生命体。谁真正为大自然做了些事情，谁就会得到些回报。栽下植物，播下种子，让一条小溪重新流动起来，与动物或树交流，在城市里建设绿地，还是说服了某个农民放弃转基因种子，无论我为大自然做了什么，我都得到了回报。

▶ **根**

一切东西都有根，尽管有些是看不见的。例如动物们，它们很清楚大自然为它们准备了些什么。但人类却已经失去了自己的根。他们不考虑自己的来源地,满世界瞎跑,所以缺乏从自己的根基中所能汲取的能量。但人类是能够再次找到自己的根的。

所有东西都有自己的根,即使我们看不见它们。只是大多数人不幸失去了自己的根。我们得让它们重新生长出来

在我大约10岁的那年夏天,我在一个石头堆里发现了一棵苹果和一棵樱桃树。我很喜欢它们,想把它们带走。我徒手把它们挖出来,小心呵护着把它们的根一直到尖儿都挖了出来。然后我又把树栽在了我的花园里——在不利的时节里和不利的山坡地形上。所有人都说它们活不了。我母亲当时说:"要等树没有叶子了,才可以栽树。"完全出于直觉,我开始小心翼翼地把每一片叶子都摘下来,然后又在树下小心翼翼地放上松散的有机材料。当时我还不知道,正是通过这种方式我减轻了根的负

担。与所有人的预测相反，这两棵树再次发芽，活了下来，我的喜悦是巨大的。就这样我发现了一种方法，它也给我带来了很大的收益（*Agrar-Rebell* 一书中详细描述了这种"休克方法"）。

如果你经历了这样的事，你会再次找到自己的根，找到回归自然的路。我认为作为男人也应该凭直觉做事，表明自己的感情，不要隐藏强烈的情绪，而是要向大自然诉说，并在那里把它强烈地释放出去。这样你就能重新找到自己。

让政客们呼吸一下新鲜空气吧！

我看到了太多农业政策失败的例子，特别是来自欧盟的农业政策，这让我满腔怒火。

土地预留补贴、牲畜饲养规模补贴、促进单一种植、阻碍自用种子的生产、批准使用转基因种子、剥夺农民的用水权，等等，这类政策促成了灾害的发生，也使自然农业经营变得艰难。农业的工业化得到促进，而小农庄却因为没有人为其游说被忽视。从本质上来看，许多项目不是补贴，只是部分地偿付了错误的农业政策所造成的损失。

为了稳定价格，大量农产品被销毁。农民任土地闲置就可以得到报酬，也就是不劳而获！知识和创造力正在因此而消亡，况且世界上还有10亿人在挨饿。世界之所以如此，是因为一些理论家掌控着管理机构的政策。一些从未学会与自然交流的人制定出指导方针，并通过所谓的资助把它强加给从业者，也就是农民。

导致人们制定出这些政策的可不仅仅是愚蠢，还有政治与工业化农业的紧密联系以及在其中所能获得的利润：只要利用这些灾难性政策能赚到大钱，他们就不会停手。整个系统越不平衡，少数人就赚得越多。几十年甚至是几个世纪以来，世界就一直被贪婪的人控制着，他们不为下一代着想。腐败和管理

能自力更生的人是未来世界的资本

混乱已成为常态,并将导致整个系统的崩溃,这种局面很难扭转。愚蠢的行为司空见惯,合乎自然的思考方式消失了。无论是在政治、科学领域,还是在教育、医疗领域,我都不期待能看到大的改善。

对这种现象我只能说:捍卫自己的利益。我们必须阻止这种制度体系。如果有一天所有为自然考虑的人聚集在一起,呼吁将他们"抛出布鲁塞尔的窗外",我也不会感到惊讶。因为那些对农业灾害负有责任的人迫切需要呼吸新鲜空气!为了不让他们摔倒得太重,希望能有人事先把新鲜的动物粪便运到窗前,最好是他们的母猪集中营的猪粪,也让他们真正接触一下工厂化畜牧业。

每个人都有道德使命和责任,站在我们的大自然和我们的动物前面来保护它们。我们必须采取行动，而不是等待政策。策略始于自己的房子和自己的土地。必须捍卫自己的土地的是公民自己，而不是其他人。法律必须为生命、为自然、为人类服务。那些与大自然不和谐一致的法律，我们是不认可的。这是我们应该获得并捍卫的权利。能够自力更生、对土地负责的人，是未来世界的资本。整体思维的意义中包含着人的经济独立性和生态责任。当这两点紧密结合时，自然将归于宁静，自我将得到满足。

权力不应属于行政管理部门，而应该属于那些在土地上居住、耕作和谋生的人。行政管理只应履行必要的引导管理责任，而不应该阻碍人类的自然生活方式。所谓的补贴只有在极其困难的情况下才有意义。自然耕种，无论是农业还是林业，都不应该对此产生依赖。如果不受阻碍的话，自然耕种是能够在经济和生态方面都做到正确合理的。这种耕种方式本身就可以赢利，每个以此谋生的农户都能生活得很好。

致农民：做农业反叛者！

没有了宫廷的宫廷议会，就像没有了叶子的蚜虫。没有了叶子，蚜虫活不下去；没有了宫廷，宫廷议会却要我们来供养！

今天的农民是自己农场的奴隶，农民这个词已经堕落成了一个骂人的词，这和过去是完全不同的。过去矿工很快被贴上了某一类人的标签。而农民不是，在遇到不适合他们的规定时，他们进行了反抗。他们没有让别人插手进来。那么今天还应该是这样。因为如果农民消失了，田地也会消失。

对我来说农民是最美好的职业。农民应该成为老师，向大众传授如何充满敬畏地与自己周围的生命打交道。如果按照我的想法，世界各国应该建立起分散的土地耕种模式，有尽可能多的农户，那里的孩子们可以在大自然中成长。

为什么农民这个职业失去了那么多声望呢？近几代人到底怎么了？在广泛发展的过程中，农民阶层的自信、知识和从业乐趣被系统性地剥夺了。在我们那里，过去农民们习惯让最聪明或最能干的孩子成为继承人。可能是长子，也可能是女孩，如果她特别聪明能干的话。但长子并不总是合适的人选，这时人们会考虑，在其他正在长大的孩子中间，哪一个满足继承人的必要条件。比如有些孩子很早就表现出做事有效率、理解力好、机智、勇气和自信等方面的潜质。之后这个孩子会得到特别的培养，以便他可以发展和实践这些能力。这有时可能会招致其他孩子的嫉妒。但父母的这种做法也是很自然的，因为农场的继承人要承担很多任务，所以这个孩子必须从小就学会如何应对。

那时的大多数家庭负担不起孩子上高中的费用。因为这些学校都在很远的区政府所在地，而且孩子们也是农庄离不开的帮手。近几十年来，农民在基础教育和高等教育方面得到了资助，道路和交通也得到了改善。因此越来越多的农村儿童能够进入初级中学、高级中学、商业学院和大学学习。

这本应该是一个很大的进步，如果不是课程设置变差了的话。学校成了一个让孩子们远离自然的场所，他们在那里被灌输专业化、现代化和孤立的价值观。儿女们互相疏远了，他们变成了被曲解的进步的代表。

在农场里则出现了负向选择。家里最机灵的孩子，在以前是应该接管农场的，现在却成了农业工程师或律师。如果是成了后者，他们通常不会再对农庄感兴趣了，充其量把它看作休闲农庄，但不是当成责任。如果父母想继续经营农场，他们就只剩下天资最差、受到培养最少的孩子来作为继承人了。

许多农民的儿子通过上大学成了农业专家。当他们回到父母的农场时，便开始在那里实践所谓的进步：集约和过度利用土地，搞单一种植和工厂化养殖，施用化肥和杀虫剂。父辈的做法被他们看作是落后的。在村子里，上过大学的人接管了社区或合作社的工作，成了农业发展进步的顾问。因为受过高等教育，所以他们享有很高的声誉。在他们的帮助下，工业化农业的整个施压和资助体系建立起来了。谁要是不参与，就会被认为是乡巴佬儿，被嘲笑，不得不过着贫穷的生活，因为补贴是给其他参与者的。反正这些人大多是当初剩在家里的人，总被别人说他们愚蠢。恰恰是这些被说愚蠢的人，想显示自己是先进的。

我亲历过的国家资助、培训和工业化，是一个共谋串通的体系。在农业专业培训和进修机构中，他们反复教给我们一些有关肥料和喷雾剂的入门知识。担任教师的人是农业商会的顾问，他们大多也是化肥公司和农业机械经销商的代表。比如当时会有肥料销售的活动，农民可以获得60%的补贴。在培训中我们就会被问道：你们家里有多少土地？你们订购并且施用了多少化肥？这种情况令人反感，因为如果谁的父亲没有参与活动，就会被嘲笑，于是有些人被迫撒谎来逃避挖苦嘲笑。

但是每个农民下了多少订单都是记账的，因为这与补贴有关，所以顾问们知道确切的数字。最先进的农民获得了最优证书。为了在学校里不被嘲笑，我和兄弟们也参与其中，一起鼓动父亲再多买些化肥。除此之外，教师和商会代表还会分发一些让人印象深刻的彩色小册子，里面所有内容都非常有说服力。我现在还记得，当时我们和邻居们是怎样在最艰苦的条件下，赶着牛和马，沿着一条走手推车的小路，花上几小时把一袋袋化肥从村子里拖到农场的。然后我们把肥料装进水桶，再带着这些桶爬到陡峭的山坡上，用手把它撒在那里。那是个非常可怕的活儿，又脏又累。磷肥"Thomasmehl"是黑色的，施完这种肥的人看起来就像烟囱清洁工一样。而钾盐，如果施肥的人手指上有伤的话，则会有强烈的灼伤感。

最终理想：重现天堂

对我来说，农民是最好的职业。应该由农民来教会人们如何尊重他们周围世界中的生命

农业的工业化就这样通过学校开始了，同样的事情也发生在他们推广除草、防治病虫害、机械化和工厂化养殖的时候。现代化就这样被灌输给了我们，如同十诫在宗教课上被灌输给我们一样。而且这样的情况在当时是很普遍的。

机械化一开始是一个巨大的成就。人们不再需要牛或马，借助马达的力量就能搞定所有的活儿。虽然最严重的事故是由机器引发的，虽然使用这些机器在陡坡上耕种也会致人死亡和残疾，但今天，为了能在极其陡峭的山坡上耕种土地，每个山农都拥有最昂贵的越野车辆和附加装置。过度机械化是这种畸形发展的顶峰。尽管效率提升很多，但购买这种机械通常是不划算的，因为风险和损耗也是巨大的。在山区，这种在陡坡上耕作的方式会导致土壤被冲蚀和侵蚀，从而引发土壤的长期贫瘠。

机械化的开销也耗尽了农场的财产。为了能买得起机器，农民出售森林和土地。他们为什么会眼睁睁地看着自己走向破产呢？因为这大多是被他们的儿子说服的。他可能刚刚和农业学校的同学一起参观了一场农业机械展，得到了一份免费的点心和一杯饮料，并被允许坐在了大型机器上。现在儿子很兴奋地乞求着父亲，父亲也不想阻止他实现愿望，因为他担心这最后一个儿子也会对农业失去兴趣。所以他通常会为此花光自己农场的钱，当然也花光了后代的未来。

▶ 自加入欧盟以来情况的恶化

伴随着加入欧盟的进程，农民最终成了自己农场的奴隶。许多人发现自己填写不了那些复杂的表格，也无法遵守其中的规定。甚至经常连商会的代表也不了解那些每年都在变的规则。所以农民就得继续依赖顾问和专家。他们在得到资助的同时也得到了指导方针，其中非常详细地规定了他们可以做什么，什么可以得到资助，什么不能资助。生产就这样由上面操控，所有人都必须做同一件事。但当所有人都做同一件事时，事情就会像在单一种植中一样：所有人相互竞争，然后价格会下降，农民的劳动不再有经济效益。他的产品进入全球贸易，但那里评估的不是质量，而是数量。在那里，人们不看重产品细节和成分，只看重多少。农民一旦走上了专业化、自动化、产业化的道路，就不得不一直沿着这条路走下去。

农民本来可以通过产品的精细加工赚更多的钱，但很多规定都阻碍甚至禁止他们这样做。这是为了让那些大型企业，如肉店、酿酒厂、牛奶厂、奶酪厂、屠宰场等，能够满负荷运转。

在农场屠宰的情形几乎没有了。有关如何精加工产品的知识正在丢失。农民的孩子不再知道怎样制作黄油或奶酪,因为牛奶都被收走了。到最后,他们甚至连牛奶也不再生产了,只剩下了牧场,因为这样做是被资助的。那动物们在哪里呢?都被关进了工厂化养殖的栏里,那是一种单调和孤立的生存状态。就这样,农业整体上被浪费、被剥削、被过度开发和利用。当我看到所有这一切时,不禁自问:到底还给农民们剩下了什么?风险、劣质产品、不断下降的收益、再加上大量的工作。农民变得越来越依赖别人,他们借债,花光钱财,直到失去自己的农场。在过去的40年里,约90%的农民放弃了农耕。因为至此他们已经失去了工作的乐趣。"农民死亡"这个词我们现在得按字面意思理解了。正如报纸上所说,农民正在悄然死亡,他们中的许多人正在"悲剧性地"死去:那些不知道下一步该怎么办的农民选择自杀,这种现象不仅在印度很普遍,在英国、奥地利,也许还有更多的国家也同样存在,只不过在这些国家里这件事还没有出现在报刊上。但是如果农民死了,土地也会死去。

如果人们了解工业化的农业发展方式,就一定会反对它,至少要试着不让它发生在自己的土地上。这样做需要有一定的远见和对自己的土地及周围环境的敬畏。有了这种敬畏,就会代表和捍卫自己的土地和自己的经营方式。农民不能让自己成为自己农场的奴隶,他应该是老师,教会人们尊重周围的世界和大自然。但是要做到这一点,他必须是自由的,不能被驱使着干这干那。果敢和刚直不阿是人必需的品质。

■■■ 永续农业

现在的克拉米特霍夫农场：40年的反叛得到了回报。
今天，爱好者成群结队地涌向克拉米特霍夫农场

人，在与自然合作中过活，这应该是一件再自然不过的事：这样我就可以长久地经营农场了，同时还可以赚钱。其他的一切做法都是在窃取后代的财富。值得庆幸的是，现在还有这样生活着的农民。他们体验自然，并以合适的方式经营着自己的农场。每当我到了这样一个农庄，我会立刻有所觉察。我会感觉到，这家里有某个人，他和大自然及他周围的一切联系密切，他可以引导它们、保护它们、照料它们。一个有责任感的农民会让大自然、植物和动物为他工作，并懂得利用上天的恩赐，如雨水和阳光。如果我周围的一切都感觉很满意，那么我作为产业主就能拥有最高的产量和最好的质量，那么我生产的就是生活所需的食粮，而不仅仅是有化学污染的供人果腹的食物。能考虑到这一点的农民，不需要拼命劳作，他会感知和尊重自然，他知道自己的土地上哪里有能量场，并懂得珍惜它们。

一个按照自然法则劳作的农民，当然会招致敌意和麻烦，特别是那些不明所以的官僚，他们从学校或大学直接进入协会和资助部门的办公室工作，没有积累任何实践经验。他们中的许多人成了只懂理论的瘸子，但这些人还要规定农民如何去耕种自己的土地。这样的事是行不通的，大家也不能接受。这样的官僚会造成很大的损失。（但幸运的是，在政治界和管理部门中有不同于此的官员，政府部门中有负责任的人，他们以合乎自然的眼光看待发展，并懂得如何果断介入。这样的人和事我也亲历过多次，否则我的斗争可能无法坚持到底。）

一个与大自然保持联系的农民是有能量反击的。但他也会遇到大麻烦。被称为外行已经是最无害的麻烦了。但如果大自然证明我是对的，我就不会再让别人说我什么了。然后我就有了力量，有了能量，然后我就必须做一些有说服力的工作，来反抗这种有悖自然的做法。

每个人都知道这件事并不容易，但这是你的使命、你的任务，而且从长远来看，你一定会得到应有的权利和认可。不管你叫我革命者还是反叛者，我都不会介意。我的妻子和家人一直站在我身后支持我，这是我最大的幸运。否则我就不会赢得这场对抗庞大的、脱离实际的行政机构的斗争。

农民的孩子和其他人一样享有接受基础教育和高等教育的权利。但为什么教育和科研都要在大城市进行，总是远离自然呢？我们需要教学农场和农业多样性方面的农场来开设学习课程，来为城市及农村的儿童和年轻人提供以实践为导向的培训，来传授和谐的经济运作方式。

孩子们,培养你们的父母吧!

大规模修复自然必定是年青一代的任务了。为此他们需要实践经验。我们今天面临的最大挑战是培养孩子们,因为大多数孩子不再与大自然一起长大,而是在离开大自然的情况下被抚养长大。那个本可以带着他们一起玩,给他们出题目,向他们展示许多生活乐趣的大自然,对他们来说是缺失的。没有人可以放弃"自然大学",如果你将自己和它隔离开来,你就会陷入迷途。

任何一种野生动物、任何一头牛都比人更会教育自己的孩子:它教孩子们如何适应自然的群落生境,如何生存,如何面对所有的危险。而今天的人却把孩子与周围的世界隔开,把所有麻烦都为他解决掉。这种做法是错误的。因为这样,孩子既没有为生活做好准备,也没有学会克服困难。这是培养不出独立性的。

人类从出生开始就应该与大地交流,在与自然的接触中成长。因为孩子们必须保持他们的天性,而父母这时通常已经失去了这种天性。任何人都不可以切断孩子们的自然之根。与大自然一起成长的孩子,以及那些没有远离自然长大的孩子,都是有根基的。大自然带上他们一起玩,让他们向自然学习。这个学习过程对一个人来说需要几年甚至几十年,但即使一千年

最终理想：重现天堂

一个与大自然保持联系的农民，拥有反抗的力量

与大自然及周围世界的关系，能赋予孩子力量，并为他指明正确的道路

人类也学不完。因为我们的大脑还不足以弄明白大自然的宏伟奇迹到底为我们准备了什么。通过这种学习,生命有了意义。能把自己融入这个循环的人,会认识到自己为什么在这个世界上,他的行为也是负责任的。

父母常说:孩子们应该比我们过得更好。是的,确实是这样。我们过去经常受到不公正的惩罚,无论是在学校还是在家里。那时我们这些孩子也不得不干很多活儿,但这种情况在农场是很常见的。这些也并没有伤害到我们,反而让我们学到了很多东西。我们与大自然保持着联系。这样,我就可以把所有糟糕的事儿都告诉我的植物们或我的动物们,然后我就可以摆脱烦恼和问题。与大自然一起成长的人学会了负责任。他学会了去保护那些信任依赖他的动物们,即使他像我一样,只有1平方米大小的池塘和里面的几只青蛙或一条小鱼。因为他喜欢它们,因为它们是属于他的。他对自己种的树也是如此。他与这些树交谈,他学习与动物、植物及土地交流,因为他与这些是紧密相连的。

等孩子再长大一点儿,依赖他的那些东西也会长大。危险来临时,他会挡在他的大自然身前保卫它,并且针对外来所有不理智的行为为它辩护。孩子自己也因此弄懂了相关知识,从而也有了勇气去指出问题。他学会了推理,去说服别人,并且很有影响力。

当某个地方有恶魔潜伏时,与大自然和周围世界的这种联系能给孩子们力量,为他们指明正确的道路。恶魔并不像宗教课上所说的那样在地狱里,它就在我们人群中间,在那些贪婪

只有允许孩子弄脏自己,他们才能向自然学习

的人中间。恶魔也在所有没有责任感的人中间,这些人的眼中只有利润,没有其他。还有政治、经济和科学领域的一些人,他们甘愿被人利用。这些人,恰恰是没能与自然建立起联系的那些人。

在大自然中学习的年轻人重新找到了自己的根

在世界各地我一次次体验着孩子们对自然知识的热情。他们会迅速开始行动，并且非常希望立即尝试所学的知识。如果孩子们能栽下幼苗或播下种子，然后观察它们发芽、成长，他们就体验到了成功。他们愿意向别人展示，会跑过来说："妈妈，爸爸，看，这是我种的，看这里，这个长得多好！"然后他们就再也不离开这些东西了。在漫长的一生当中，大自然总是会向他们展示一些新东西，那是他们能够发现的东西。大自然让他们着迷，他们被大自然俘获了。他们发现了常见昆虫的演变过程，明白了它们的任务、它们吃什么、它们从哪里来，以及它们是如何繁殖的。

童年的成功经历会在一个人成年后依然被记得。童年的经验和成功是一个人未来生活的基础。没有完整的家庭，就没有完整的社会。像几代人同堂这样的经历是不可缺少的。这样，孩子就能从老年人的经验和智慧中受益，从而找到方向和观点。老人则应该是这些探索者的路标，牵着他们的手陪他们一程。

养育孩子不仅仅是父母的事，也是整个社会的任务。在儿童的成长道路上提供支持，是社会的共同责任。每一个人都有责任为孩子指明错误，即使他们不是我们自己的孩子。其中最重要的一点是，你应该向他们讲述你自己犯过的错，指明你所走错过的路，这样他们就不必再错一遍了。当别人责备你的孩子犯错时，要心存感激。非洲有一句谚语："养大一个孩子需要整个村庄。"

我拜访过不同国家的土著人，在这个过程中发现了许多关

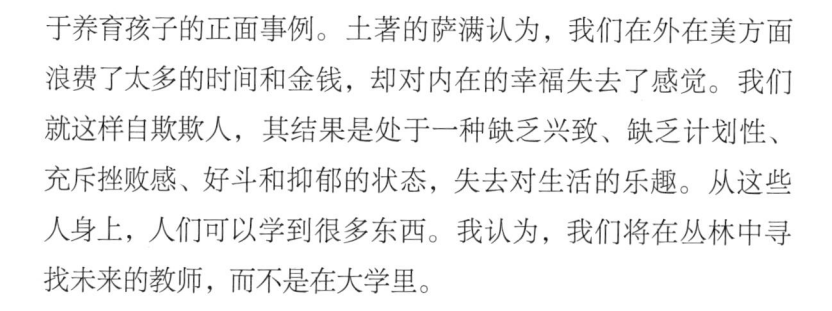

于养育孩子的正面事例。土著的萨满认为，我们在外在美方面浪费了太多的时间和金钱，却对内在的幸福失去了感觉。我们就这样自欺欺人，其结果是处于一种缺乏兴致、缺乏计划性、充斥挫败感、好斗和抑郁的状态，失去对生活的乐趣。从这些人身上，人们可以学到很多东西。我认为，我们将在丛林中寻找未来的教师，而不是在大学里。

面向未来的培训方案：培育地球园丁的全球校园

洪水、干旱、沙漠扩张，地球处于动荡之中。现在我们需要从根本上改变思考方式。经过几代人的破坏之后，一些小措施已经无济于事，我们必须大步前进。地球正在呼吁人们，现在就共同行动起来，果断而明智地行动起来。它呼吁人们重新阅读"自然之书"并行动起来，在所有气候区建设与自然合作的示范项目，包括建设水景、重新造林、修复濒危景观，以及建设自然农业的积极范例。

我们一起行动起来，可以使地球再次成为天堂，即使在今天依然可以。我们可以成为地球的园丁。修复地球的生态知识是和平与生存的核心知识。

世界各地的人们都希望参与到景观修复中。仅在俄罗斯，就有数千个定居点和数以百万计的城市逃亡者正返回农村；希望按照自然方式耕种的森林所有者和农民遍布世界各地；大地主们将他们的土地提供给生态修复工程使用；和平村、社区及整个地区都能以可持续的方式耕种，使自己不依赖工业，并自己生产粮食和能源；大城市甚至是贫民窟的居民，他们在城市花园和阳台上，或沿着房屋墙壁种植自己的食物；第三世界国家的人们也在保护森林，为了使树木不被砍伐，他们就拥抱住树木。我坚信，世界上有数以百万计的人希望摆脱现代化和工业化的道路，他们都可以成为地球的园丁。

培训课程中也传授古老的农民智慧：面包烘焙和手工收获谷物

但仅有足够的善意是不够的。如果缺乏实践经验，意志本身是没用的。实践经验不是能在一个周末或一年内就能获得的，这是一个终生学习的过程。为了让越来越多的人能够参与其中，我在不同的国家开设培训课程，来帮助人们找到回归自然的道路。

课程的参与者中有各种各样的人，也包括许多学者，如医生、律师和教师。为什么这些受过高等教育的人，要在我这样一个普通小学生这里参加培训呢？因为他们看到我的实践经验是成功的。因为我能向他们展示我的项目，因为他们可以参与到项目中，通过工作达到学习的目的。我认为，任何一个培训课程都应该包括至少 50% 的实践内容。每所幼儿园都应该有一个花园，每所学校都应该有一个农庄，每所大学都应该有一个庄园。

在有些国家，人们聚集居住在一起，形成了社区。那里的人们相互帮助、互为顾问。"地球园丁"可能成为一个新的全球性职业：为了达到修复土地的目的，所有类型的气候地区都需要专家，他们可以为土地所有者、和平村及其他倡议活动提供咨询和支持。

结束语

我们拿什么来拯救地球呢？我们需要农民作为从业者和老师，教会人们尊重自己周围的世界，包括人、动物、植物、水和整个大自然。那些脱离实践的理论家和误解大自然的动物保护主义者和环保主义者，他们的工作反而帮了那些贪婪的剥削者的忙，所以往往会造成巨大的损失。一个独立自主、小规模经营、自给自足的农民阶层，是健康耕种土地的最优保障，并可以为城市居民创造充足的休闲空间。培训农场可以传授有关农产品加工及精制的实践经验和传统知识。农民大学的任务，则应该是传授人类及动物健康领域的农民智慧，因为这些知识是在几百年的经验基础上形成的。只有心怀尊重和谦卑，与万物、自然及我们周围的世界生活在一起，我们才能理解自然，并向它学习，进而重建那曾经被我们摧毁的天堂。

克拉米特霍夫农场培训课程的学员

图字：01-2022-1058 号

Original edition published in Graz, Austria under the title: Wüste oder Paradies
Author: Sepp Holzer
Copyright © Leopold Stocker Verlag Graz, Austria, 2011.

The simplified Chinese translation rights arranged through Rightol Media（本书中文简体版权经由锐拓传媒取得 Email: copyright@rightol.com）

中文简体字版专有权属东方出版社

图书在版编目（CIP）数据

永续农业 /（奥）赛普·霍尔泽（Sepp Holzer）著；曹莉莉 译. —北京：东方出版社，2024.7
（世界新农丛书）
ISBN 978-7-5207-3504-9

Ⅰ.①永… Ⅱ.①赛… ②曹… Ⅲ.①生态农业建设 Ⅳ.①F303

中国国家版本馆 CIP 数据核字（2023）第 113245 号

永续农业
（YONGXU NONGYE）

作　　者：	[奥]赛普·霍尔泽
译　　者：	曹莉莉
责任编辑：	申　浩
出　　版：	东方出版社
发　　行：	人民东方出版传媒有限公司
地　　址：	北京市东城区朝阳门内大街 166 号
邮　　编：	100010
印　　刷：	北京联兴盛业印刷股份有限公司
版　　次：	2024 年 7 月第 1 版
印　　次：	2024 年 7 月第 1 次印刷
开　　本：	880 毫米×1230 毫米　1/32
印　　张：	13.375
字　　数：	280 千字
书　　号：	ISBN 978-7-5207-3504-9
定　　价：	79.00 元

发行电话：(010) 85924663　85924644　85924641

版权所有，违者必究

如有印装质量问题，我社负责调换，请拨打电话：(010) 85924602　85924603